곽준혁

정치철학자이자 공화주의 이론가. 시카고대학교에서 마키아 벨리에 대한 연구로 정치학 박사학위를 받았다. 고려대학교 정치외교학과 교수, 경북대학교 정치외교학과 교수, 이탈리 아 볼로냐대학교 방문교수, 그리고 숭실대학교 가치와 윤리 연구소 공동소장을 역임했다. 현재 중국 중산대학교(中山大學 校) 철학과 교수로 재직 중이며, 영국 루틀리지(Routledge) 출 판사의 "Political Theories in East Asian Context" 시리즈 책임 편집자를 맡고 있다.

지은 책으로는 『마키아벨리 다시 읽기: 비지배를 꿈꾸는 현 실주의자』, 『지배와 비지배: 마키아벨리의 「군주」 읽기』, 『경 계와 편견을 넘어서』 등이 있고, 옮긴 책으로 『선거는 민주적 인가』, 『신공화주의』 등이 있다.

KB105948

정치철학

그리스 로마와 중세

1

MODERN ERA POLITICAL PHILOSO

ㅈ, HUGO

XENOPHON

PLATO

ISOKRATES

SOCRATES

THUKYDIDES

PROTAGORAS

PERIKLES

SOPHOC

정치철학

그리스 로마와 중세

1

정치와 도덕은
화해 가능한가

ANCIENT GREEK POLITICAL PHILO

MARCUS

TITUS LIVIUS

SENECA

AMMIAEUS

LUCIUS

CRISPUS

SALLUSTIUS

GAIUS

CICERO

TULLIUS

MARCUS

ANCIENT ROMA POLITICAL PHILOSOPHY

곽준혁

민음사

AVERROES

AVICENNA

AL-FARABI

BOETHIUS

SEVERINUS

MANLIUS

AMICIUS

AUGUSTINUS

AURELIUS

MIDDLE AGES POLITICAL PHILOSOPHY

프롤로그

I

인식의 전환은 경험적 연구만큼이나 이론적 탐구가 요청된다. 이론(theoria)이라는 단어가 '여행하다', '보다', 그리고 '해석하다'의 뜻을 가진 관찰자(theoros)라는 말에서 파생되었듯, 현상에 대한 치밀한 분석만큼이나 주어진 현상을 새롭게 조명할 사고방식을 찾는 작업이 우선적으로 요구된다. 특히 기존 제도를 수정하려 하거나 새로운 것으로 대체하려는 사람들에게 이론적 탐구는 필수적이다. 델포이 신전에 신탁을 받으러 가는 사람처럼, 문제의 재생산을 막기 위해서는 직면한 문제에 대한 현상적 집착을 넘어 근원부터 찾아가는 노력이 필요하기 때문이다. 보다 직접적으로는 이미 익숙한 사고방식으로부터의 자발적인 일탈, 진지한 자기반성, 그리고 사려 있는 재해석의 반복적 수행 없이는 당면한 문제에 얽힌 직접적인 이해관계가 문제를 통해 반영된 절박한 사회경제적 요구를 압도하는 것을 막을 방도가 없다.

이 책에서 필자는 마흔다섯 명 정치철학자들의 사상을 이러한 맥락에서 정리했다. 각각은 하나의 질문을 통해 서술되었지만, 개별적 주장으로 단순화되거나 특수한 맥락으로 치환할 수 없는 정치철학의 고유한 문제를 다뤘다. 때로는 지루할 정도로 한 사상가의 삶이 역사적 맥락을 통해 소개되거나 개별 사상가의 주장들이 일어난 일을 중심으로 재해석되기도 한다. 동시에 이미 익숙한 인용문들이 새로운 각도에서 조명되고, 오래전 생각들은 시적 상상력을 통해 앞으로 일어날 법한 일에 대한 진지한 고민으로 귀결된다.

방법론적으로는 원전(text)과 맥락(context)의 결합이다. 사실 정치철학에서 결합만큼 위험한 시도는 없다. 선택받은 양쪽으로부터 공격을 받거나 어느 것 하나도 충분히 알지 못한다고 비난받을 우려가 있기 때문이다. 또한 결이 다른 생각을 자의적으로 결합했다거나 자기 것이라고는 하나도 없다는 비판의 대상이 되기 쉽다. 그러나 원전과 맥락을 둘러싼 오랜 논쟁은 이러한 결합의 필요성을 부각시키기에 충분했고, 대부분의 학자들은 강조점은 달라도 원전이나 맥락 중 어느 하나만을 지나치게 강조하는 입장에 대해 적지 않은 거부감을 갖고 있다.

예를 들어 17세기에 영국의 정치철학자 토머스 홉스가 군주정에서 '왕이 곧 인민'이라고 정의했을 때, 홉스의 언술은 두 가지 측면을 동시에 드러낸다. 하나는 군주정체에 대한 개인적 견해고, 다른 하나는 '주체만 다를 뿐이지 민주정체도 주권적 권력의 행사 방법에서는 군주정체와 동일하다.'는 정치적 본질에 대한 철학적 판단이다. 즉 저술을 해석할 때 저자가 당면한 정치사회적 맥락과 저자가 저술을 통해 성취하려던 수사적 목적을 함께 고려하는 것은 당연한 일이겠지만, 본질적이고 근원적인 정치사회적 문제에 대한 저자의 깊은 통찰력을 시간적 제약 속에 가둘 수는 없다는 것이다. 아울러 사상가의 관심이 개별 경험을 넘어 보편적 문제에 맞춰져 있더라도, 적절한 해석을 위해 사상가의 언술이 갖는 의미를 역사적 맥락과 수사적 환경을 통해 곱씹어 볼 필요가 있다.

또한 하나의 원전에 담긴 여러 목소리를 조명해야 하는 경우도 있다. 개별 저서의 핵심적인 주장을 찾으려는 노력만큼이나 저술에 내재한 역설과 모순을 통해 행간에 감춰진 의미와 의도적인 일탈을 발견하는 것이 중요하기 때문이다. 그러나 '본문 외적인 것(hors-texte)은 없다.'는 언명을 앞세워 해석에서 사회적 맥락이나 설득의 대상을 완전히 배제할 수는 없다. 원전에 내재한 저자의 감정을 비롯한 모든 부분을 파고들더라도, 저술이 갖는 정치사회적 의미와 사상가의 정치사회적 의도를 간과할 수는 없기 때문이다. 또한 저술에 대한 편견을 극복하기 위해 기존 해석의 창조적 파괴는 환영하지만, 원전의 철저한 분석을 통해 얻을 수 있는 것조차도 사회의 일원으로서 정치철학자의 존재와 관찰을 통해 투영된 사회적 현실을 완전히 초월할 수는 없다.

그렇기에 소크라테스적 진리에 대한 추구와 아리스토텔레스의 삶에 대한 열정은 여전히 많은 영감을 준다. 주어진 모든 것을 의심하면서도 진리가 존재한다는 사실을 부정하지 않는 소크라테스적 회의주의, 대중의 선호에 무분별하게 편승하거나 탁월한 소수의 이성적 판단을 맹신하는 태도를 경계하는 아리스토텔레스의 신중함. 이것들로부터 우리는 철학과 역사의 긴장을 해소할 단초를 얻는다. 또한 모든 것을 알 수 없는 인간적 한계에 대한 진지한 자각과 극단적 대립도 토론을 통해 더 나은 결과를 만들 수 있다는 낙관적 전망. 이것들로부터 우리는 자명한 진리를 앞세워 폭력을 정당화했던 이데올로기의 오만한 역사를 극복함과 동시에 다양성이 가져오는 이점을 통해 정치적 삶의 가능성을 마련할 수 있는 지혜를 얻는다. 바로 이것이 정치철학자 또는 정치철학의 역할에 대한 성찰을 이런저런 방법론을 둘러싼 논쟁보다 우선시해야 할 이유다.

2

정치철학은 이른바 '정치적인 것의 본질'을 다룬다. 그러나 '정치적인 것'의 의미를 특징적인 몇몇 국면 또는 특정한 정치적 행위로 국한할 수 없듯이, 철학의 한 분파 또는 분야로 정치철학의 범위를 제한하거나 정치적 본질과 올바른 정체를 찾는 데에만 골몰하는 것은 그다지 바람직하지 않다. 특히 오늘날에는 정치사회적 현상이 다양한 주체와 복잡한 경로를 통해 빚어지기에, '정보'와 '지식'의 차이나 '의견'과 '진리'의 구분을 통해 정치철학의 대상과 내용을 특칭하기도 어렵다. 정치사상을 정치철학과 구별해서 '정보'와 '의견'을 포괄한 지적 흐름으로 정의한다든지, 정치 이론을 정치 현상의 분석을 통해 미래적 예측과 정책적 적용을 의도하는 포괄적 추론으로 규정하기가 곤란하다는 것이다.

그럼에도 불구하고 정치사회적 문제에 대한 정치철학적 해답은 그것만의 고유한 특성을 보여 준다. '위선(hypocrisy)'이 좋은 예다. 철학과 윤리학의 일반적 경향에 비추어 본다면 '위선'은 도덕적 잘못 또는 윤리적 일탈로 간주된다. 그러나 정치철학자의 저술에서 '위선'은 예외적 상황에서 반드시 사용해야 할 정치적 수단 또는 갈등 해결에 불가결한 행위의 정치적 본질로 격상되기도 한다. 전자는 '공동체의 유지와 같은 목적을 위한 정치적 행위는 도덕적 잣대로 평가할 수 없다.'는 정치적 결단주의의 익숙한 주장으로, 후자는 '갈등의 해결을 위해서는 위선이 필요하다.'는 정치적 현실주의의 냉철한 판단을 통해 우리에게 다가온다. 물론 대부분의 정치철학자들은 '위선'보다 '고결함'을 선호한다. 그러나 키케로가 정의의 기초로 제시한 '신의(fides)'보다 마키아벨리가 군주에게 충고한 '기만(inganno)'이 선택되고, 아우구스티누스의 진정한 '사랑(caritas)'보다 토크빌의 형식적 '예절(manières)'이 요구되는 상황은 늘 정치와 공존해 왔다.

그렇기에 서양 정치철학사에서 '위선'은 보수적 견해나 현실주의의 전유물이 아니다. 고대 그리스에서 '위선(hypokritēs)'이 '무리와 다른 말을 하는 사람' 또는 '그런 역할을 하는 배우'를 지칭했듯이, '위선'은 도덕적으로 중립적인 행위를 의미하기도 했다. 마음속에 품은 생각과 다른 모습을 '덧칠한(tsavu'a)' 행위에 대한 비판이 기독교의 신앙적 잣대를 통해 위선으로 정의되고, 스토아 전통의 '속임수(fraudatio)'에 대한 경멸이 위선에 대한 윤리적 준거로 정립된 후에도 위선은 힘의 위계를 제도적 권위를 둘러싼 의무와 복종의 관계로 전환하는 기능을 담당하기도 했다. 따라서 부정적인 측면에서 본다면 — 니체가 '원한(Ressentiment)'을 통해 되찾고자 했던 주권적 저항을 받아들이지 않더라도 — 지배적 가치의 전복을 통해 역사의 주체로 부각하려는 약자에게 강자의 도덕은 힘의 위계를 숨기기 위한 위선으로 간주된다. 반면 긍정적인 측면에서 본다면 — 민주주의에서 시민들이 불평등한 힘의 상관관계를 인정하면서도 '평등'이라는 가치를 지향하듯 — 위선은 첨예한 갈등을 수반할 수밖에 없는 사안의 정치적 해결을 가능하게 만드는 행위들 중 하나로 간주될 충분한 근거를 갖고 있다.

이렇듯 정치철학은 정치사회적 문제에 대해 철학이나 윤리학과 사뭇 다른 성찰을 요구한다. 평화주의자가 평화를 위해서라도 전쟁이 필요하다고 역설할 때, 자유주의자가 인간의 이기심이 상호 존중으로 전환될 수 있다고 주장할 때 정치철학은 때로는 결단으로 때로는 위선으로 도덕적 흠결의 비도덕적 조정을 정당화하기도 한다. 아울러 '이해할 수 없다.'는 답변이 '견해가 다르다.'는 말의 다른 표현일 수 있고, '선명한 정치'에 대한 조급함이 '정치 없는 민주주의'가 초래하는 끝없는 대치로 귀결될 수 있으며, '민주적 리더십'이라는 모순어법(oxymoron)이 너무나도 당연하게 요구될 수 있는 영역이 정치철학이다. 비록 정치철학의 경계가 더욱 모호해질지라도 정치철학과 정치 이론 또는 정치사상과의 차이를 추상성의 정도로 단순화하는 것은 무리가 있으며, 정치철학이 갖는 고유한 문제의식에 전적으로 무관심한 것은 신중하지 못할 뿐만 아니라 부적절하다는 뜻이다.

이런 맥락에서 이 책의 I부는 정치철학의 독특한 성격을 보여 줄 수 있는 쟁점들을 다루었다. 물론 정치와 도덕, 권력과 지배, 종교와 정치, 개인과 사회, 국가와 세계는 정치철학이 당면한 수많은 난제들 중 일부일 뿐이다. 그리고 7부의 현대 정치철학에 대한 설명에서 다루듯, 정치철학의 주제들은 정치사회적 문제와 함께 진화한다. 오래전에 다룬 주제가 다시금 반복되기도 하고, 익숙한 문제와 해답이 전혀 다른 각도에서 논의되어 새로운 조합을 만들어내기도 한다. 이 과정을 통해 정치철학자들이 고민했던 문제들이 우리의 삶을 통해 투영되고, 그들의 저술과 사상이 독자들의 정치적 판단을 형성하는 데에 조금이라도 기여할 수 있기를 바라는 마음뿐이다.

3

정치철학의 생명력은 삶을 제대로 바라보는 것만큼이나 세상을 바꾸는 것과 불가분의 관계를 맺고 있다. 비록 세상을 바꾸려는 노력이 폭력과 사회공학으로 전락한 경우가 있다 하더라도, 정치철학의 존재 이유는 '교조적 이념의 재생산'을 피해 '가능한 최선의 실현'임을 부인하기 힘들다. 같은 맥락에서 정치철학의 올바른 역할은 명백히 비이상적인 현실에서 정치적 이상을 실현할 방도를 이야기하는 과정에서 발견된다. 정치철학자의 비판적 사고는 자유와 평등을 비롯한 정치적 가치를 설득하려는 노력과 어떤 형태의 자의적 정치권력에도 굴하지 않고 진리를 이야기하려는 태도에서 빛을 발한다.

아울러 정치권력과 공공 정책에 대한 정치철학자들의 비판은 이성적 논증과 타당한 근거를 통해 설명되어야 하며, 이러한 논증과 결과는 이후 다른 사람들로부터 도전받을 수 있어야 한다. 그렇기에 정치철학은 자유로운 토론을 필요로 한다. 동시에 정치철학은 자유로운 토론이 다수의 전유물로 전락하지 않도록 경계해야 한다. 서로가 다른 견해를 가질 수 있다는 점을 각인시킴으로써 타협의 필요성을 설명해야 하고, 소수의 의견과 약자의 호소를 들어 주는 정치사회적 조건을 제시해야 한다. 아울러 설득을 인정하고 증진시키는 정치사회적 문화를 고양함으로써 도덕적 진전을 이뤄내기 위해 노력해야 한다.

질문들을 통해 정치철학자들의 사상을 정리한 이유가 여기에 있다. 소크라테스가 철학의 피안을 떠나 욕망이 소용돌이치는 삶의 세계로 여정을 떠났듯이, 마흔다섯 명의 사상가들도 저마다의 문제의식을 갖고 시장과 광장으로 나섰다. 이들은 자신들이 믿는 가치들을 지키려 노력했고, 현실에서 부딪히는 한계를 극복하기 위해 절규했으며, 때로는 부패와 강제에 대항하면서 권력을 향해 진리로 맞섰다. 의도했든 의도하지 않았든 정치철학자들은 자신들의 언술 또는 저술을 듣고 읽은 사람들의 삶에 변화를 가져다주었다. 따라서 그들이 갖고 있던 문제의식을 질문을 갖고 반추한다면 마치 내가 설득의 대상이 된 것처럼 그들과 함께 대화할 수 있을 것이다. 동시에 그들이 말하는 바를 맹신하기보다 주어진 주제를 함께 고민하고, 해답만큼이나 해답을 찾는 과정에 주목할 수 있을 것이다.

저술의 일부분을 소개하면서 원어를 병기한 것도 동일한 이유에서다. 대부분의 독자들은 여기에 소개되는 정치철학자들의 저술을 직접 읽기보다 요약이나 강연을 통해 접했을 것이라고 생각된다. 사실 수능 세대의 독서 양태도 주입식 교육을 받은 세대와 별반 다르지 않다. 입시학원에서 나눠 준 내용 요약이나 논술 교재에서 정리된 설명이 뇌리에 깊이 박혀 있을 수도 있다. 또한 논점까지 다른 사람들에게 의지하고 유명한 강연을 이미 섭렵했기에, 자기 것은 없어도 모르는 것이 없는 사람으로 변해 있을 수도 있다. 그렇기에 번거로운 원어 병기가 먼저 독자들의 닫힌 마음을 열어 주기를 원한다. 다양한 해석이 가능하다는 점을 확인함으로써 백과사전적 지식으로부터 해방될 수 있고, 논쟁을 불러일으키는 인용문을 통해 일방적인 교육에서 벗어나 자유로운 독서의 기쁨을 느낄 수 있기를 바란다.

궁극적으로 이 책은 공화주의자가 공화가 아니라 자유에 주목하고, 민족주의자가 영광이 아니라 공존을 열망하고, 급진주의자가 혁명이 아니라 절차에서 해답을 찾고, 자유주의자가 경쟁이 아니라 재분배를 요구하는 모습을 보여 주려는 목적을 갖고 있다. 또한 갈등은 필요할 뿐만 아니라 불가피하다는 것을 인정하면서도, 대립되고 상충되는 생각을 가진 사람들 사이의 대결이 폭력적 대치로 귀결되지 않는 방법을 고민하는 관찰자(theoros)의 신중함을 제공해 주길 원한다. 만약 이 모두가 우리의 인문학적 상상력을 통해 진지하게 경험될 수 있다면, 그래서 현재의 문제가 유발한 열정적 운동이 관찰자적 안목과 신중함을 통해 삶의 세계로 돌아오는 과정이 반복될 수 있다면 새로운 제도를 가능하게 만들 정치적 상상력이 편견과 현실이라는 장벽을 넘어설 수 있으리라 기대한다. 그리고 이러한 과정을 통해 우리의 정치적 삶이 더욱 건강해질 수 있다면 우리의 고민을 통해 숙성된 이론들이 인류 사회의 공영에 기여할 수 있는 터전도 넓어지리라 기대한다.

4

7부의 '감정과 정치'에서 다루었듯 무분별한 '혐오'가 '분노'의 긍정적인 정치사회적 기능을 넘어 개개인의 일상뿐 아니라 공동체의 관계까지 파괴할 수 있다는 우려가 점점 커지고 있다. 니체가 '디오니소스적 긍정'을 말하며 절망적 삶 속에서도 한 인간이 주체로 설 수 있는 의지를 촉발하려 했다면, 오늘날 극도의 혐오가 빚어내는 '디오니소스적 부정'은 충동적 감정에 의지하는 것 외에는 주권적 의지와 무관하다. 오히려 후자는 무절제한 감정의 폭발을 통해 스스로의 삶뿐만 아니라 타인의 삶을 나락으로 빠뜨리고, 궁극적으로는 타인의 존엄을 파괴해서라도 자신의 지배욕을 충족시키려는 유혹에서 벗어날 수 없다. 특히 개체의 자율보다 전체의 규율이 강조되는 문화 속에서 자란 사람들에게 극도의 혐오가 전달하는 '수치심(aischunē)' 은 교육적 효과는커녕 인간적 존엄에 대한 사회적 합의마저 파괴할 수 있다. 그만큼 극도의 혐오는 도덕적 진전보다 병리적 폭력을 조장할 가능성이 더 크다.

그러나 엄밀하게 본다면 극도의 혐오도 시민적 분노와 동일한 실존적 기초를 갖고 있다. 무관심과는 달리 혐오는 타자에 대한 관심을 전제로 한다. 즉 부정의에 대한 분노가 정치사회적 관계에 기초한 도덕적 요구와 관련되듯, 혐오는 비정상적인 반감의 표출을 위해서라도 스스로의 도덕적 잣대와 타자에 대한 기대치를 표현해야 한다. 따라서 침묵(Schweigen)도 말함의 본질적 가능성 중 하나듯, 극도의 혐오는 잘못된 판단이나 과도한 비난을 통해 일그러진 삶 속에서 누군가가 스스로를 찾으려는 방식으로 존재한다. 그리고 잡담(Gerede)이 공적 관계로 나아갈 계기를 제공하듯, 극도의 혐오도 그 안에 내재한 극단적 불안을 해소할 계기를 발견한다면 건강한 비판의식으로 전환될 수 있다.

문제는 이러한 전환을 가능하게 할 '정치철학적 토론'이 부재하다는 것이다. 많은 사람들이 정치철학의 부재를 한탄하지만 정작 정치철학적 논쟁에 귀 기울이는 사람들은 적다. 그 이유는 크게 두 가지다. 첫째는 정치적 현상에 대해 이념적이고 규범적인 판단부터 하고 보는 습관 때문이다. 보수와 진보의 잣대로 낙인부터 찍고 보는 풍토, 방법상의 차이조차 적대적 대립으로 몰아가는 태도, 그리고 정치적 해결은 애초에 부정하면서 첨예한 사회적 갈등을 민주주의로 해결하려는 모순이 우리의 정치력을 가둬 버린다. 그래서인지 이제 어느 누구도 어떤 민주주의가 바람직한 것인지에 대해 진지한 토론을 하려고 들지 않는다. 대신 공허한 담론 속에서 감정적 극단으로 치달아 서로의 상실감을 부추기는 행동이 재생산되고 있다.

둘째는 '힘의 철학'에 의해 잠식된 우리의 지적 호기심이다. 지금 한국 사회는 그 어느 때보다 맹목적으로 권력을 추구하고 있다. 권력만 잡으면 세상을 뒤집어 버릴 수 있다는 이상한 정치적 현실주의가 이제 미시적 삶의 공간까지 부패시키고 있다. 그렇기에 오늘도 시장의 실패가 개개인의 무능력으로 치환되는 악순환이 되풀이되고, 최선보다 최고를 요구하는 힘의 열망이 우리의 일상을 점점 황폐하게 만들어가고 있다. 이런 가운데 우리의 삶을 풍부하게 만들 수 있는 고민들은 대중에게 소외당하고, '희망 없는 현실주의'의 잔인함이 시민들의 지식에 대한 반감을 부추기고 있다.

이 책에 서술된 마흔다섯 명 정치철학자들의 사상이 한국 사회의 숙제들을 풀 정치적 상상력을 제공해 주길 기대한다. 다양성이 존중되고 상호 신뢰가 확보될 수 있는 대화의 장(場)이 마련되고, 진지한 성찰과 개방된 대화에 기초한 의사 결정이 갈등 해소의 지름길이라는 묵시적 합의가 형성되며, 사회적 격리와 소외가 가져올 공포로부터 개인의 자율성을 지켜 낼 수 있는 제도적 구상에 대한 관심이 증폭되길 원한다. 아울러 인간적 흠결에 대한 보다 진지한 고찰을 바탕으로, 관계의 절연과 사회적 배제로부터 인간의 존엄성을 보호할 수 있는 시민적 동류의식이 일상적 삶의 현장에서도 회복되길 희망한다.

5

이 책이 우선적으로 염두에 둔 독자는 정치철학을 독학으로 만나는 사람들이다. 그래서 누구나 쉽게 접할 수 있는 정치철학적 지식을 제공하는 것이 일차적 목적이지만, 백과사전적 지식이나 보충수업 교재가 갖는 성격을 탈피하려고 노력했다. 대학원에서조차 한 권의 고전을 여러 시간에 걸쳐 꼼꼼히 읽는 수업을 기대할 수 없는 한국의 인문학적 환경을 고려할 때, 정치철학사의 주요한 저술들을 혼자 읽게 되는 경우를 결코 배제할 수 없었다.

사실 오늘도 많은 사람들이 여러 경로를 통해 고전과 씨름하고 있다. 학자들도 눈여겨보지 않는 저술들이 동호인들을 중심으로 검토되고, 열악한 출판시장의 판도를 거스르기라도 하듯 다양한 독서모임에서 심각한 논쟁이 벌어진다. 그리고 자기의 독서를 아낌없이 나누는 사람들도 인터넷 공간에서 무수히 만나게 된다. 그러나 정작 이들의 학문적 열정을 성숙한 토론으로 이끌 정치철학적 밑거름은 많지 않다.

이런 맥락에서 번거로움을 무릅쓰고 일반적 상식이 되어 버린 서술조차도 각주를 달았고, 최근 쟁점들을 원전을 통해 확인할 수 있도록 인용문의 선택에서 번역에 이르기까지 심혈을 기울였다. 그렇기에 인용된 문장과 문헌학적 정보를 충실히 따라가면 개별 사상가의 저술과 관련된 보다 풍부한 정치철학적 자산들을 체득하게 될 것이다. 마키아벨리가 말한 신중한 궁수처럼 노리는 곳보다 훨씬 더 높이 조준한다면, 이 책은 보다 깊은 독서를 원하는 독자들이 개별 사상가의 정치철학적 성찰을 만나는 유용한 징검다리가 되어줄 것이다.

끝으로 이 책이 만들어지는 과정에서 도움을 주신 분들께 감사를 드리고 싶다. 우선 이 책을 집필할 수 있도록 따뜻한 격려와 조언을 해 주신 최장집 선생님께 깊은 감사를 드리고 싶다. 그리고 이 책이 네이버에 「정치철학 다시보기」라는 제목으로 연재될 때 도움을 주신 분들께도 감사를 드리고 싶다. 특별히 어떤 방식으로 대중과 호흡하는 것이 좋은지에 대해 차분히 고민하게 해 주셨던 이영인 박사님, 주제의 특수성을 고려해서 아낌없는 지원을 해 주신 한성숙 이사님과 원광연 부장님께도 고마움을 전하고 싶다. 아울러 좋은 책에 대한 뜨거운 열정을 느끼게 해 준 민음사의 양희정 편집자께도 깊은 감사를 드린다.

차례

프롤로그 5

1부

서양 정치철학 내의 긴장

정치와 도덕

정치와 도덕은 화해할 수 있을까?

'고귀한 목적을 달성하기 위해 비도덕적 수단이 필요할 때, 올바른 정치가라면 어떤 선택을 해야 하는지', 그리고 '기만과 폭력을 아무렇지 않게 사용하는 사람에게 도덕적 고결함을 요구할 수 있을지'와 관련된 질문은 소크라테스 이래 서양 정치철학사의 가장 중요한 문제이자 가장 난해한 숙제다. 비록 도덕적인 품성을 가진 사람이라 할지라도 '현실'을 무시하면 '정치적 감각'이 부족하다는 비난을 받지만, 절대군주가 통치하던 시대에도 정치적 능력만큼이나 도덕적 자질은 정치가를 판단하는 중요한 잣대가 되었다. 그만큼 정치와 도덕의 상관관계는 그리 간단하지 않다.

  그렇다면 정치 행위에 일반적인 도덕률을 적용해야 하는 것일까, 아니면 정치 행위 자체에 '공공선' 또는 '정치적 이유'에서 도덕과 비도덕의 경계를 넘어서는 독립된 잣대가 있는 것일까? 베네데토 크로체(Benedetto Croce)가 토로하듯, 전자를 주장하더라도 후자를 단순히

'몰(沒)도덕'한 생각이라고 치부할 수는 없다.[1] 오히려 전자만을 고집하는 태도는 '살아 있는 실제(la vivente realtà)'에 대한 신중한 고려를 방해하고, 정치적으로 '필요'한 행동마저 이기적 욕망에서 비롯된 것이라 여기는 편견을 부추긴다. 역으로 도덕적 요구를 단지 '비정치적'이라는 이유에서 무시하는 부작용을 낳을 수도 있다.

아울러 '다수의 의사가 곧 한 사회의 윤리적 잣대가 될 수 있는지', 아니면 '다수의 의사와는 독립된 절대적인 도덕적 기준이 존재하는지'도 격렬한 논쟁을 불러일으키는 주제다. 특히 '공공선'의 내용을 민주적 심의로 구성해야 한다는 원칙을 제도의 정당성으로 삼는 민주주의에서 그렇다. '다수의 의사'와 '항구적 진리'의 긴장은 '상대주의'와 '정초주의'가 빚어내는 철학적 갈등을 훨씬 넘어서는 정치사회적 고민을 수반한다. 그 어떤 진리도 민주적 심의를 무시한다면 '전제적(despotic)'이라는 비난을 피하기 어렵고,[2] 누구도 '다수 여론의 전제'가 '소수 현자의 독재'만큼이나 위험하다는 지적을 쉽게 지나칠 수 없기 때문이다.[3]

따라서 '기본권의 보장'과 같은 보편적 윤리는 항상 관철되어야 한다는 신념을 갖고 있더라도, 공동체 구성원들 모두가 책임을 공유해야 하는 결정은 도덕적 요구만큼이나 정치적 신중함이 필요하다. 동시에 민주적 심의를 통해 진리를 발견할 수 있다는 확신이 있어도 다수결이 항상 좋은 결과를 가져오지는 않는다는 유보적 태도를 마구잡이로 비난할 수도 없다. 대신 '공공선의 달성'이라는 명분을 내세우며 비공개로 수행되어 온 통치행위에 대한 민주적 통제, 그리고 집단 지성이 '다수의 전제'로 전락하지 않도록 규제할 수 있는 제도적 장치에 대한 보다 면밀한 검토가 필요하다.

'정치'에 대한 '도덕'의 우위

정치철학에서는 '정치와 도덕의 긴장'을 둘러싼 논쟁들을 크게 두 가지 범주로 나누어 검토해 왔다. 첫 번째 범주는 정치와 도덕을 구분해서 어느 한쪽의 우위를 주장해 온 입장들을 포괄한다. 이탈리아 정치 이론가 노르베르토 보비오(Norberto Bobbio)가 소위 '엄격한 일원론(monismo rigido)'으로 분류한 견해들도 이 범주에 속하지만, 그의 분류와 일반적 분류 사이에 차이가 있다면 그가 '하나'를 '다른 하나'로 귀속시키는 것만 이 부류로 한정한 점이다.[4] 반면 일반적으로는 정치에 대한 도덕의 우위를 전제로 전자를 후자의 실현을 위한 수단일 뿐이라고 이해하는 입장, 그리고 '도덕'과 분리된 '정치'의 독자적 성격을 강조하며 전자가 후자의 목적을 위해 희생될 수 있다고 간주하는 주장도 이 범주에 포함된다.

서양 정치철학의 전통에서 볼 때, '정치'에 대한 '도덕'의 우위는 가장 오랫동안 그리고 가장 광범위하게 받아들여진 견해다. 소크라테스 이후 지속된 '군주의 교본(specula principum)' 전통에서 볼 수 있듯이, 오랜 시간 동안 정치철학자들은 정치 행위는 '올바름' 또는 '도덕'에 대한 순수한 의무에서 비롯되어야 한다는 입장을 견지했다.

'좋은 삶(eudaimonia)'과 '탁월함(arête)'을 중시했던 플라톤과 아리스토텔레스는 물론이고, 에피쿠로스(Epikouros)조차도 '쾌락' 자체보다 '바람직한 삶'을 성찰의 주제로 삼았을 정도다. 이런 입장에서 본다면 정치가 도덕에 귀속되거나 도덕적 이상의 실현을 위한 수단으로 간주되는 것이 이상할 것도 없다.

종종 플라톤, 아리스토텔레스, 키케로, 그리고 아퀴나스의 사상을 통해 도덕과 분리된 정치의 독립성을 찾는 연구들을 보게 된다. 그러나 이런 연구들이 제시하는 자료들은 대부분 '유연한 일원론(monismo flessibile)',[5] 즉 예외적인 위기 상황에서 일반적 도덕률의 수정을 용인하는 견해로도 보기 힘든 경우가 많다. 플라톤이 『국가(Politeia)』에서 "고상한 거짓말(gennaion pseudos)", 즉 "공공의 이익을 위해 거짓말이 허용된다."고 말한 부분을 부각시킨다 해도,[6] 전체적으로는 플라톤이 정치와 도덕의 분리 또는 독립을 주장했다고 보기 어렵다. 아울러 아리스토텔레스의 '신중함(phronēsis)'이 이성뿐 아니라 감성도 중시하는 철학적 태도에서 나온 것을 부인할 수는 없지만, 공공선을 위해 필연적으로 요구되는 행위라 할지라도 그가 '혼의 좋음' 또는 '영혼의 탁월함'을 앞세웠다는 사실을 누구도 부정할 수 없다.[7] 마찬가지로 키케로의 '신과 인간의 법(lex divina et humana)'과 아퀴나스의 '자애로움(caritas)'이 '국가의 생존'과 '정치적 타협'을 위해 그들이 적용한 원칙들보다 우선시된다는 점을 누구도 쉽게 부정할 수 없다.[8]

'도덕'에 대한 '정치'의 우위

다음은 정치와 도덕의 분리 또는 정치가 도덕에 우선한다는 입장들이 있다. 카를 슈미트(Carl Schmitt)가 『정치적인 것에 대하여(Der Begriff des Politischen)』에서 '정치'에 대해 내린 정의가 이러한 입장을 대변한다. 그는 정치를 '친구와 적'의 관계로 규정되는 독특한 영역으로 보았고,[9] 도덕적으로 좋은지 나쁜지와 관련된 윤리 영역과는 구별된 잣대가 정치 영역에 있다고 주장했다.[10] 즉 도덕적으로 선하다고 판단되는 사람도 적대 집단의 구성원이면 적이 될 수 있고, 도덕적으로 나쁘다고 판단되더라도 동일 집단의 구성원으로서 연대할 수 있기에 정치적인 영역에서는 도덕적 판단이 유효하지 않다고 주장한 것이다. '도덕'에 대한 '정치'의 우위 또는 정치를 위한 도덕의 배제까지 명시적으로 요구한 것이다.

사실 '정치'와 '도덕'의 분리 또는 '도덕'에 대한 '정치'의 우위를 주장하는 입장들은 근대 국가(stato)의 출현과 더불어 광범위하게 받아들여졌다. 개개인의 사회계약이라는 '추론적 역사'를 통해 근대 국가가 도덕적 굴레로부터 자율성을 확보하게 된 과정과 이러한 주장들은 밀접한 관련이 있다. 보테로(Giovanni Botero)가 군주의 권위가 인민의 동의로부터 비롯된다고 말하듯,[11] 보댕(Jean Bodin)이 주권자의 절대적 권리의 근거 중 하나로 인민들이 권력을 양도했기 때문이라고 강조하듯,[12] 도덕이나 신앙으로부터 독립된 '국가이성(Rasion d'état)'이라는 새로운 형태의 정치적 잣대가 근대 초기부터 잉태되고 있었던 것이다.

자유주의가 출현하면서 '자연법'이 '신과 자연의 법'이 아니라 '생존을 위한 행위 준칙'과 동일한 것으로 이해되고, 인간의 양심과 개인의 소유가 그 누구도 제한할 수 없는 하나의 자연적인 권리로 자리 잡게 된다. 이후부터 초인간적인 힘이나 보편적인 도덕률이 정치적 행위를 제한할 수 없다는 견해는 더 큰 지지를 얻게 되었다.[13] 예를 들면 홉스(Thomas Hobbes)에게서 우리는 더 이상 정부의 통치에 '좋음'과 '나쁨'이라는 도덕적 잣대가 적용되지 않는다는 것을 알게 되고,[14] 교회조차 국가의 법에 종속되어야만 하는 이유를 발견하게 된다.[15] 그리고 헤겔(G. W. F. Hegel)을 통해 우리는 국가가 그 자체로 존재해야 할 객관적 근거를 갖고 있다는 주장을 만나게 되고, 나아가 최소한 '개개인의 안녕'을 위해서라도 정치가 도덕에 우선해야 한다는 주장을 접하게 된다.[16] 국가가 하나의 자율적인 존재로서 그 나름의 행위 준칙이 있다는 논의가 부지불식 중에 도덕에 대한 정치의 우월적 지위를 강화했던 것이다.

'정치'와 '도덕'의 결합

두 번째 범주는 바로 '정치'와 '도덕'의 긴장을 해소하려는 입장들이다. 실제로 '정치'와 '도덕'의 긴장을 해소하고 다수의 판단과 도덕적 잣대의 균형을 만들려는 시도는 다양한 정치철학자들을 통해 지속적으로 전개되었다. 그럼에도 불구하고 다음 두 정치철학자의 경우는 특별히 눈여겨볼 필요가 있다.

첫째가 칸트(Immanuel Kant)다. 칸트는 정치에 대한 도덕의 우위를 주장한 사상가들 중 대표적인 인물로 손꼽힌다. 그의 『도덕 형이상학 (Metaphysik der Sitten)』의 내용을 살펴보면, 칸트에게서 정치에 대한 도덕 또는 윤리의 우위는 자명해 보인다. 그러나 그의 저술 중에서 정치적인 식견이 가장 돋보이는 「영구 평화론(Zum ewigen Frieden)」은 칸트조차도 정치와 도덕의 긴장을 해소하기 위해 부단한 노력을 기울였다는 점을 보여 준다. 특히 '도덕적 정치인(moralishen politiker)', 즉 '도덕을 정치에 이용하기보다 도덕적 요구와 정치적 신중함의 균형을 끊임없이 고민하는 정치가'에 대한 칸트의 서술은 그의 입장을 정치에 대한 도덕의 우위로 단순화하는 일반적 해석에 의구심을 갖게 만든다.[17]

또한 "정치와 도덕의 갈등은 단지 주관적으로 존재할 뿐 객관적으로 존재하지 않는다."는 정언명제에서 칸트는 '도덕(Sitte)'을 '윤리 (Ethik)'나 '덕(Moralität)'이 아니라 '법(Recht)'과 등치시킨다.[18] 즉 의무자체가 목적이거나 내적 자유가 목적인 '윤리적 의무'가 아니라 외적 자유(다른 사람의 의지로부터 자율성을 확보하는 조건)를 확보하기 위해 강제가 허용되는 '법적 의무'를 정치적 행위와 결부시키는 것이다. 여기서 우리는 칸트도 정치와 도덕의 긴장에서 도덕의 정치에 대한 우위만을 고집한 사상가가 아니라는 결론에 다다르게 된다.[19]

둘째는 막스 베버(Max Weber)다. 아마도 막스 베버는 정치와 도덕의 균형을 가장 설득력 있게 충고한 정치사상가라 해도 과언이 아닐 것이다. 그는 인간적 흠결과 우연적 요소가 빚어내는 세상사의 불합리성을 인정하고, 의도의 좋고 나쁨과 무관하게 '행위의 결과'에 책임을 지는 '책임윤리(Verantwortungsethik)'를 제시했다. 타협 불가능한 신념에 사로잡혀 공적 영역에서 무기력할 수 있는 '신념윤리(Gesinnungsethik)'와는 달리, 선한 목적을 위해 비도덕적 수단이 사용될 수밖에 없는 딜레마에서도 좌절하기보다 명확하게 정치가의 행위 준칙을 제시하고자 했던 것이다. 정치의 본질은 권력이며, 그 주요한 수단은 폭력이라는 사실을 인정하지 않는 정치가를 '유아'라고 거침없이 비난했지만,[20] 베버에게는 '정치'와 '도덕'의 상보적인 관계를 통해서만 정치가의 진정한 소명이 달성될 수 있다는 확신이 있었다.

탈근대시대 정치적 현실주의

여전히 '정치'와 '도덕'은 갈등한다. 공동체의 규율이 곧 개인의 도덕적 기준이 되던 고대 그리스 정치철학에서부터, 국가의 자율성을 바탕으로 '정치'가 '도덕'으로부터 독립하면서 사회적 윤리와 개인적 도덕이 서로 구별된 근대 정치철학에 이르기까지 '정치'와 '도덕'이 보여 주었던 길항이 반복되고 있는 것이다. 일면 개인의 자율적 선택이 우선시되고, 개인의 도덕률이 사회적 의무보다 중시되는 지금, 이러한 긴장은 무의미해 보일 수 있다. 그러나 '정치'와 '도덕'

의 긴장은 탈(脫)근대의 소용돌이 속에서 쟁점마다 촉발된다. 왜냐하면 개인의 자율성에 대한 요구가 거셀수록 다수의 결정에 개개인이 순응해야 할 도덕적 동기를 제공할 필요도 커지기 때문이다.[21]

이런 맥락에서 볼 때 '고귀한 목적을 달성하기 위해 비도덕적 수단을 사용할 수 있는지'의 문제는 여전히 중요하다. 소위 '더러운 손(dirty hands)'의 문제다. 좋은 목적을 위해 나쁜 수단을 사용해야 할 경우 정치가가 경험하는 도덕적 딜레마가 여전히 많은 숙제를 던져주고 있다.[22] 특히 이 경우는 '더러운 손'에 대한 도덕적 평가가 동일한 상황에서 '더러운 행위' 이외의 다른 정치적 선택을 유도할 수 없기 때문에 더욱 그렇다. 너무나 역설적이게도 '더러운 손'의 딜레마는 '동일한 상황이라면 동일한 행동을 반복할 것'을 정치가에게 요구한다. 그 결과 '더러운 손'이 불러일으키는 도덕적 딜레마가 비도덕적 수단을 사용한 정치가를 비난할 도덕적 근거마저도 불필요하게 만들수 있다.

따라서 이러한 위험으로부터 '민주적 절차'와 '정치적 행위'를 보호하는 방법이 다각적으로 연구되고 있다. 특정 도덕적 신념이 개인의 자율성과 사회적 다양성을 파괴하지 못하도록 규제하고, '더러운 손'의 행사에도 일정한 제한을 설정할 수 있는 조정 원칙(regulative principle)이 모색되고 있다. 아울러 이러한 조정 원칙이 민주적 심의를 통해 구성되고, 이러한 민주적 심의가 선험적이고 절대적인 이념이나 신념에 매몰되지 않도록 하는 제도적 장치가 검토되고 있다. '모든 결정이 정당하다.'는 태도나 '다수가 항상 정당하다.'는 사고가 민주적 심의를 파괴하지 않는 정치사회적 환경이 분석되고 있는 것이다.

특별히 두 정치철학자의 이론이 주목받고 있다. 하나는 마사 너스바움(Martha Nussbaum)이 주창한 '두텁고 모호한(thick-vague)' 심의, 즉 특수한 맥락에서 발생하는 차이를 인정한다는 의미에서 두텁고, 확정적이거나 완벽하지는 않지만 중첩된 합의를 도출할 수 있는 최소한의 규제 조건을 구비한 민주적 심의다.[23] 또 다른 하나는 필립 페팃(Philip Pettit)의 '제한된 결과주의(restricted consequentialism)'다. 개인의 자율성과 사회적 다양성을 동시에 촉진시킬 수 있는 최소한의 중첩적 합의를 전제하고, 이러한 전제를 통해 모든 정치적 행위에 헌법적이고 민주적인 규제를 할 수 있다는 주장이다.[24]

전자의 이론은 자유주의에, 후자의 이론은 공화주의에 그 연원을 두고 있다. 그러나 다수의 전제로부터 민주적 심의를 보호하고, 민주적 심의를 통해 소수의 독단을 막으려는 의도를 가졌다는 점에서 두 이론은 큰 차이를 보이지 않는다. 그렇기에 두 이론은 민주주의가 어떤 원칙에서 어떻게 운용될 때 정치와 도덕의 긴장이 해소될 수 있는지에 대한 귀중한 성찰을 제공한다. 또한 두 이론은 민주적 심의가 정치를 앞세워도 '보편적 가치의 부재'나 '정글의 법칙'으로 귀결되지 않는 방식을 우리에게 일깨워 준다. '정치'와 '도덕'의 화해는 우리의 정치적 상상력이 이념적 경계와 이론적 편견을 넘어설 때 가능하다는 것을 몸소 보여준 것이다.

권력과 지배

지배가 없는 권력은 가능한가?

1987년 10월 29일에 개정된 대한민국 헌법은 1조 2항에서 "대한
민국의 주권은 국민에게 있고, 모든 권력은 국민으로부터 나온다."고
규정하고 있다. 무수히 많은 헌법 조항들 중 이 조항이 정치철학자의
주목을 끄는 이유는 '인민주권'과 같은 민주주의의 일반적 원칙을 재
천명했기 때문이 아니다. 또한 이 조항이 제도 이외의 방식으로 정부
에 대한 불만을 표현하는 집단행동을 손쉽게 정당화시켜 주기 때문
도 아니다. 바로 정치철학사에서 가장 논쟁적인 '권력'이라는 개념을
대한민국 헌법이 너무나 모호하게 규정하고 있기 때문이다.

  사실 근대 이후 '권력'과 '폭력', '권력'과 '권위', 그리고 '권력'과
'지배'의 경계는 거의 무너졌다. 그러나 '권력'과 다른 형태의 '힘'의
행사가 정치철학사에서 항상 동일하게 이해된 것도 아니고, 이들을
동일한 정치사회적 요소로 간주해야 할 본질적인 이유가 정치 영역
에 있는 것도 아니다. '안전'을 위해 주권자에게 무제한의 폭력을 행

사할 수 있도록 허용한 근대 자유주의의 출현처럼, '권력'과 다른 형태의 '힘'의 행사가 동일하게 인식되게 된 계기는 의도된 것이라기보다 우연하게 도래했다. 그렇기에 여전히 '권력'의 경험적인 특성들이 '권력'에 대한 규범적인 요청들을 완전히 압도할 수 없다.

특히 민주주의가 보편화된 오늘날, '권력'에는 그 나름의 도덕적 동기와 합법적 근거를 요구받는다. '폭력'과 구별되는 정치사회적 동의를 얻어야 한다는 주장도 있고, '권위'와 달리 '제도화되지 않은 힘'이나 이러한 '힘'에 대한 열망이라는 이유로 경멸받기도 하며, '지배'가 부재한 상태를 요청받기도 한다. 키케로(Cicero)가 '정당한 권력'이 갖추어야 할 조건으로 '법(leges)', '관습(mos maiorum)', '선례(instituta)'를 제시하듯,[1] 현대 정치철학은 '권력'에 대한 무분별한 열망이 가져올 정치사회적 위기에 대처하기 위해 새로운 형태의 규범적 제한을 설정하려 노력하고 있다.

권력의 시원성

영어의 '권력(power)'이라는 말은 라틴어의 '할 수 있는(posse)'이라는 동사에서 나왔다. 즉 오래전부터 서양에서 '권력'은 '힘'의 현재성(energeia)뿐만 아니라 '힘'의 잠재성(dynamis)까지 의미했다.[2] 따라서 서양 정치철학사에서 '권력'이라는 말은 제도화되었거나 실제 인간관계에서 행사되는 '힘'만을 지칭하지 않는다. 오히려 '권력'은

'힘'의 제도화 자체를 가능하게 하는 '시원적(始原的)' 능력을 포괄하며, 정당성과 무관하게 인간의 상호작용에서 수평적 또는 수직적 관계를 설정하는 원인이자 결과로 이해되어 왔다.

이런 맥락에서 본다면 '권력'을 인간의 본성과 연관시키려는 정치철학적 노력이나 '권력'을 제도화 이전과 이후로 나누어 분석하는 제도사상사의 오랜 습관은 전혀 어색하지 않다. 일찍이 '권력'이 아니라 '권력을 가진 사람의 품성'에 주목했던 플라톤에게도 '권력'이란 '할 수 있는 바를 하려는' 인간의 욕구와 무관하지 않았고,[3] '권력'의 분배에 주목했던 아리스토텔레스에게도 '권력욕'은 권력의 특성을 좌우하는 요인들 중 하나였다.[4] 즉 '권력'과 '지배하려는 욕구(libido dominandi)'의 상관관계는 '올바른 삶'과 '권력의 정당성'에 대한 견해 차이와 무관하게 오랫동안 지속된 정치철학적 주제였다.

그럼에도 불구하고 '이기적 욕망'의 사회적 실현을 지극히 자연적인 현상으로 규정한 근대 이후부터, '지배하려는 욕구'를 통해 '권력'을 이해하려는 입장들은 적지 않은 정치철학적 문제를 일으켰다. 일차적으로 인간의 삶 자체를 '죽음에 이르러서야 끝나는 권력에 대한 열망'으로 규정함으로써[5] '제도화된 권력'마저도 이러한 권력욕의 연속 선상에서 이해하려는 경향을 강화시켰다. 그 결과 '권력'과 '권위'의 구분이 모호해지고 '권력'과 '지배'가 동일시되어 '권력 투쟁'이 곧 '정치의 본질'이라는 견해를 보편화시켰다.[6] 파시즘에 저항했던 정치철학자들조차 '권력'과 '지배'의 구분을 권력욕의 유무가 아니라 그것의 많고 적음에서 찾을 정도였다.[7]

동시에 '권력욕'으로 '권력'을 이해하는 견해들은 '무제한적인 권력' 추구에 일정한 도덕적 면죄부를 제공했다. 제도화 이전의 '권력' 또는 '창건(創建)적 권력(foundling power)'을 '폭력' 또는 '벌거벗은 권력(naked power)'과 동일시하는 견해는 근대 이전에도 존재했다. 그러나 정복 군주나 참주에 대항한 집단적 저항마저도 '폭력'이라는 범주에서 동일하게 다루지는 않았다. 즉 '권력' 그 자체가 정치의 목적으로 이해됨으로써 권력을 행사하는 목적이 평가의 주요한 잣대로 기능할 수 없는 여건이 조성된 것이다.

권력과 폭력

이러한 근대 이후의 '권력'에 대한 일반적 견해에 본격적으로 반기를 든 정치철학자가 바로 아렌트(Hannah Arendt)다. 아렌트는 일차적으로 '권력'을 다른 형태의 '힘'의 행사와 구별한다. '위력(strength)'은 개별 존재의 특성 또는 잠재력(dynamus)으로, '강제(force)'는 실질적인 '힘'의 행사를 통해 즉각적으로 드러나는 효력(energeia)으로, '권위(authority)'는 정치사회적으로 상대방의 무조건적 인정을 이끌어내는 '힘'으로, '권력'은 개인의 속성이 아니라 정치 공동체의 '위임'을 통해 '집단적인 힘의 행사'에서만 실재하는 능력으로 정의한다.[8]

이런 복잡한 개념 정의는 곧 '권력'과 '폭력'의 구분으로 수렴된다. 아렌트의 정의를 따르면 '권력'과 '폭력'은 다음과 같이 구별된다. 첫째, '폭력'은 그 자체로 수단적 성격을 갖고 있지만 힘의 행사를 위해서는 다른 수단을 필요로 한다.[9] 즉 '권력'은 참주의 손에 쥐어져 있더라도 '위력'을 갖게 만드는 집단의 지지 또는 묵인이 전제되지만, '폭력'은 그 자체로는 위력이 없을 뿐만 아니라 강제력을 증폭시킬 수단에 따라 그 위력의 정도가 결정된다는 것이다. 이런 맥락에서 아렌트는 "권력은 모든 통치의 본질적인 요소"인 반면, "폭력은 통치의 본질적이거나 필수적인 요소가 될 수 없다."고까지 말한다.[10]

둘째, '권력'은 '명령(command)'과 '복종(obedience)'의 관계를 전제하지 않지만, '폭력'은 이러한 상호관계의 구축을 목적으로 한다.[11] 보다 구체적으로 '권력'은 집단에 의해 구성되기에 그 '힘'을 정당화할 필요가 없고, 그 '힘'의 행사가 집단 구성원이 정한 '법'의 테두리를 벗어나지 않으면 언제나 유효하다.[12] 반면 '폭력'은 결코 적법성(legality)을 확보할 수는 없으며, '권력'이 매개가 되지 않으면 정당화되기도 힘들다.[13] 이런 측면에서 아렌트는 '권력'과 '폭력'은 동일하지 않으며, 둘을 동일한 것처럼 인지하게 된 이유는 전자의 상실이 후자의 필요를 불러와 혼동을 부추겼기 때문이라고 주장한다.[14]

권력과 규범

아렌트의 '권력' 개념에는 한편으로는 고대 아테네 민주정과 로마공화정의 역사적 경험이 내재되어 있고, 다른 한편으로는 '권력'을

'권력욕'과 등치시킴으로써 '권력'에 대한 규범적 판단을 배제하려는 근대적 편견에 대한 비판이 전제되어 있다. 그렇기에 아렌트는 바람직한 '권력'의 행사를 '명령'과 '복종'의 상호관계가 아니라 시민들이 만든 '법'의 테두리 안에서 이루어지는 통치로 정의한다. 또한 동일한 이유에서 '권력'을 '권력에 대한 의지'과 관련시키던 근대 정치철학의 익숙한 편견을 거부한다.[15]

아렌트의 '권력' 개념은 '민주적 심의'와 '폭력의 부재'라는 정치적 이상에 의해 의도적으로 재단된 것이기도 하다. 권력의 시원성보다 민주적 정당성이, 권력의 수단성보다 강제의 적법성이 중요하다는 의지가 관철된 것이다. 따라서 아렌트의 정치적 입장에 대한 평가를 보류한다면, 그녀의 '권력'과 관련된 설명들은 몇 가지 의문을 불러일으킨다.

첫째, '권력'과 '권위'의 구분이 모호하다. 비록 '권력'은 '집단의 인정' 없이도 행사된다는 친절한 설명이 뒤따르지만, '제도화된 권력'과 '권위'의 차이는 아렌트의 개념만으로는 분명히 전달되지 않는다.[16] 둘째, '권력'과 '지배'의 차이다. 아렌트는 지속적으로 '지배(domination)'와 '통치(dominion)'를 구별하지만,[17] 고대 아테네 민주정과 로마공화정에서 자유로운 시민들 사이에서 수평적 소통을 위한 필수적 조건으로 받아들여졌던 '지배가 없는 상태'를 뚜렷하게 부각시키지 못했다. 그 결과 아렌트의 '권력' 개념은 자유로운 시민들을 '통치(imperium)'하는 행위와 주인이 노예를 '지배(dominatio)'하는 것을 명확히 구분할 잣대를 제공하지 못했다. 셋째, '권력'의 시원성에 내재한 '폭력'의 창조적 특성이 지나치게 폄훼되었다. 아렌트는 다른 저작에서는 '혁명적 폭력' 또는 '정초적 폭력'의 정치적 의미를 세밀하게 분석한 바 있다.[18] 그러나 그녀가 고집하는 '권력'과 '폭력'의 엄격한 구분은 '창건(創建)적 권력'과 결코 분리될 수 없는 '법제정적 폭력(Rechtsetzend Gewalt)'이 정치에서 갖는 의미를 불필요하게 단순화시킬 우려를 낳는다.[19]

권력과 권위

'폭력'과 구분된 '권력' 개념은 '권력'의 실제적 행사에 주목하던 학자들로부터 신랄한 비판을 받았다. 특히 베버의 입장을 따르는 사회과학자들, 즉 '권력(Macht)'을 "사회적 관계에서 어떤 행위자가 저항에도 불구하고 자기 의지를 관철시킬 수 있는 개연성(Chance)"[20]으로 이해하는 학자들이 강하게 반발했다.[21] 일차적으로는 '부당한 권력'조차 실질적인 힘으로 작용하는 정치과정에 대한 관심이 '권력'에 대한 규범적 설득보다 더 절실했던 이론적 경향이 작용했다. 이는 폭력이 정치의 본질적 요소로 이해되고, 정치가의 '권력 본능(Machtinstinkt)'을 긍정하는 사회적 추세가 반영된 것이기도 했다.

이런 흐름 속에서 처음에는 자기 의사와 반대되는 다른 사람의 의지에 대한 복종을 유발하는 '영향력(influence)'이 부각되었다.[22] 이후 편견을 조작해 특정 의사가 채택될 수 없도록 만드는 권력의 '보

이지 않는' 차원이 포함되었으며,[23] 구성원들에게 자신들의 이익과
반대되는 선호를 주입함으로써 정치적 의제를 주도하는 '잠재적' 권
력까지 연구가 확대되었다.[24] 급기야 '권력'은 구성원들에 의해 만들
어지지만, 만들어짐과 동시에 그들의 행동을 제어하는 사회적 요소
이자 '변화를 가져오는 능력(capability)'으로 이해되었다.[25] 이런 가운
데 '권력'의 규범적 내용에 대한 논의는 최소한 분석적 차원에서는
불필요한 것처럼 보였다.

　　그러나 권력의 현상적 분석만으로는 '바람직한 권력 행사'에 대
한 지적 호기심을 모두 충족시켜줄 수 없었다. 아울러 '개인의 자율
성'과 '권력의 책임'에 대한 정치사회적 요구가 커질수록 '권력'의 규
범적 규제에 대한 요청이 커졌다. '권력'과 구별된 '권위'에 대한 관
심이 증폭되었고, '자발적 순응'을 유발하는 '힘'의 정치사회적 자원
을 분석함으로써 권력의 규범적 특성을 규명하려는 연구가 다시 시
작되었다. 베버로부터 비롯된 '권위(Herrschaft)'의 세 가지 유형(카리
스마, 전통, 법) 연구를 바탕으로 권력의 '정당성'을 강조하거나[26] 수평
적 관계를 전제로 하는 '소통적 권력(power with)'과 수직적 위계를 바
탕으로 하는 '지배적 권력(power over)'을 구분함으로써 전자를 '민주
적 권력'으로 규정하는 것 모두,[27] '권력'의 규범적 성격에 대한 정치
철학적 관심을 대변한다.

권력과 지배

이러한 노력에도 불구하고 '권력'의 대한 논의들은 '권력'에 규범적 제한을 가하려는 정치철학의 일반적 요구에 여전히 못 미친다. 미셸 푸코(Michel Foucault)의 '권력' 개념에서 보듯 '권력'과 '권위'의 차이는 더욱 희미해졌고, '권력'과 '지배'의 구분은 더욱 모호해졌다. 비록 근대 이후 권력이 갖는 특징을 묘사한 것이라지만, 권력이 '규율'과 '통제'로 복종적 신체를 만들어 내는 '생명권력(bio-pouvoir)'으로 규정되고, '지배'와 '피지배'라는 권력관계가 개개인의 일상까지 예외 없이 적용됨으로써 지배가 생래적이고 보편적인 현상으로 이해되기 시작한 것이다.[28]

사실 자발적 동의에 기초하는 전근대적인 '주권적 권력(sovereign power)'에 덧붙여 '순응하는 개인'을 만들어 내는 근대적인 '규율 권력(disciplinary power)'의 실체를 밝혀 준 것은 누구도 부인할 수 없는 푸코의 학문적 업적이다. 그러나 인간의 모든 상호작용을 '지배'와 '피지배'로 이해함으로써 '권력'에 제도적 제한과 규범적 내용을 부여하려는 노력 자체가 무의미하다는 편견을 강화시킬 우려도 함께 지니고 있다. 물론 맥락에 따라서는 '권위(Herrschaft)'가 '지배'로 번역되듯, 권력관계에서 '자발적 동의'와 '훈육된 순응'을 구별하기란 쉽지 않다.[29] 그러나 '권력'과 '지배'의 구분이 다음과 같은 정치철학적 혜안을 제공해 준다는 점을 간과해서는 안 된다.

첫째, '권력'과 '지배'의 구분은 정치체제의 정당성과 정치권력의 적법성을 가늠할 수 있는 잣대를 제공한다. 설령 일관된 잣대를 제공하지 못하더라도 최소한 권력의 정당한 행사를 위한 토론의 장을 마련하는 데에 기여할 수 있다. 반면 '권력'과 '지배'를 동일시하거나 지배가 일상적 인간관계에도 만연된 현상이라고 이해하는 경우, 그러한 분석이 갖는 정치사회학적 의미와는 별도로 '어떤 지배-피지배 관계가 왜 그리고 어떻게 개선되어야 하는지'에 대한 적절한 해답을 얻을 수 없다.[30]

둘째, '권력'과 '지배'의 구분은 '창건(創建)적 권력' 또는 '법제정적 폭력'의 행사를 판단하는 기준을 제공해 준다. 새로운 정치체제를 확립하거나 혁명적 권력이 기존 제도를 전복하는 경우 한편으로는 '권력'과 '폭력,' 다른 한편으로는 '권력'과 '지배'의 구분이 모호해진다. 그러나 마키아벨리(Niccolò Machiavelli)의 충고에서 보듯, '권력'이든 '폭력'이든 그것이 '타인에 대한 자의적 지배'를 목적으로 행사될 때, '힘'의 행사가 '지배'로 귀결될 때,[31] '권력'과 '지배'의 구분은 냉혹한 정치적 현실을 인정하면서도 '권력'의 부당함을 지적할 수 있는 일관된 판단 근거를 제공할 것이다.[32] 그렇지 않으면 '지배'로부터 벗어나기 위해 행사되는 '권력' 또는 '폭력'의 해방적 의미를 구별해도 인지할 수 없을 것이다.

셋째, '권력'과 '지배'의 구분은 '권력'이 '공공선'에 헌신해야 할 이유를 보다 분명하게 전달한다. 무엇보다 근대 이전의 정치철학자들이 그랬던 것처럼 '권력'과 '지배'의 구분은 '권력'을 열망하는 사람들을 위한 교육(paideia)의 내용을 풍부하게 만들어 줄 수 있다. 때로는 개인의 '탁월함(arete)'으로, 때로는 '좋은 삶(eu zēn)'의 실현으로 권력에 대한 열망을 권력의 올바른 행사를 위한 성찰로 이끌 것이다. 또한 '권력'과 '지배'의 구분은 '권력'의 남용을 막을 수 있는 제도적 장치를 구축하는 데에도 크게 기여할 것이다. 정치권력의 한계를 설정하고 일상적 관계 속에서 경험할 수 있는 '지배'와 '피지배'의 관계를 해소하려는 민주적 심의를 가능하게 함으로써, '권력'과 '지배'의 구분은 전자의 남용으로부터 개개인을 효과적으로 방어할 뿐만 아니라 후자의 해소를 위한 적절한 조정 원칙을 제공할 것이다.

정치와 종교

정치와 종교는 분리되어야 하나?

1669년 친구이자 동지였던 아드리안 콜바흐(Adriaan Koerbagh)가 투옥되어 죽음을 맞이하자, 스피노자(Benedictus de Spinoza)는 맹목적인 종교인들의 폭력으로부터 이성과 자유를 지키기 위해 펜을 든다.

경건, 슬프게도! 불멸의 신, 그리고 종교가 터무니없는 비밀이 되었다(Pietas, proh Deus immortalis, et Religio in absurdis arcanis consistit). 그리고 순전히 이성을 조롱하고, 지성을 원래부터 타락한 것이라며 거부하고 폄하하던 사람들, 가장 부당한 것들 중 하나인 바로 이들이 신의 빛(divinum lumen)을 가졌다고 여겨진다.[1]

스피노자의 시야는 '자연'에 대한 이성적 성찰을 부각시킴으로써 '신'의 섭리에 대한 철학적 접근을 옹호하려던 중세의 그늘을 넘어서 있었다.[2] "자연권(jure naturae)에 의해 타의(他意)에 구속되는 사람은 없다."는 언명처럼,[3] 개인의 '자유'와 '이성'에 대한 확신은 정치와 종교의 엄격한 분리를 요구하고 있었던 것이다.

이렇게 17세기 자유주의 정치철학이 등장한 이래, 정치와 종교는 엄격하게 구분된 정치사회적 역할을 수행한 듯 보인다. 거의 대부분의 나라가 '정교분리(政敎分離)'를 헌법적 원칙으로 채택하고 있고, 종교전쟁을 경험했던 서구 유럽은 물론 민주주의 국가라면 예외 없이 종교적 관용을 전면에 내세운다. 사실 다원성의 보장이 개인의 자유에 중요한 조건으로 인식되고 있는 지금, 정치와 종교의 분리는 더욱 절실해 보인다. 전자의 역할은 세속적인 것에 국한되어야 하고, 후자는 영적인 것만 돌봐야 한다는 생각이 지배적이기 때문이다.

그러나 지금 이 순간에도 정치와 종교는 긴밀하게 연관되어 있다. 종교적 신념과 맹목적 신앙은 '근대국가'의 주권적 결단과 '민족국가'의 신화적 유대 속에 살아 숨 쉬고 있고,[4] 공동체 구성원들에게 시민적 의무감을 부여하고 사회적 연대를 유지하는 기재로서 종교의 전통적 기능은 여전히 강조된다. 1990년대 이후 발흥한 '종교적 근본주의'와 '종교적 민족주의'에서 보듯, 종교는 대중의 지지를 상실한 세속 정치를 대체하는 가공할 파괴력까지 다시금 선보이고 있다.[5]

신학과 철학

'계시'와 '이성'의 긴장은 중세 기독교 세계만의 문제는 아니었다. 소포클레스(Sophocles)의 비극 『안티고네』에서 보듯, 옳고 그름을 놓고 벌어지는 도덕적 다툼이 존재하는 곳이면 어디든지 '초(超)인 간적 질서'와 '이성적 판단'의 긴장이 발생한다.[6] 다만 경전이 이성적 판단으로는 이해할 수 없는 '신의 말씀'이라고 이해될 때, 경전을 이 해하려는 목적이 세속적 삶과 무관하다고 인식될 때, 계시와 이성의 긴장은 테르툴리아누스(Quintus Tertullianus) 이래 지속된 '예루살렘과 아테네'라는 구분을 벗어나지 못한다.

물론 신학과 철학의 긴장은 실재한다. 신학은 도덕적 원칙과 사회적 규범을 부정하지 않지만 그 근거를 철학과는 다른 초월적 존재로부터 찾는다. 또한 초인간적이고 절대적인 신에 대한 믿음(pietas)을 자연적 질서에 대한 이성적 성찰보다 중시한다. 철학도 신학과 다른 근거와 접근 방식을 강조한다. 초월적 존재에 대한 경외심을 갖고 있더라도, 지성(noesis)으로 파악할 수 없는 우연적인 사건과 초자연적인 현상을 당연시할 수는 없다. 결국 신학이 설명하는 '신'과 철학에서 이해하는 '신'은 일치할 수 없다.

그러나 '계시'에 기초한 신학과 '이성'을 대변하는 철학의 대치가 결코 해결될 수 없는 문제는 아니다. '인간의 흠결' 또는 '이성의 한계'에 대한 자각이 '올바른 삶'에 대한 고민으로 귀결된다면, 이성으로 알 수 없는 존재에 대한 믿음에 근거하는 신학과 철학은 화해할 여지를 더 많이 갖게 된다.[7] 역으로 종교적 경전과 초자연적 존재에 대한 이성적 질문이 허용되면 될수록 신학은 마이모니데스(Moses Maimonides)의 해석처럼 신에 대한 철학적 접근에 일정한 정당성을

부여하는 방향으로 다가갈 수 있다.[8]

동일한 맥락에서 이성에 대한 지나친 확신은 신학적 고민과 철학적 성찰을 동시에 거부할 가능성이 크다. 한편으로는 모든 것이 이성을 통해 파악될 수 있다는 전제에서 초자연적 존재에 대해 적대적인 입장을 드러내고, 다른 한편으로는 특정 진리가 마땅히 실현되어야 한다는 전제에서 이성적 회의와 상이한 견해를 허용하지 않는 독단적 태도를 보일 개연성이 크기 때문이다. 전체주의의 암울한 역사가 보여 주듯, 이성에 대한 지나친 확신은 철학적 사유의 기반을 파괴하고 인간의 영혼을 정치공학의 소재로 전락시킬 수 있다.[9]

근대의 역설

정치철학자들은 늘 종교의 정치사회적 기능에 주목해 왔다. 그 기능은 스스로를 '선택된 민족(goy qadoshi)'이라고 믿는 집단에 국한되지 않는다. 예를 들면 아리스토텔레스는 '불신앙(asebeia)'이 정치공동체의 단합을 해친다고 믿었고,[10] 아우구스티누스에게서 보듯 종교의 통합적 기능은 기독교적 '사랑(caritas)'과 결합해서 시민적 유대를 강화하는 역할로 진화되었다.[11] 토크빌(Alexis de Tocqueville)과 같은 정치철학자들은 종교를 통해 개개인의 이기심을 억제해서 시민적 연대를 증진시킬 수 있다는 생각을 갖고 있다.[12]

로마 가톨릭 교회에 대한 적의를 숨기지 않았던 마키아벨리에게서도 이러한 종교의 역할에 대한 기대가 발견된다. 공동체에 대한 시민의 전투적 헌신을 강화하던 고대 로마 종교와는 달리 비정치적인 덕성을 강조하는 로마 가톨릭 교회에 대한 비판,[13] 시민들에게 법을 위반했을 때에 받을 처벌에 대한 공포를 심어 줌으로써 사회 통합과 시민적 연대에 기여한 로마 종교의 역할 강조,[14] 이 모든 것이 이른바 '시민 종교'의 정치사회적 기능에 대한 기대를 담고 있다.

사실 근대국가도 정치와 종교가 결합된 형태 중 하나다. 16세기 후반부터 국가(stato)는 군주 개인의 소유물이 아니라 영토적 경계를 가진 특정 집단의 통합된 실체로 간주되기 시작했다.[15] 이 과정에서 중세부터 시작되었던 세속 권력에 의한 종교적 권위의 차용이 가속화되었고, 군주에게 신화적 색채를 덧입히려던 시도가 '주권(sovereignty)의 확립'이라는 정치적 과제를 통해 노골화되었다.[16] 역설적으로 신학이 세속 권력의 입법 행위에 신적 권위를 부여하는 근대적 기획에 동원되었던 것이다.[17]

정치와 종교의 보다 정교한 결합은 민족국가(nation-state)에서 찾아볼 수 있다. 엄밀하게 말하자면 민족국가는 정치권력의 담지자이자 정치체제의 상징으로서 군주를 인민주권(popular sovereignty)으로 대체하려는 정치적 운동의 산물이다.[18] '민족(nazione)'이라는 단어가 원래 지칭하던 바가 지금과 동일하지 않았다는 지적을 제쳐 두고라도, 선택받은 집단이라는 믿음을 통해 민족주의가 종교의 역할을 대신했다는 주장마저 무시할 수는 없다.[19] 르네상스 시대 '새로운 예루살렘' 운동으로부터 기독교 '천년왕국'의 근대적 재해석에 이르기까지 민족적 신화는 또 다른 형태의 종교로 자리매김했기 때문이다.

공존의 원칙

근대국가의 특성이 보여 주듯 종교는 결코 개인적 신앙이나 비이성적 행위로만 치부될 수 없다. 마찬가지로 정치도 순전히 합리적 판단과 이성적 토론만이 허용되는 공적 영역으로 남을 수 없다. 그러나 종교의 정치사회적 역할에 대한 냉철한 분석만큼이나 중요한 정치철학적 과제가 있다. 바로 '정치와 종교가 어떤 관계를 갖는 것이 바람직한가?'라는 질문에 대한 대답이다. 만약 이 오랜 문제를 염두에 둔다면 근대국가에 내재된 정치와 종교의 결합만큼이나 정치로부터 종교를 분리하려는 정치철학적 요구 또한 간과할 수 없을 것이다.

특히 자유주의 정치철학자들의 입장을 다시 살펴볼 필요가 있다. 주지하다시피 자유주의자들은 정치와 종교의 결합에 비판적이다. 이들은 특정 종교가 국교(國敎)로 인정되어 무신론자와 다른 종교인들의 개인적 자유와 평등한 조건을 침해할 가능성에 민감하게 반응한다.[20] 아울러 근대국가의 신화적 채색이나 종교의 세속적 권력화는 용납할 수 없다. 전자는 재현되어서는 안 될 역사적 사건이고, 후자는 이성적 심의와 법적 규제를 통해 정치권력을 통제해 온 자유민주주의의 일반적 흐름을 거스르는 퇴행이다.[21] 즉 국가의 종교적 중립성과 사회의 종교적 다원성을 무엇보다 중시한다.

이러한 자유주의적 견해에 대한 비판도 만만치 않다. 문제는 자유주의자들이 '정치와 종교가 왜, 어떻게 분리되어야 하는가?'를 정당화하는 조정 원칙이다. 자유주의자들은 정치와 종교의 분리를 '상호 존중'이라는 원칙을 통해 정당화한다. 그러나 정치와 종교가 분리될 수 없는 문화와 전통을 가진 사람들에게 '정교분리가 과연 상호존중이라는 원칙에 부합되는지'와 같은 의구심을 떨칠 수 없다.[22] 즉 이슬람교와 유대교와 같이 '경전'이 곧 '율법'인 문화에 사는 사람들에게 '왜 종교만 특화되어 정치로부터 분리되어야 하는가?'에 대한 납득할 만한 대답을 자유주의자들이 제공하지 못하고 있다.

문화적 정체성 또는 종교적 특수성이 개인적 권리의 중요한 부분을 차지한다는 사실은 누구도 부정할 수 없다. 그러나 어떤 종교든 각각의 주장을 민주적 심의와 공정한 절차를 통해 관철하도록 규제할 필요성도 충분해 보인다. 특정 종교를 믿는 사람들뿐 아니라 모든 시민들이 납득할 수 있는 언어를 가지고 공적 영역에서 활동하도록 통제하는 것 자체를 잘못되었다고 단정할 수는 없다. 바로 이것이 정치철학적 성찰의 보다 궁극적인 목적을 정치와 종교의 관계를 올바르게 조정하는 원칙을 찾는 데 두어야 하는 이유다.

개인과 사회

사적 영역은 어디까지일까?

프랑스의 정치철학자 콩스탕(Banjamin Constant)은 자유주의의 진정한 기초를 세운 인물로 간주된다. 소위 '소극적(negative)' 자유, 즉 '간섭받지 않고 행동하는 것'을 자유의 보다 바람직한 내용으로 이해하는 정치철학자들에게,[1] '외적 간섭과 제약으로부터 개인의 경험과 선택을 보호'하는 것을 핵심 가치로 간주하는 제도 연구자들에게,[2] 콩스탕은 언제나 자유주의를 대표하는 중요 사상가로 손꼽힌다. 자코뱅 독재와 집단 폭력에 대한 콩스탕의 두려움이 전체주의 비판과 궤를 같이한 것이다.

콩스탕이 염려한 것은 혁명적 전제(專制)의 출현만이 아니었다. 그가 진정 두려워한 것은 국가가 특정 가치를 법으로 제정하거나 제도를 통해 강제함으로써 개인의 자유를 심각하게 훼손할 수 있다는 사실이었다. 그는 법과 집단 교육을 통해 시민들에게 '애국심'과 '도덕성'을 함양해야 한다고 주장하는 지식인들에 대한 깊은 우려를 갖고 있었다.[3] 비록 인간의 이기심이 초래할 문제에 대해 누구보다 비판적이었지만, 도덕과 지식만큼은 '규제'보다 '방임'을 지향해야 한다는 견해를 갖고 있었던 것이다.

> 우리는 집합적 권력(pouvoir collectif)에 적극적이고 지속적으로 참여하는 것으로 특징지어지는 고대의 자유를 향유하지 않는다. 우리의 자유는 반드시 개인적 독립(l'indépendance privée)의 평화로운 향유여야 한다.[4]

종교의 자유와 개인의 자율에 대한 콩스탕의 성찰은 오늘날에도 큰 의미를 갖는다. 그러나 위에 인용된 '고대'의 자유에 대한 그의 서술은 되짚어 볼 필요가 있다. 당시 지적 논쟁의 특수한 맥락을 감안하더라도 고대인의 자유를 '전체 또는 집단에 완전히 종속된 개인의 권리'로 이해한 것은 지나치다. 물론 종교개혁과 과학혁명,[5] 시장의 진화가 가져온 변화가 '개인'에 대한 새로운 인식을 가져다주었음은 부인할 수 없다.[6] 그렇지만 고대인이 향유한 자유를 집단적 덕성으로 단순화한 것은 부적절하다.

비록 노예제도와 귀족적 특권 같은 한계를 갖고 있지만, 고대 아테네 민주정과 로마공화정에서 '시민'이 향유했던 '자유'는 오늘날 우리가 간과한 개인과 사회의 바람직한 관계에 대한 탁월한 혜안들을 제공해 준다. 실제로 콩스탕의 구분도 고대인의 자유를 대외 관계에 국한시키려는 근대인의 습관과 무관하지 않다. 고대인의 자유를

'다른 공동체에 복속되지 않는 상태'로 규정하고, 동일한 맥락에서 개인이 추구해야 할 삶의 목적을 공동체의 생존에 우선을 둔 집단적 덕성으로 정의하는 일반적 편견과 관련되어 있기 때문이다.

시민적 권리

    고대 아테네 민주정과 로마공화정에서 '자유'는 개인의 고유한 영역에 대한 불가침을 지칭하지 않았다. 개인적 자유뿐만 아니라 전체의 안위가 우선이 되는 주권적 자유, 정치 참여 과정과 관련된 시민적 자유도 '자유인'의 권리와 그 행사에서 중요한 요소였다.[7] 비록 개인이 보장받아야 할 권리가 '자연적' 또는 '천부적'으로 보장되어야 한다는 원칙은 없었지만, 시민이 향유하는 법적, 제도적 권리로서 개인의 자율성은 자유주의 등장 이후 구체화된 '자연권(natural rights)' 보다 포괄적이었다.

    예를 들면 솔론(Solon)의 개혁 이후 아테네에서 시민(politēs)은 '누구에게도 예속되지 않을 조건'을 보장받았다. 이러한 조건은 '법 앞의 평등(isonomia)', '발언의 자유(isēgoria)', '공평한 기회(isogonia)', '정치참여(isokratia)'를 내용으로 하는 법적, 제도적 권리로 구체화되었다.[8] 로마공화정에서도 시민(civis)은 유사한 권리를 향유했다. 이때 '개인의 자유(persona sui iuris)'는 이른바 타인의 자의적 지배(dominium)에 복속되지 않는 상태, 이러한 상태를 법적으로 보장받을 권리로 제

도화되었다.[9]

　사실 '사적 영역'과 '공적 영역'의 구분도 자유주의가 봉건적이고 위계적인 차별에 저항했던 시점의 역사적 산물이다.[10] 페리클레스가 시민적 책임을 방기한 사람들을 '개인적 인간(idios anthropos)'이라고 불렀을 때,[11] 아테네에서는 자기 일만 챙기는 '개인(idiotes)'은 '시민(politēs)'의 권리를 향유할 자격이 없다는 인식이 팽배했다. 아울러 키케로가 인간의 군집성을 인간의 나약함이 아니라 자연이 부여한 '어떤 씨앗(quasi semina)' 때문이라고 했을 때,[12] 로마 시민들은 개인의 영달을 위한 경쟁과 공공의 안녕을 위한 열망을 애써 구분할 필요를 느끼지 못했다.

　이런 맥락에서 본다면 개인의 자연적 권리만을 강조하는 근대인의 자유는 로마제국에서 정립된 시민권처럼 불완전하다. 주지하다시피 로마공화정의 시민과 달리 로마제국의 시민들은 정치과정에 직간접적으로 참여하는 정치적 행위자가 아니었다. 정치 공동체의 일원으로서 향유했던 시민적 자유는 배제되었고, 주권적 자유와 개인적 자유만이 시민이 향유할 수 있는 권리로 법제화되었다.[13] 즉 근대의 자유는 시민적 권리가 축소된 이른바 '적극적' 자유로부터 '소극적' 자유로의 후퇴로 비칠 수 있었다.

비지배 자유

이런 이유에서 최근 자유주의 이전의 정치사상들이 다양한 각도에서 재조명되고 있다. 개인의 자유와 시민적 책임성, 자율성과 공공성의 긴장을 해소할 방식을 찾는 과정에서 '소극적' 자유와 '적극적' 자유의 구분을 넘어서는 고전적 의미의 '자유'가 다시 각광받고 있는 것이다. 개인의 자율성을 시민적 책임성의 조건으로 승화시키는 방법, 개인적 욕망과 시민적 덕성을 연결시키는 제도, 국가 또는 정치 공동체의 사적 영역 개입과 이러한 간섭에 대한 개인의 저항까지 정당화할 수 있는 원칙을 찾으려는 노력들이 근대 이전의 정치사상에 내재한 '자유'의 의미로 수렴된 것이다.

특히 '타인의 자의적 지배로부터의 해방', 즉 '비(非)지배(non-domination)'를 자유주의 이전 자유의 핵심적 내용으로 제시하는 '신(新)로마 공화주의' 학자들의 연구를 주목할 필요가 있다.[14] 이들은 자유주의가 개인의 자율성만을 강조함으로써 시민적 책임성에 무관심했다는 판단에서 '반(反)원자주의', 그리고 공동체주의가 시민적 덕성을 지나치게 집단 우위의 이념과 동일시했다는 이유에서 '반(反)집합주의'를 표방한다.[15] 아울러 '비지배' 자유를 시민적 덕성이 발현되는 조건으로 전제하고, 자유주의에서 보이는 '간섭의 부재'도 공동체주의에서 보이는 '정치적 참여'도 '비지배'를 만족할 때에만 자유를 신장시킬 수 있다고 주장한다.[16]

이러한 일련의 연구들은 공익에 무조건 헌신하는 '자기부정(自己 否定)'적 시민적 덕성에 대한 재검토를 바탕으로 했다. 아리스토텔레스의 '정치적 동물(zōion politikon)'과 관련된 서술이 공동체에 대한 헌신보다 자유와 평등을 바탕으로 하는 '정치적 우애(philia politikē)'에 기초하는 것으로 재해석되는 추세도 한몫을 했다.[17] 또한 근대 초기 유럽에서 로마공화정의 시민들이 향유했던 '자유(libertas)'가 공화주의자들의 실천적 이상으로 자리 잡는 과정에 대한 역사적 고찰도 크게 기여했다.[18]

그러나 마키아벨리만큼 이러한 흐름에 활력을 불어넣은 사상가는 없을 것이다. 특히 그가 『군주』에서 기술한 '자유(libertà)'에 대한 정의는 개인의 이기적 욕구를 억제하지 않으면서도 공공의 시민적 덕성을 함양할 만한 제도적 원칙을 제시한 것으로 널리 받아들여지고 있다.

> 모든 도시(città)에는 두 개의 다른 기질들(umori)이 발견되는데, 이러한 기질들은 이것으로부터 비롯된다. 인민은 귀족들에게 명령받거나 지배당하지 않기를 원하고(il populo desidera non essere comandato né oppresso da' grandi), 귀족은 인민을 명령하고 지배하기를 원한다는 것이다. 이러한 두 가지 욕구들로부터 세 가지 결과들 중 하나가 발생한다. 군주정(principato), 자유(libertà), 방종(licenza)이다.[19]

군주에게 국가(stato)를 유지할 수 있는 방법을 조언하면서 마키아벨리는 위의 인용에서 보듯 인민의 '명령받지 않으려는 욕구'는 억제하고 '지배받지 않으려는 욕구'를 충족시켜야 한다고 주문한다. 전자까지 용인하면 '방종'의 나락으로 빠지게 되고, 후자를 억압하면 '참주(tiranno)'로 전락한다는 것이다.[20] 이때 로마공화정의 '비지배 자유'는 마키아벨리의 실천적 혜안을 통해 재탄생된다. 즉 도덕적 굴레가 아니라 개인적 열정으로부터 시민적 덕성이 발현될 제도적 조건으로서 '비지배 자유'가 완성된 것이다.

이렇듯 '비지배 자유'는 근대 자유주의의 출현 이전에 매우 중요한 제도적 상상력의 원천들 중 하나였다. '지배받지 않으려는 열망'이 '안전을 위한 협력'으로 단순화되기 전, 개인의 자유는 정치권력의 구성과 행사에 보다 밀접하게 연관됨으로써 시민적 권리의 내용을 구성했다. 그렇기에 오늘날 '비지배 자유'가 재조명되는 것은 자연스러운 일이다. 홉스의 시대적 고민이 '주권'으로 편입된 시민적 권리와 '생존'을 근거로 조형된 개인적 자유의 양분을 가져왔다면,[21] 정치사회적으로 무력한 개인이기를 거부하는 시민들이 '개인의 자유'와 '공공의 행복'의 새로운 연계를 찾는 것은 어찌 보면 당연하기 때문이다.

자율적 인간

엄밀히 말해 개인의 자유와 관련된 근대의 단절은 상징적 의미는 크지만 실제로 입증된 바는 적다. 왜냐하면 근대 자유주의 정치철학자들이 구체화한 '개인' 또는 '개인성'은 고대로부터의 단절이 아니라 연속이기 때문이다.[22] 예를 들면 로크가 개인의 정체성을 형성하는 가장 중요한 요소로 '영혼'보다 '기억'과 '감정'을 우선시할 때, 그의 근대적 사고는 또 다른 고대의 '개인'에 대한 성찰로부터 발전되었음을 보여 준다.[23] 즉 플라톤과 기독교를 통해 이어졌던 하나의 전통으로부터 이탈했지만, 루크레티우스(Titus Lucretius Carus)와 스토아 학파를 통해 꽃피운 또 다른 전통을 계승한 흔적이 곳곳에서 발견된다.

그럼에도 불구하고 근대 정치철학자들이 개발한 개인의 '자율성(autonomy)'만큼은 고대와 구별된 하나의 전통으로 보기에 손색이 없다. 17세기와 18세기 서양 정치철학자들은 신 또는 자연에 대한 순응을 내용으로 하는 '복종적 개인'으로부터 개인 스스로가 도덕적 원칙을 세우는 '자율적 인간'으로의 전환을 모색했다.[24] 이 과정에서 소수의 지적 우위를 당연시하던 철학적 전제들은 거부되었고, '도덕적 삶을 향유할 수 있는 능력을 모두 공평하게 가진다.'는 사고가 자리 잡기 시작했다. 철학자만이 아니라 모든 사람이 도덕적 주체로서 나름의 법칙을 세우고 그러한 법칙을 준수할 수 있다는 인식론적 조망이 만들어진 것이다.

특히 칸트의 정치철학은 개인의 자율성에 대한 근대적 견해가 보편화되는 결정적 계기를 마련했다. 그가 자율을 '자기 입법(Selbstgesetzgebung)'이라고 정의했을 때, 개인은 자신이 처한 환경과 초월적 존재에 얽매이지 않고 이성을 통해 행위의 법칙을 세우고 그것을 준수하는 능력을 가진 존재로 인식된다.[25] 최상의 도덕적 원칙은 개인이 자유롭게 선택한 행위의 준칙이 모두에게 타당한 보편적 법칙이 되도록 행동하는 것이며, 개개인을 '구속(Bindlung)'하는 원인은 외부의 강제가 아니라 자발적 선택으로 이해된다.[26] 이러한 일련의 인식론적 전환을 통해 자율적 개인은 존엄의 내용이자 인격의 핵심으로 자리매김하기 시작했다.

칸트의 '자율성'에 대한 비판 또한 판단의 주체로서 개인에 대한 자각을 보편화하는 데에 기여했다. 헤겔이 바로 그런 경우다. 주지하다시피 헤겔은 칸트와 달리 '개인적 준칙이 보편적 법칙이 될 수 있다.'는 가능성에 만족하지 않았다. 그렇기에 칸트의 '자율(Autonomie)'이 아니라 '윤리적 삶(Sittlichkeit)', 즉 공동체의 관행으로 개개인에게 내면화된 윤리를 통해 개인의 도덕적 선택이 사회의 보편적 법칙과 조응할 수 있다고 반박했다.[27] 그럼에도 불구하고 헤겔에게도 주체로서 개인에 대한 자각이 자리 잡고 있었다. 개인이 자유로운 행위자이자 도덕적인 인격체로 각인되어 있었던 것이다.[28]

결국 고대와 근대의 단절은 '자유'가 아니라 '자율'에 대한 급진적 접근에서 비롯되었다고 말할 수 있다. 근대에 이르러 도덕적 판단에 있어 개인의 '의지(Wille)'가 용인되고, 도덕적 주체로서 개인의 자유로운 '선택(Willkür)'이 인간적 존엄의 내용으로 자리 잡았기 때문이다. 흥미롭게도 이 지점에서 우리는 사적 영역과 공적 영역의 분리가 아니라 둘의 조화에 대한 정치철학자들의 고민들과 마주하게 된다. 칸트가 개개인이 갖는 '동정'과 '사랑'에 관심을 보였듯,[29] 개체와 전체의 긴장을 해소하려는 노력은 지속되었던 것이다.

전체와 개체

'개인의 영역이 어디까지 보호되어야 하는가?'에 대한 논쟁은 지금도 진행 중이다. 신앙이나 양심과 같은 '내적 영역(die Sache selbst)'이 국가적 간섭이나 사회적 압력으로부터 보호되어야 한다는 주장에 대해서도 마찬가지다. 사실 대부분의 종교는 믿는 사람만을 대상으로 하는 것이 아니라 믿지 않는 사람도 계도의 대상으로 설정하고 있다. 같은 이유에서 특정 종교가 사회로부터 지탄과 비난을 받아 존립 자체를 위협받는 경우도 적지 않다. 즉 신앙이나 양심이 전적으로 사회와 무관한 사적 영역에 속한 것이라면 법적으로나 제도적으로나 보호받아야 할 필요조차 없다는 반론도 가능하다.

사적 영역의 수호에 민감했던 밀(J. S. Mill)조차도 종교에 대해 '공리(utility)'를 앞세웠다. 밀은 "종교는 지적으로 지속 가능하지 않지만 도덕적으로는 유용하다."는 논지를 바탕으로, 신앙이 다른 사회적 기제가 대체할 수 없는 선도의 기능을 수행한다면 당연히 보호해야 한다고 주장했다.[30] 즉 근대 자유주의자들도 '초월적 존재의 계시나 율법이 개인의 신앙과 어떻게 연관되는가?'라는 문제보다 '종교가 사회적 해악을 끼치지 않고 개개인의 도덕성을 함양할 수 있는가?'에 더 많은 주의를 기울일 수밖에 없었다.

이런 맥락에서 볼 때 사적 영역과 공적 영역의 조화와 관련해서 다음 세 가지 측면이 부각된다. 첫째는 '비(非)사회적 사회성(Ungesellige Geselligkeit)'이다. 칸트는 인간이 두 가지 속성을 동시에 가지고 있다고 보았다.[31] 인간에게는 사회 구성원으로서 어울려 살려는 성향과 철저히 개인으로 단절되어 자의대로 살려는 충동이 함께 존재한다는 것이다.[32] 고대 정치철학에서 본다면 절제를 통해 후자가 전자로 수렴되어야 하겠지만, 근대 이후 인류의 삶을 돌이켜 보면 후자도 하나의 정치적 혜안을 제공해 준다. 즉 사익과 공익 중 어떤 것이 다른 것을 위해 희생되어서는 안 된다는 전제 그리고 제도적 구상으로서 '민주적 심의'의 중요성을 다시금 되새기게 해 준다.

둘째는 '인간의 흠결(hamartia)'이다. 도덕적 주체로서 개인의 능력을 완전히 긍정하더라도, 인간적 감정과 처해진 조건에 따라 개개인의 판단이 스스로 규정한 행위의 준칙과 어긋날 수 있음을 완전히 배제할 수는 없다.[33] 전적으로 올바른 삶에 헌신한 사람이라 할지라도 운(luck)과 같이 우연적이고 외부적인 요소에 의해 자신의 도덕적 잣대를 변경 또는 폐기할 수 있으며, 윤리적 측면에서 '탁월함'과 '올바름'도 이성을 통한 완성만큼이나 인간적 취약함과 불가분의 관계를 갖는다.[34] 따라서 규범적 가치가 초래하는 갈등에도 정치적 판단을 인정하는 자세, 극단적 확신을 경계하는 태도가 필요하다.

셋째는 '시민적 견제력(contestability)'이다. 소극적 자유를 주장하든 적극적 자유를 주장하든 '개인이 다수의 폭력을 비롯한 그 어떤 형태의 자의적인 권력에 종속되어서는 안 된다.'는 점에 대해서만큼은 일반적 동의가 형성되어 가고 있다. 그렇기에 소극적 자유를 옹호하는 입장에서도 실질적인 간섭의 유무만큼이나 잠재적인 학대와 부당한 처우에 맞서야 한다는 주장이 전개된다.[35] 문제는 시민들이 '공적 지배'뿐 아니라 '사적 지배'로부터 스스로를 방어할 견제력을 제도화하는 것이다. 특히 정당한 통치 및 운영과 자의적 지배 또는 감독을 분별하는 민주적 심의 절차, 이러한 절차에 호소하는 권리를 모두가 향유할 수 있는 제도적 구상이 요청된다.

국가와 세계

좋은 시민이 좋은 사람일까?

자본과 노동이 국경을 넘나들며 우리의 삶을 변화시키고 있는 지금에도 아리스토텔레스가 던진 "좋은 시민이 좋은 사람일까?"라는 질문은 답하기 쉽지 않다.[1] 보편적 인권에 대한 지구적 차원에서의 요구가 개별 국가가 가진 정치적 정당성에 적지 않은 영향을 주고 있지만, 개별 국가의 시민들은 여전히 영토적 경계를 바탕으로 부여되는 시민적 의무를 방기할 수 없기 때문이다. 아울러 민주주의가 심화되면 될수록 정부는 시민들에게 책임지는 자세를 보인다. 그렇기에 좋은 정치체제에서 삶을 영위하는 시민이 곧 인류 공영의 이상에 공헌할 좋은 사람이 된다는 등식이 반드시 성립된다고 누구도 장담할 수 없다.

아마도 이 질문은 "나는 세계시민(kosmopolitēs)이다."라고 말하기를 주저하지 않았던 디오게네스(Diogenes)에게도 쉽지 않은 질문이었을 것이다.[2] 물론 아리스토텔레스처럼 좋은 시민은 "다스릴 수 있는 능력과 지혜, 절제와 신중함, 그리고 올바름에 대한 지식이 있어야 한다."고 전제하지는 않았다.[3] 그러나 그가 말하는 세계시민은 단순히 개별 정치 공동체의 경계를 넘어서는 초국가적 행위자를 이야기한 것이 아니다. 자기 자신과 같은 지혜로운 사람들, 즉 자연에 부합되는 삶을 이해하고 파악하는 사람들만이 향유할 수 있는 도덕적 공동체를 꿈꾸었다.[4]

사실 몇 해 전과 달리 세계시민의 출현을 통한 평화공존의 세계에 대한 기대는 그리 크지 않다. 국가의 경계는 어느 때보다 무너졌지만 강대국의 이해가 우선적으로 적용되는 국제정치의 현실, 초국가적 자본이 초래한 지구적 차원에서의 불평등, 끊이지 않는 국지적 분쟁과 치명적인 테러의 위협은 '세계시민'이 아니라 다시 '국가'의 역할에 대한 기대를 증폭시키고 있다.

이는 비단 국제관계를 전쟁상태 또는 어떤 형태의 통치기구도 수립될 수 없는 환경으로 이해하는 학자들만의 견해가 아니다. 지구적 차원의 분쟁을 해소할 수 있는 가장 최적의 정치공동체는 역시 '국가'라는 판단,[5] 규제받지 않는 초국가적 자본시장과 통제받지 않는 초국가적 노동시장이 가져다주는 폐해를 극복하기 위해서라도 '개별 국가의 민주적 규제'가 강화되어야 한다는 입장에서도 유사한 주장이 제기된다.[6]

그럼에도 불구하고 초국가적 협력이 필요한 지구적 차원의 문제가 증가하고, 국가의 경계를 넘어 적용될 법적, 제도적 규제의 확립이 시급해진 지금, 국가와 세계가 어떻게 연계되어야 하는지에 대한 정치철학적 고민과 제도사상적 성찰을 도외시할 수 없다. 초국가적 의사 결정에서 개별 국가의 무임승차를 막고 국가 간 힘의 차이를 최소화하기 위해서라도 초국가적 협력을 유도하고 지속시킬 수 있는 규범적 근거를 찾아봐야 한다. 또한 규제받지 않는 초국가적 자본의 폐해를 방지하기 위한 민주적 규제가 강하게 요구되는 한편, 개별 국가의 '반인륜적' 행위를 방지할 조정 원칙과 위반 국가를 강제할 법적, 제도적 장치의 확립도 시급하다.

따라서 '어떤 기준과 어떤 방식으로 보편적 가치를 확보하는가?', '자기가 속한 공동체에 대한 사랑이 보편 인류에 대한 애정으로 확대될 수 있는가?', 그리고 '국가와 세계는 어떻게 연계되어야 하는가?'라는 질문들은 전통적인 국가의 역할이 다시금 부각되는 현실 속에서도 여전히 중요하다. '좋은 시민이 좋은 사람일 수 있는 규범적, 제도적 조건'과 관련된 정치철학적 고민은 여전히 필요하다.

보편주의와 세계시민

1990년대 이래 지속된 세계시민주의와 관련된 주장은 크게 두 가지로 나눌 수 있다. 하나는 '자유주의적 세계시민주의'고, 다른 하나는 '민주적 세계시민주의'다. 전자는 '인간의 보편성'과 '이성적 판단'이 영토를 경계로 하는 개별 국가의 생존이나 그러한 국가에 대한 충성심을 넘어선다는 입장이고, 후자는 지구적 차원의 민주적 절차 또는 심의를 통해 개별 국가의 경계를 넘어서서 법적, 제도적 규제가 가능하다는 입장이다.

두 가지 입장 모두 단순화시킬 수 없을 정도로 여러 사상적 전통과 철학적 논리가 얽혀 있다. 예를 들어 전자에서 '보편성'을 찾는 방법에는 기독교 세계나 이슬람교 세계에서 말하듯 신이 정한 법에 모든 것이 종속된다는 전제에서 보편성의 기준으로 '자연의 법'을 앞세우는 경우도 있고,[7] 인간에게는 문화적, 정치적 맥락과 무관하게 모두 공유하는 인간의 본성이 있다는 전제에서 초국가적 '법률' 또는 초국가적 '가치'가 창출될 수 있다고 보는 경우도 있다.[8] 그리고 신의 법 또는 인간의 본성을 이해하는 방법과 내용이 모든 사회에서 동일할 수는 없기에 '보편적 가치'를 창출하기 위해서는 민주적 심의가 필요하다고 보는 입장도 있다.[9]

후자도 마찬가지다. 다양한 국가적, 민족적 정체성을 가진 사람들이 민주적인 절차와 토론을 통해 하나의 정치적 공동체로 연합될 수 있다고 믿는 이른바 하버마스(Jürgen Habermas)의 '헌정국가 (Verfassungsstaat)', 즉 개별국가에 대한 애국심을 민주적 절차에 기초한 연대로 대처할 수 있다는 주장이 대표적이다.[10] 그렇지만 지구적 차원의 문제를 해결하기 위해서는 초국가적, 초민족적 입법기관과 대표 선출을 위한 선거제도를 갖춘 초국가적 민주적 통치 체제의 구축이 요구된다는 입장도 있다.[11]

문제는 세계시민주의가 제시하는 '보편적 가치'와 '민주적 시민성'과 관련된 논의들이 여전히 우리의 '세계시민'에 대한 일반적 요구를 충족시켜 주지 못한다는 것이다. 크게 두 가지 범주로 정리할 수 있다. 첫째는 '보편' 또는 '개별 국가의 특수성'을 초월하는 '보편적 가치'를 어떻게 확보하느냐와 관련된다. '보편적 권리' 또는 '보편적 가치'를 찾는 민주적 심의가 기대만큼 쉽지 않다는 것이 큰 문제다. 특히 초국가적 심의가 단순히 선호를 집약하는 것이 아니라 '선호' 또는 '가치'의 변화를 전제하고, 동일한 이유에서 문화적 특수성과 개별 국가의 입장이 배제된 심의 결과에 개별 국가가 순응하겠느냐는 의구심을 떨쳐 버릴 수 없다.

둘째, 세계시민주의가 제시하는 '세계시민'이 갖는 권리가 법적, 제도적 차원에 국한된다는 점이다. 서양 정치철학에서 '시민'은 아테네 민주정과 로마공화정이 설립된 이래, 특정 도시에 거주하는 사람이 아니라 어떤 정치 공동체에서 '법적, 제도적 권리'와 함께 정치적 의사 결정에 참여할 '정치적 권리'를 갖는 주체로 인식되어 왔다. 반면 세계시민주의자들의 견해 속에서 시민의 권리는 '법적, 제도적 권리'에 국한되거나 '민주적 시민성'이 확보될 수 있는 정치사회적 조건에 대해 무관심한 듯 보인다. 실현 가능성은 고사하고 실현되었다 하더라도 민주주의의 일반적 요구를 충족시킬지 미지수다.

롤스의 만민법

롤스(John Rawls)의 '만민법'은 국가와 세계의 연계에 대한 가장 정교한 이론들 중 하나로 간주된다. 앞서 제시한 범주로 구분하면 그의 입장은 '자유주의적 세계시민주의'라 할 수 있다. 개별 국가의 경계를 넘어 자유롭고 평등한 시민들의 이성적 심의를 통해 초국가적 가치가 창출될 수 있다고 보기 때문이다. 또한 개별 국가의 자율적인 이해와 차이를 인정한다는 의미에서 '약한' 세계시민주의의 범주에 들어간다고 할 수 있다. 이러한 특성은 다음 여덟 가지 원칙을 통해 잘 드러난다.

(1) 만민(Peoples)은 자유롭고 독립적이며, 그들의 자유와 독립은 다른 인민들(peoples)에 의해 존중되어야 한다.

(2) 만민은 조약과 약속을 준수해야 한다.

(3) 만민은 평등하며 그들을 구속하는 합의 당사자다.

(4) 만민은 불간섭의 의무(a duty of non-intervention)를 준수해야 한다.

(5) 만민은 자기를 방어할 권리를 갖지만, 자기방어 이외의 이유로 전쟁을 일으킬 권리는 없다.

(6) 만민은 인권을 존중해야 한다.

(7) 만민은 전쟁 수행에 있어 특정의 구체적인 제약을 준수해야 한다.

(8) 만민은 정의롭거나 품위 있는 정치체제를 유지하는 데에 적합하지 않은 조건에 사는 다른 인민들을 도와줄 의무가 있다.[12]

위에서 보듯 롤스의 '만민법'은 '보편적 가치'에 대한 천착도, '세계 정부'에 대한 환상도 없다. 시민들에게 자유와 평등을 보장해 주고 법적, 제도적 근거를 통해 정치적 정당성을 확보할 수 있는 국가, 소위 '자유주의 국가' 또는 '품위 있는 정치사회'는 이성적 대화를 통해 '보편적 가치'를 창출할 수 있다는 입장만 견지한다.

문제는 (4)와 (8)에 있다. 첫째, 개별 국가는 전통적으로 향유하던 '민족자결권', 즉 불가침의 권리를 향유한다. 이는 주권자로서 '인민', 그리고 이러한 인민이 법 제정자로서 갖는 실질적인 권리를 '자유주의 국가' 또는 이에 버금가는 '품위 있는 국가'로 상정했기 때문에 지극히 당연한 것일 수 있다[13] 문제는 '개별 국가'의 이기적 행위가 지구적 차원의 합의를 거듭 배반할 때에도 별다른 강제력을 행사할 수 없다는 데 있다.

설사 '만민의 사회'가 어떤 법적, 제도적 규약에 합의했더라도, '불간섭의 원칙'은 어떤 국가 또는 어떤 개별 국가의 인민이 반드시 그 규약을 준수해야 할 동기를 지속적이고 일관되게 제공할 수는 없다. 비록 롤스는 (8)에서 제시한 '지원의 의무'를 통해 이 문제가 해결될 거라고 기대하지만,[14] 실제로 이러한 지원의 의무가 어느 정도 '무법국가(outlaw states)'의 자율적 행동을 방해할 수 있을지는 미지수다. 만약 '무법국가'가 다른 나라에 공격적이지 않으면 정의로운 전쟁을 수행할 수도 없다. 아울러 '시민'이 아니라 '하나의 단일한 인민'을 행위자로 규정했기 때문에 정치 공동체 내부의 구성원들이 '인권'과 같은 보편적 가치로 해당 국가의 민주적 정당성을 확보하려는 노력을 지지할 수 있는 근거도 그만큼 적다.

공화주의 해법

그렇다면 개별 국가의 자율적 판단을 보장하면서도 이러한 개별 국가들이 보편적 가치 또는 지구적 합의를 존중하도록 강제하는 방식은 어떻게 제도화될 수 있을까? 이 질문에 대해 공화주의자들은 한편으로는 보편적 가치를 창출하기 위한 초국가적 심의 조건으로 '비지배 자유'를, 다른 한편으로는 '비지배 자유'라는 조건 속에 배양된 시민적 애국심을 궁극적인 해법으로 제시한다.

이때 '비지배 자유'란 '타인의 자의적 의지로부터의 해방'을 의미하는데, 로마공화정에서 시민들이 향유했던 '자유(libertas)'에서 그 기원을 찾은 것이다. 인식론적으로는 '개인의 자율성'과 '이기적 욕망'을 인정한다는 의미에서 "인간은 자연적으로 정치적이고, 공동체의 정치적 의사 결정에 참여함으로써 자연이 부여한 본성을 실현할 수 있다."고 믿는 공동체주의와 차별성을 보인다. 아울러 "자연적으로 부여받은 개인적 권리의 불가침" 또는 "개개인은 자기가 원하는 바를 방해받지 않을 권리가 있다."는 전제에서 자유를 이해하는 자유주의와 달리, 자유를 "타인의 자의적 의지로부터 자유로운 조건"을 향유하는 것으로 이해함으로써 정당한 간섭과 부당한 지배를 구별하는 제도적 방향을 제시한다.[15]

이러한 입장에서 몇몇 공화주의자들은 이른바 '감정적 공유'를 주장한다. '공화주의적 애국심(patriottismo repubblicano)'을 주장하는 비롤리(Maurizio Viroli)가 대표적인데, 그는 '비지배 자유'를 향유하는 시민들은 결코 '타인에게 종속된 상태'를 용인하지 않을 뿐만 아니라 "타인에게 자의적인 지배를 행사하려고 하지 않는다."고 역설한다. 비지배 자유를 경험하고 유지하는 과정에서 '비지배 자유가 곧 이성적 판단의 기준'으로 전환되고, 이러한 이성적 판단 기준은 다른 공동체 구성원들에게도 비(非)지배 자유를 보장해야 한다는 생각을 불러일으킨다는 것이다.

특정 조국의 시민이기 전에 우리는 인간이고, 이는 곧 민족적 경계들이 결코 도덕적 무관심의 핑곗거리가 될 수 없다는 것을 의미한다. 고통을 받는 사람들의 목소리는 어디에서 들려오든지 반드시 들리게 된다. 문화적 차이가 얼마나 큰가에 상관없이 자유에 대한 사랑은 그들이 겪는 고통의 해석(traduzione)을 가능하게 한다.[16]

문제는 이러한 감정적 공유가 도덕적 의무가 아니라 개인의 선택으로 전환되었다는 점이다. 다시 말해 '다른 공동체 구성원들에게 비지배 자유를 보장하는 것'이 시민적 의무로 강제될 수 있는 제도적 기제도 규범적 조건도 제시되지 않았다. 만약 개인적 선택에만 의존한다면 각자가 소속된 공동체에 대한 애정 또는 그 집단의 의사를 통해 감정적 전이가 방해받을 수 있는 경우에는 적절한 해법을 제시하지 못한다.

감정적 공유보다 지구적 차원에서의 '민주적 심의'를 대안으로 제시하는 입장도 유사한 문제점을 갖고 있다. 이러한 입장에서는 '비지배 자유'가 보편적 가치가 될 수 있다는 확신을 바탕으로, '비지배 자유'를 통해 초국가적 시민사회를 건설함으로써 지구적 차원에서의 '민주적 심의'를 실현한다는 주장을 개진한다. 그러나 '비지배 자유'가 '민주적 심의'를 가능하게 만드는 조건은 될 수 있지만, '초국가적 시민사회' 또는 '초국가적 연대'를 창출할 수 있으리라 상정하는 것은 무리가 있다. 분배적 정의를 포함한 지구적 사안을 처리할 만한 '지구적 시민'의 정체성이 민주적 심의로 구성될지 쉽게 예단할 수 없기 때문이다.

미래적 전망

초국가적 차원에서 민주적 심의가 가능하기 위해서는 우선 개별 국가의 시민들이 자유롭고 평등한 조건을 향유해야 하고, 개별 국가들 사이의 관계도 자의적이거나 일방적인 힘으로부터 자유로운 조건이 보장되어야 한다. 이런 맥락에서 볼 때 롤스가 구상한 '만민법'은 매우 매력적인 제안이다. 그러나 이러한 형태의 공통의 가치를 추구하기 위해서라도 개별 국가에게 초국가적 협력에 대한 분명한 동기가 부여되어야 하고, 개별 국가들 사이의 민주적 심의가 가능할 수 있는 구체적 조건이 제시되어야 한다.

보다 시급한 문제는 '간섭'의 정당성이 아니라 국제관계에서 '지배'와 '피지배' 관계를 해소하기 위한 적절한 기준이 없다는 것이다. 만약 '불간섭의 의무'가 강대국에 대한 약소국의 일방적 종속 등을 용인할 개연성이 크다면, 이러한 힘의 불평등에서 기인하는 지배와 피지배 관계를 해소할 수 있는 규범적이고 정치적인 근거를 약소국에게 제공해야 한다. 이때 강대국과 초국가적 자본, 그리고 그 어떤 형태의 초국가적 기구라도 '타인의 자의적 의지에 대한 지배'를 용인한다면 규제 대상이 될 수 있는 제도적 틀 또한 마련되어야 한다.

이런 맥락에서 '비지배적 자유'는 초국가적 심의의 실효성을 높일 하나의 보완이 될 수 있다. 다만 몇 가지 원칙들이 보강되어야 한다. 첫째, 감정적 전이가 아닌 정치적 설득에 초점을 맞추어야 한다. 보편적 가치라 할지라도 '비지배 자유'를 기준으로 시민들에 의해 다시 검증되어야 하고, 국제 관계에서 '비지배적 상호성'의 유지가 왜 공동체 내부에서 시민들이 비지배 자유를 향유하는 데에 필수적인지 납득되어야 한다.[17] 이러한 정치적 설득이 실효를 거둔다면 감정적 전이를 통해 생기는 자발적 동기보다 더 강한 보편적 가치와 시민적 책임의 연계를 구축할 수 있을 것이다.

둘째, 인민이 아니라 시민이 주체여야 한다. 국가 간 심의 주체는 명목상 '국가'지만 개별 국가가 대표하는 것은 '인민'이 아니라 '시민'이어야 한다. 근대국가의 '국민' 또는 '인민'은 공동체 구성원의 일상으로부터 독립된 행위자로서 '국가'의 출현과 함께 주권의 담지자로 규정되었다.[18] 이때 인민은 '타인의 자의적 의지로부터 자유로운' 조건을 확립하고 유지하는 정치적 주체로서 시민이라기보다 단일한 의지를 가진 추상적 집단이다. 반면 '비지배 자유'에 기초한 초국가적 심의는 개별 국가가 다른 국가와의 관계에서도 비지배적 조건을 실현하도록 견제할 수 있는 정치적 주체로서 '시민'이 필요하다.

셋째, '비지배적 조건'을 갖추지 못한 국가, 즉 국내적으로 시민들에게 '비지배적 조건'을 갖추지 못하거나 '자의적 지배를 통해 시민들을 억압하는' 국가에 대한 규제를 인정해야 한다.[19] 자유주의적 세계시민주의에서 이러한 규제는 '예외적'인 경우에, 그것도 '지원의 의무'를 통한 개별 국가의 선택 사항으로만 용인된다. 반면 비지배 자유에 입각한 초국가적 심의는 개별 국가가 국내외적으로 '비지배적 조건'을 확립하도록 유도하고, 동시에 '비지배적 조건'을 파괴하는 국가에 대한 제도적, 법적 규제의 타당성을 확보함으로써 보다 강제적이고 효과적인 통제를 가능하게 할 것이다. 나아가 궁극적으로는 세계시민적 이상과 현실주의적 비판을 극복할 수 있는 새로운 지평을 열 것이다.

2부

고대 그리스 정치사상

1
소포클레스 *Sophoklēs, BC 496-406*
규범적 갈등을 정치적으로 해결할 수 있을까?

아테네 민주주의의 황금기에 극단적인 갈등이 초래할 정치적 파국을 경고한 사람이 있다. 바로 비극작가이자 정치가였던 소포클레스다. 그를 통해 우리는 규범적 갈등에도 정치적 판단이 필요하다는 정치적 혜안을 발견한다.

아테네 시민들이 무대 위에서 두 배우가 벌이는 논쟁(agon)에 귀를 기울이고 있다. '살인을 저지르고 도망을 다니는 친구를 숨겨 주는 것이 옳으냐?'는 질문에서부터 '국가를 배신한 사람을 가족이라고 감싸는 것이 바람직하냐?'는 고민에 이르기까지 쉽게 판단할 수 없는 문제들이 배우의 입을 통해 전달된다. 곧 도저히 벗어날 수 없는 인간적 한계 속에서 절규하는 주인공의 모습이 관객의 심금을 울리고, 관객들은 도무지 누가 옳은지를 판단할 수 없는 국면(aporia)에 다다른다. 정치에 무관심하던 시민들조차 규범적 갈등에도 정치적 판단이 필요하다는 사실을 깨닫게 된다.

플라톤은 『법률(Nomoi)』에서 아테네를 '청중'이 '시인'을 가르치는 사회라고 말한다. 타락한 시인이 작품의 완성도보다 청중의 기호를 만족시키기에 급급하듯, 부패한 지도자들이 시민들의 요구를 만족시키기 위해 자기가 옳다고 믿는 것조차 쉽게 저버리는 사회가 아테네라는 뜻이다.[1] 비록 아테네에서 온 사람의 입을 빌렸지만, 그는 당시 아테네 민주주의가 관객으로 전락한 시민들이 주도하는 '청중정치(theatrokratia)'로 후퇴했다는 판단을 숨기지 못한 것이다. 아마도 '다수의 정치'가 기대한 바대로 되지 못할 때의 모습을 이보다 더 신랄하게 비판하기도 힘들 것이다. 동시에 아테네 민주주의에서 극작가가 갖는 영향력을 이보다 더 선명하게 보여 준 예도 찾아보기 힘들 것이다.

소포클레스

　　다행히 소포클레스는 '시인'이 '청중'을 가르칠 수 있는 시대에 극작가로서 절정기를 맞이한다. 그가 살라미스 해전(BC 480)에서의 승리를 자축하는 무대의 선창자로 뽑힌 것을 시작으로 배우로서 각광받기 시작했을 무렵, 아테네는 인민이 정치에 참여함으로써 얻어지는 사회적 번영과 군사적 성공을 맛보기 시작한 시점이었다.[2] 그리고 그가 당대 최고의 비극 작가로 발돋움한 기원전 468년은 막강한 해군력을 바탕으로 아테네가 지중해의 실질적인 패권을 장악한 시점이었다. 또한 후원자인 키몬(Kimon, BC 510~449)이 도편추방을 당한 기원전 462년 이후에도 소포클레스가 거리낌 없이 자기 작품을 무대에 올린 것에서 보듯, 그는 '시인'의 다른 의견이 시민들로부터 최소한 배척받지 않는 시기에 활동했음을 알 수 있다.[3] 따라서 그의 작품이 우리의 관심을 끄는 이유는 문화사적 관심에 국한되지 않는다.

정치가 소포클레스

소포클레스는 아테네 북서쪽에 위치한 콜로노스라는 지역에서 무기를 제조하는 소필로스의 아들로 태어났다. 아버지는 상당한 재력과 풍부한 지식을 겸비한 인물이었다. 이런 아버지를 둔 덕분에 소포클레스는 어려서부터 귀족적 분위기의 교육과 유력 가문의 자제만이 가질 수 있는 생활의 여유를 한꺼번에 누렸다. 그래서인지 그의 작품에는 아테네의 전통 귀족들이 강조하던 덕목들이 자주 등장한다. 가문의 명예를 강조한다든지, 민주주의에 대한 일정 정도의 거부감을 드러낸다든지, 콜로노스에서 죽음을 맞이한 오이디푸스와 같은 지역의 신화를 소재로 사용한다든지 말이다.

극작가로서 소포클레스의 명성은 잘 알려져 있다. 기원전 468년에 있었던 디오니소스 축제에서 당대 최고의 극작가인 아이스킬로스(Aiskhulos, BC 525~455)를 제치고 우승한 뒤, 그는 열여덟 번에 걸쳐 국가 차원에서 벌어진 비극 경연에서 우승을 차지했다. 그리스 3대 비극 작가들 중에서도 최다 수상이었지만 아테네 역사상 가장 많은 우승을 차지한 극작가였던 것이다. 그렇기에 그의 성공은 그리스 비극 형식과 내용을 송두리째 바꾸어 버렸다. 극의 내용 전개를 돕던 합창단 코로스의 수가 쉰 개에서 열두 개로 대폭 줄었고, 논쟁을 벌이는 배우의 수가 둘에서 셋으로 늘었으며, 신이 아니라 인간이 비극의 원인으로 등장하고, 종족(genos)이 아니라 가족(oikos)이 국가와 대립각을 형성하는 주체로 부각된 것이다.[4]

그러나 상대적으로 우리가 간과한 것이 있다면 정치가로서 소포클레스의 경력이다. 그는 아마도 극작가 중에서는 유일하게 '장군(strategos)'으로 선출된 인물이었을 것이다. 기원전 441년에 사모스 섬 사람들과 있었던 전쟁에서 페리클레스와 함께 장군으로 활동했다는 기록이 있고, 2년 전에는 동맹국들의 기부금을 관리하고 델로스동맹의 자금을 관리하던 '재무관(hellēnotamias)'으로 재직했다는 기록도 있다.[5] 비록 전쟁에서의 혁혁한 공은 기록된 바 없지만, 아테네 시민들이 추첨이 아니라 선거를 통해 선출하는 '장군'과 최고위층에서 추첨으로 선발하는 '재무관'을 지냈다. 즉 소포클레스는 극작가로서의 성공만큼이나 아테네를 대표하는 정치가로서의 명망을 누렸다.

특히 우리가 주목해야 할 것은 소포클레스가 펠로폰네소스 전쟁(BC 431-404) 기간 중에 만들어진 '자문위원회(probouloi)'의 위원을 지냈다는 사실이다.[6] '자문위원회'는 아테네인들이 시칠리아 원정에 실패한 후에 당면한 위기를 관리하기 위해 기원전 413년에 만든 특별위원회다.[7] 열 개의 부족을 대표하는 열 명의 원로들로 구성되었고, '민회(ekklēsia)'에서 다룰 의제를 선별하는 '오백인회(boulē)'에 조언

오이디푸스와 안티고네

을 했다는 점에서 과두정적 성격을 강하게 지닌 기관이었다.[8] 이런 기관에서 여든네 살의 나이로 위원을 지냈다는 말은 여러 의미를 담고 있다. 원로로서 존경받고 있었다는 것을 뜻하기도 하고, 아테네 민주주의를 몰락으로 이끈 귀족과 인민의 정쟁에서 한가운데에 서 있었음을 의미하기도 한다.

시인의 고독

소포클레스가 민주주의에 적대적이었고 과두제를 옹호하는 귀족파의 일원이었다는 주장은 설득력이 크지 않다. 스파르타와 우호적인 관계 때문에 도편추방을 당한 키몬의 후원으로 극작가가 되었다거나, 전통적으로 귀족들이 옹호하던 가족의 명예를 지나치게 강조했다거나, 아테네 민주주의를 좌지우지하던 정치가들을 비난했다거나, 과두제 혁명(BC 411)을 이끈 테라메네스(Theramenes)의 아버지이자 장군이었던 하그논(Hagnon)과 함께 '자문위원회'의 위원을 지냈다는 것도 충분한 근거가 되지 못한다.

민주주의가 꽃을 피우던 시기에 소포클레스가 페리클레스를 지원할 장군으로 선출되었다는 사실만 보더라도 그렇다. 그가 '자문위원회'의 위원이었다는 것이 곧 과두제로의 전환을 의도한 혁명에 동조한 것이라고 볼 수도 없다.[9] 말년의 정치 이력과 달리 그의 정치적 입장은 과두제도 민주제도 아니었다. 중요한 시점마다 아테네 민주주의의 핵심적인 원칙을 지지했고, 그가 자문위원회의 위원이 된 것도 알키비아데스(Alkibiades, BC 450-404)와 젊은 유력 가문 자제들로부터 아테네를 지키기 위한 고육지책이었다.

소포클레스의 비극에 등장하고 있는 귀족적 덕목들도 그가 과두제를 지지한 사람이라는 증거가 되지 못한다. 당시 대부분의 비극에 전통적인 귀족적 가치들이 등장한다.[10] 아테네 민주주의를 찬양하는 작품들 속에서도 귀족적 덕목들을 강하게 표방하는 주인공을 보는 것이 크게 어렵지 않은 것이다. 그리고 그가 탁월한 지도자와 건강한 시민들이 이끌어 가는 민주주의에 적대적이었다는 증거는 어디에도 없다. 다만 몽매한 선동가와 부패한 시민이 빚어내는 혼란 속에서는 이런 가치가 필요하다고 느꼈을 수는 있다.

『안티고네』의 정치철학

이런 맥락에서 본다면, 소포클레스의 비극 중 정치철학적으로 가장 중요한 작품은 『안티고네(Antigōne)』다. 무엇보다 이 작품에 등장하는 논쟁이 정치적으로 절정기에 있던 시인의 생각을 잘 보여 줄 수 있으리라는 기대감 때문이다. 이 작품은 소포클레스가 장군으로 선출된 기원전 441년 전후에 완성된 것으로 알려져 있다. 만약 그렇다면 그가 재무관으로 재직했을 시점이거나 아니면 최소한 아테네 정치가 돌아가는 바를 두 눈으로 확인할 수 있었던 시점에 쓰인 것이다. 따라서 주인공들의 입을 통해 전달되는 논쟁들은 단순히 신화의 재구성에 그칠 수 없다. 시인이자 정치가의 눈에 비친 아테네 민주주의의 단면을 보여 주는 좋은 정치철학적 자료인 것이다.

또한 서양 정치철학사 수업의 필독서로 애용되고 있는 사실에서 보듯이,[11] 『안티고네』는 인간적 한계에 대한 고뇌와 함께 인간 사회에서 갈등을 초래하는 근원적인 질문들을 다루고 있다. 신의 법과 인간의 법, 국가와 가족, 정치와 도덕처럼 정치적으로 민감한 주제들이 주요 논쟁을 구성하는 것이다. 새로 테베의 통치자가 된 크레온이 반란을 일으키다 죽은 폴리네이케스의 시체를 장사 지내지 못하도록 하는 칙령을 내리고, 오빠의 시신을 내버려 둘 수 없다고 생각한 안티고네가 그의 명령에 불복종하기로 결심하면서 이야기가 시작된다.[12] 그리고 곧 코로스의 '신의 법'과 '인간의 법'에 대한 노래가 흘러나오고,[13] 과도한 권력에 맞선 안티고네에게는 영광(kleos)이 주어진 반면에[14] 지나친 처벌을 내린 대가로 크레온은 비극의 주인공이 된다.[15]

특히 우리의 눈길을 끄는 주제가 정치와 도덕의 긴장이다. 비록 모든 주인공들이 자기 입장을 강하게 피력하지만, 크레온과 안티고

디오니소스 극장

네의 타협하지 않는 태도는 결국 둘의 관계를 화해 불가능한 절망적인 상황(deinon)으로 치닫게 만든다.[16] 안티고네의 입장을 이해한 듯한 태도를 보이기도 하지만, 크레온은 도시의 안전을 위해서는 결코 예외를 둘 수 없다는 입장을 고수한다. 단순히 자신의 권력에 대한 불복종을 참지 못하는 것이 아니라, 공동체의 구성원은 한 번 방향이 정해지면 일사불란하게 힘을 합쳐야 한다는 생각에 사로잡혀 있다.[17] 안티고네도 가족의 명예를 더럽힐 수 없다는 입장에서 한 발자국도 물러설 생각이 없다.[18] 비록 안티고네의 희생이 관객의 마음을 사로

안티고네가 폴리네이케스의 시신을 묻어 준다.

잡지만, 그리고 과도한 권력에 대항함으로써 영웅이 되지만 그녀 또한 크레온과 마찬가지로 자기 입장만 고수한 사람인 것이다.

이런 맥락에서 볼 때, 『안티고네』를 통해 배울 수 있는 정치철학적 과제는 크게 두 가지다. 첫째, 규범적 가치가 초래하는 갈등에도 정치적 판단이 필요하다는 것이다. 안티고네도 자기의 입장을 제우스를 통해 정당화하고,[19] 크레온도 자기의 결정을 제우스를 통해 입증하려고 한다.[20] 정치와 도덕의 갈등이 극에 이른 것이 아니라 자기 입장에 신을 동원한 두 극단적 인물들이 타협 불가능한 상황으로 스스로를 내몬 것이다. 둘째, 불확정성을 부정하는 정치적 결단이 가져올 수 있는 폭력적 결말에 대한 경고다. 코로스가 노래하듯,[21] 좋은 판단(euboulia)은 다양한 의견 수렴에서 비롯되고, 도시의 안전은 일반적 원칙과 특수한 경우의 균형에서 비롯된다는 것이다. 아마도 시인은 페리클레스가 죽은 이후의 아테네 민주주의가 보여 줄 실패를 예견한 듯하다.

2

페리클레스 Periklēs, BC 495-429

민주주의에서 시민은 어떻게 설득되는가?

페리클레스로부터 우리는 다수의 폭력으로부터 민주주의를 지켜 낼 수 있는 민주적 지도자의 전형을 발견하게 된다. 그리고 그로부터 우리는 '철인 정치 콤플렉스'가 없는 민주주의자가 되는 지혜와 일반 시민들도 현명한 판단을 할 수 있다는 희망을 배우게 된다.

페리클레스가 성난 눈초리의 아테네 시민들 앞에 섰다. 전몰자의 유족들이 한편에 있고, 스파르타의 공격으로 농토를 잃고 성벽 안으로 피신해 온 시민들이 다른 한편에 있다. 그리고 어릴 적부터 그의 명성을 시기해 온 경쟁자들과 스파르타의 정치체제를 공공연히 선호하는 귀족들이 귀를 기울이고 있다. 어디에도 지금 당장 자기를 지지해 줄 사람은 없다. 스파르타와 전쟁이 불가피했다고 하더라도 조그마한 전쟁의 피해도 정치적 실패와 생명의 위협을 가져오는 것이 아테네 민주주의의 일상이었다. 그렇기에 민주주의와 함께 성장해 온 관록의 페리클레스도 긴장된 모습으로 연단에 올랐다.[1]

펠로폰네소스 전쟁(BC 431-404)이 시작된 바로 그해에 치러진 전쟁 희생자들을 위한 장례식의 한 장면이다. '장례식 연설'이라는 이름으로 우리에게 익숙한 페리클레스의 명연설은 이렇듯 화려한 정치적 수사 뒤에 도사리고 있는 냉엄한 정치적 현실을 담아내고 있다.

독재자는 강제로 신민을 동원하면 그만이겠지만, 선동가는 시민들이 좋아하는 말만 하면 그뿐이겠지만, 민주주의 사회의 지도자는 반대하는 시민들에게도 당면한 정치적 현실을 설명해야 하고 동시에 무엇을 해야 하는지를 납득시켜야 한다. 설사 그가 요구하는 것이 모두가 두려워하는 죽음이라는 결과를 초래할지라도 말이다. 이것이 단하나의 글도 남기지 않은 페리클레스가 서양 정치철학에서 빠지지 않고 등장하는 이유다.

아테네 민주주의와 페리클레스

아테네 민주주의가 지금 우리가 알고 있는 모습을 갖춘 것은 클레이스테네스(Kleisthenes)의 정치개혁이 완성된 기원전 507년 전후다.[2] 그는 페이시스트라토스(Peisistratos)와 히피아스(Hippias)의 참주정치(BC 561-511/10)가 스파르타의 간섭으로 막을 내린 시점에 아테네 정계에서 두각을 나타낸다. 이때 '유력 가문의 자제들(eupatridai)'은 원로들로 구성된 '최고 법정(Areios Pagos)'을 앞세워 전통적인 통치방식으로 돌아가려고 했는데, 이러한 전통 귀족의 시도에 맞서 그는 페이시스트라토스와 같이 인민(dēmos)에게로 눈을 돌린 것이다.[3] 스파르타나 전통 귀족들의 눈에 그는 외할아버지이자 시키온의 참주였던 클레이스테네스를 빼닮은 것처럼 보였을 것이다.

권력을 잡은 뒤 클레이스테네스는 전통적인 귀족들의 정치적 기반을 축소시키기 위해 개혁을 실시하는데, 그가 단행한 일련의 개혁이 소위 '인민(dēmos)이 지배(kratos)하는' 민주주의(demokratia)의 전형을 완성시켰다. 그는 우선 전통 귀족들의 영향력 아래에 있는 네 개의 부족에다 새로 여섯 개를 더해 열 개의 부족 체제로 전환했고, 139개의 지역(dēmes)을 중심으로 행정구역을 재편했으며, 원로가 중심이 된 '최고 법정'이 아니라 139개의 지역에서 추첨으로 선출된 시민들이 구성한 '500인회(boulē)'가 민회(ekklēsia)에서 다루게 될 의제를 사전에 선별하는 기능을 담당하도록 했다.[4] 한마디로 '인민'이 중심이 된 정치체제가 등장한 것이다. 비록 참주의 출현을 막는다는 명목으로 '도편추방(ostrakismos)'과 같은 사회적 낙인 제도도 만들었지만, 클레이스테네스의 정치개혁은 스파르타의 간섭으로 그와 그의 친족들이 모두 추방된 이후에도 지속되었다.

특히 클레이스테네스의 정치개혁이 표방했던 원칙들이 시민들의 뇌리에 깊숙이 각인되었다는 점을 간과할 수 없다. 당시 그의 정치체제는 '민주주의'라는 말보다 '법 앞의 평등(isonomia)'이라는 이름으로 불렸는데, 이 말이 의미하는 바는 단순히 균등하게 법의 적용을 받는다는 것이 아니었다.[5] 보다 엄밀하게 말하자면, 이 말은 '모든 시민이 정치적 의사 결정에 균등하게 참여'한다는 의미로 사용되었고, 아테네 민주주의의 원칙들을 모두 포괄한 것이었다. 즉 누구나 균등하게 민회에서 말할 수 있다는 '의사 표현의 원칙(isēgoria)', 출신과 무관하게 관직에 등용된다는 '신분 평등의 원칙(isogonia)', 모두가 균등하게 도시의 의사 결정에 참여한다는 '평등한 권력(isokratia)'이 고스

오스트라시즘(도편추방제)에 사용되었던 도자기

란히 담겨 있었다.

　페리클레스의 어린 시절은 막 시작된 아테네 민주주의를 통해 빚어졌다. 열 살 때 그는 마라톤전투에서 혁혁한 공을 세웠던 아버지가 도편추방되는 과정을 함께 겪었고, 그로부터 3년 후 페르시아가 다시 침공하자 아버지와 함께 아테네로 돌아오는 행운을 맛보았으며, 이후 권력의 중심에 섰던 클레이스테네스 가문의 일원인 어머니로 인해 주변 유력 가문 자제들의 시기를 이겨내야만 했다.[6] 그의 성장기는 이른바 인민이 정치에 참여함으로써 아테네가 경험한 정치적 격변과 군사적 영광이 한꺼번에 나타난 시기였고, 클레이스테네스와 테미스토클레스(Themistocles, BC 528-462)로 이어지는 개혁으로 해군

페리클레스

을 중심으로 하는 강력한 아테네가 부상하는 순간이었다.[7] 아마도 이 시기 아테네 민주주의의 무한한 가능성이 그의 정치적 판단에 큰 영향을 끼쳤다는 사실을 부인하기는 힘들 것 같다.

감성적 정치가로서 페리클레스

페리클레스의 공적 활동은 비교적 늦게 시작되었다. 그것도 정치적인 활동이 아니라 종교적이고 예술적인 면모를 통해 아테네 시민들의 주목을 받았다. 매년 아테네의 통령은 세 명의 시인들을 뽑아 축제에서 경연을 벌이도록 했는데, 이 시인들을 선출하는 일을 세 명의 부유한 집 자제에게 맡겼다. 지금으로 말하자면 '제작자(chorēgos)'를 선발하는 것인데, 각각 한 명의 시인을 선발해서 필요한 자금을 댔다. 세금을 따로 거두기보다 부유층이 '헌금'을 내는 형식을 취한 것으로, 전쟁에서 세운 업적과 비교하기는 어렵겠지만 이러한 종교적이고 예술적인 행사가 야심만만한 청년이 일반 시민들에게 보다 친숙하게 다가갈 수 있는 기회가 되었음은 분명하다.

특히 페리클레스는 이 기회를 통해 매우 성공적으로 대중에게 자기의 이름을 각인시켰다. 그는 기원전 472년에 있었던 디오니소스 축제를 위해 이후 그리스 3대 비극 작가로 유명해진 아이스킬로스를 발탁했고, 아이스킬로스의 『페르시아인(Persai)』이 그 축제에서 최고의 작품으로 선정되자 덩달아 이름을 날렸다. 사실 살라미스 해전에 패배한 페르시아인의 고통을 다룬 작품이었기에, 1년 전에 추방되어 페르시아로 도망간 테미스토클레스의 업적을 기리는 것으로 간주되면 처벌을 받을 수도 있었다. 동일한 맥락에서 그의 아버지의 정적을 감싸는 듯 보일 수도 있었다. 그러나 그의 정치적 감각과 미적 감수성은 적중했다. 시민들은 전쟁의 승리를 회상하는 것 자체를 더 즐긴 것이다.[8]

이렇듯 페리클레스가 시민들의 감성을 정확하게 읽어 내는 능력이 경쟁자들에게는 늘 고민거리였다. 그는 장군으로 재직한 시기 동안 늘 정적들로부터 '참주'라고 기소를 당하거나 '선동가'라는 비난을 받았다. 심지어 내연의 여인을 즐겁게 하기 위해 전쟁을 벌인다는 비난까지 감수해야 했다. 그럼에도 불구하고 그는 민주주의의 가능성을 부인하지도 않았고, 시민들의 판단 능력을 불신하지도 않았다. 대신 아낙사고라스(Anaxagoras, BC 510-428)의 합리적 판단력과 스스로가 가진 미적 감수성을 적절하게 결합했다.[9] 자연철학자의 과학적 합리성이 정확한 판단을 유도했다면, 그의 미적 감수성이 대중의 여론을 다루는 민주주의 정치가로서 자세를 완성시킨 것이다.

그래서인지 선동가라고 비난한 플라톤을 제외하면,[10] 우리는 동시대와 이후 세대의 정치철학자들로부터 페리클레스에 대한 좋은 평가들을 접하게 된다. 아리스토텔레스는 그를 '좋은 삶'이 무엇인지를 알고 있었던 '신중한 정치가'의 범주에 넣었을 뿐만 아니라,[11] 탁월한 설득과 과감한 결정을 모두 겸비한 '진지한 지도자(spoudaios archon)'라고 평가했다.[12] 그와 동시대를 살았던 투키디데스도 이와 비슷한 찬사를 보내고 있다. 그가 죽고 난 뒤 그의 흉내를 낸 많은 정치가들이 있었지만 그만이 유일하게 민주주의의 원칙을 지키면서도 시민들에게 아부하지 않은 진정한 '민주적 지도자'였다고 기록한 것이다.

페리클레스 이후 아테네가 몰락한 이유는 바로 이것이다. 우선 대중적 존경(axiōma)과 지능(gnōmē)을 갖추고, 높은 수준의 청렴함을 보여주었던 페리클레스가 인민의 자유를 존중함과 동시에 인민을 저지할 수 있었기 때문이다. 그가 인민을 이끌었지, 인민이 그를 이끈 것은 아니라는 말이다. 그는 부적절한 방법으로 권력을 차지하기 위해 그들에게 연설하면서 아부하지 않았다. 대중적 존경을 받았기에 그는 그들의 분노를 불러일으킬 정도로 그들의 견해를 반박할 수도 있었다. 어떤 경우든 그는 그들에게서 부당한 확신이나 교만을 발견할 때마다 그들이 겁에 질려 공포에 사로잡히도록 만들었고, 그들이 비이성적으로 겁을 먹었을 때에는 그들이 다시 확신에 차도록 북돋웠다. 명목상(logōi) 민주

아크로폴리스 파르테논 신전

주의였지만, 사실상(ergōi) 첫 번째 시민의 통치였다.[13]

위에서 보듯 투키디데스는 페리클레스를 전체로서 인민(dēmosia)을 설득한 지도자, 대중의 의사로부터 출발하지만 대중의 편견을 넘어서는 능력을 가진 지도자, 개인과 파당을 넘어 전체를 대변하는 지도자로 표현하고 있다. 그리고 페리클레스가 있었을 때의 아테네 민주주의를 '한 사람의 통치'였다고 말한다. 그래서인지 그의 기술에서는 페리클레스의 연설에 반박하는 사람을 찾아볼 수 없다. 인민(hoi dēmoi)도 귀족(hoi dunatoi)도 그의 통치 아래에서는 하나가 되었다고 말

아이스퀼로스 비극 「페르시아인」

하고 싶었던 것이다.[14]

　민주적 리더십이라는 말 자체가 '모순어법(oxymoron)'처럼 보일
수 있다. 셰익스피어의 줄리엣이 '달콤한 슬픔(Sweet Sorrow)'이라는
모순어법을 통해 애절한 사랑을 노래했듯이,[15] '다수'의 의사에 의존
하는 민주주의도 '다수'의 폭력으로부터 진정 공동체가 지향해야 할
바를 지켜 낼 수 있는 지도자가 필요하다.[16] 행여 이런 말을 하면 플
라톤의 '철인정치가'를 연상하기가 더 쉬울 것이다. 그러나 페리클레
스는 그러한 능력을 가진 인물이었음에도 '철인정치 콤플렉스'를 갖
고 있지 않은 민주주의자였고, 추방당했다가 다시 복귀했음에도 '다
수'에 대한 신뢰와 희망을 버리지 않은 지도자였다. 그렇기에 그가

대중에게 전달한 연설들은 '다수'의 행복을 위한 자신의 정치철학을 담고 있었다.

페리클레스의 정치철학

비록 세 번의 연설이 투키디데스의 『펠로폰네소스 전쟁』에 등장하지만 무엇보다 '장례식 연설'이 민주적 리더십과 연관되어 자주 인용되고 분석된다. 크게 세 가지 이유 때문이다. 첫째는 그가 말한 아테네 민주주의의 자유가 개인의 자율성과 공공선을 동시에 충족시켜 줄 것처럼 보이기 때문이다. 그는 아테네의 정치체제를 스파르타의 것과 비교하면서, 그 중심에 개방적이고 자율적인 삶의 방식을 가져다 놓는다. 일방적인 강요만 존재하는 폐쇄적인 스파르타와 달리 개개인의 자유를 바탕으로 사적인 이익과 함께 공공선을 추구하는 삶을 아테네인들의 것으로 규정한 것이다.[17] 그의 표현을 따르면 아테네인들은 자기 것만 추구하고 공적인 일에 무관심한 사람들을 '쓸모없는 사람(idiōtēs)'이라고 부른다.[18] 만약 실제로 그랬다면 그가 말한 아테네 시민의 자유가 사적인 영역과 공적인 영역을 연결할 가교를 제공해 줄 수 있을 것이다.

둘째는 페리클레스가 강조한 '법 앞의 평등'이 민주주의의 궁극적인 목표를 설정하는 데 기여할 수 있으리라는 믿음 때문이다.[19] 전술한 바 '법 앞의 평등'은 모든 시민들이 정치적 의사 결정 과정에 균등하게 참여할 기회를 가진다는 의미를 포괄한다. 이런 생각의 저변에는 전통적으로 귀족과 엘리트만 향유하는 것으로 이해되어 왔던 공적인 '명예(timē)'와 '영광(kydos)'이 일반 시민들 모두에게 확대되는 것이 바람직하다는 인식이 자리 잡고 있다.[20] 그렇기에 그는 장례식 연설에서 죽은 자를 위로하기보다 '국가가 향유할 영광에 동참한 것'이라 말하고,[21] 마지막 연설에서 극심한 질병 속에 허덕이는 아테네인들에게 '영원히 기억될 것'이라고 격려한다.[22] 즉 오늘 다스리는 사람이 내일 다스림을 받는다는 소극적인 의미에서 권력의 공유가 아니라, 정치에 참여할 권리도 국가가 향유할 영광도 모두 공유한다는 적극적인 의미에서 민주주의의 실현이 내재되어 있는 것이다.

마지막으로 페리클레스가 언급한 '조국에 대한 사랑'이 애국심에 대한 우리의 일반적 상식을 뛰어넘기 때문이다. 그는 장례식 연설에서 아테네인을 '무언가를 사랑하는 사람들(erastai)'로 묘사한다. 아름다움을 사랑하지만 사치하지 않는다든지, 지혜를 사랑하지만 나약하지 않다든지, "폴리스를 사랑하는 사람들"이라는 표현을 쓰고 있다.[23] 이 표현은 마지막 연설에서 도시의 필요를 충족시키기 위해 개개인의 이익을 기꺼이 희생시키는 아테네 시민들의 덕성으로까지 발전한다.[24] 이때 "폴리스를 사랑하는 사람들"이라는 표현은 장례식 연설에서와 달리 너무나도 공허하게 들린다. 그 연설의 대상이 전사적 영광에 도취된 소수의 귀족이 아니라 전쟁과 질병에 고통받고 있던 일반 시민들이었다는 점에서 볼 때, 내 가족과 내 소유를 지킨다는 목적에서 훨씬 벗어난 '나라 사랑'이라는 표현이 얼마다 허황되게 들

펠로폰네소스 전쟁 동안 전염병으로 인해 아테네 인구가 3분의 1이 줄었다.

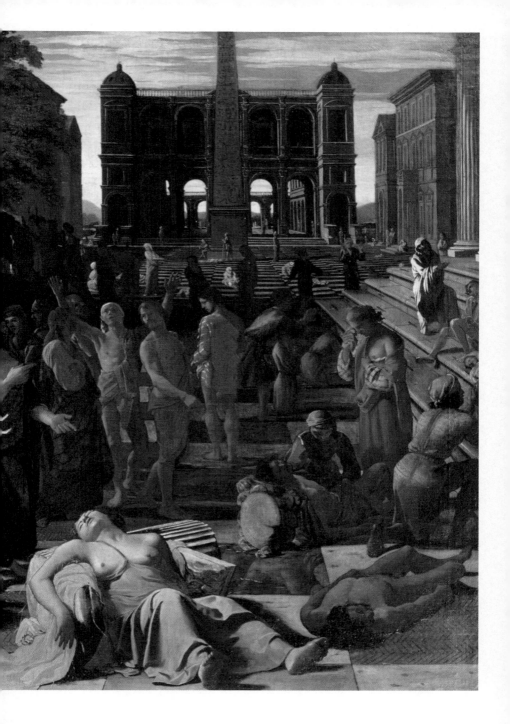

렸을까.

투키디데스의 기록이 사실에 기초했는지를 제쳐 두면, 페리클레스가 사용한 "폴리스를 사랑하는 사람들"이라는 표현이 갖는 정치철학적 의미는 적지 않다. 한편으로는 민주주의와 제국주의의 상관관계가 노정되고, 다른 한편으로는 공격적 애국심의 정치심리학적 문제가 노출되었기 때문이다. 사실 페리클레스는 아테네인의 기질을 '용감함(andreia)'이라기보다 '대담함(tolma)'으로 규정한다.[25] 즉 아테네인들이 필요한 것 이상을 가지려 하고, 끝없이 무엇인가를 추구하는 열정을 가졌다는 점을 인정한 것이다. 그럼에도 불구하고 그가 이러한 시민적 특성을 절제나 다른 도덕적 기준으로 억제시키려고 노력하지 않았다는 사실이 우리의 주의를 끈다. 비록 시칠리아 원정을 감행하지 말라는 유언을 남겼지만, 그는 아테네인의 '대담함'이 강한 나라를 만들었다는 점을 결코 부인하지 않았다. 오히려 '자유로운 나라'를 물려준 조상보다 영토를 확장한 자기 세대를 찬양했다.[26] 민주주의와 제국주의가 불가분의 관계를 갖는다고 보았는지, 아니면 애국심조차 제국의 영광과 같은 비전이 필요하다고 보았는지는 단언할 수 없다. 그러나 그가 그리스의 '참주 도시(polis tyrannos)'로 전락한 아테네 민주주의에 대한 근원적 처방을 내리지 않았던 것만은 부인할 수 없다.

3

프로타고라스 Protagoras, BC 490-420

'정치적 탁월함'은 가르칠 수 있는가?

프로타고라스의 정치철학은 여러 얼굴을 갖고 있다. 전문가가 아닌 다수에게 정치적 판단을 맡겼다는 점에서는 민주주의자다. 반면 다수도 설득되어야 할 때가 있다고 본 점에서는 귀족주의자다. 그가 가진 상대주의적 도덕이 지나치게 강조되는 것만 극복된다면, 우리는 그로부터 민주적 심의를 통해 공공선을 찾아가는 집단지성의 일반적 준칙을 발견할 수 있을 것이다.

소크라테스: 그러나 그들이 도시의 운영과 관련된 문제들(peri tēs poleōs dioikēseōs)에 대해 심의할 때에는 대장장이든 제화공이든, 상인이든 배를 소유한 사람이든, 부자든 가난하든, 좋은 가문이든 아니든, 누구나 일어나서 그들에게 충고를 합니다. 그 누구도 그가 어떤 선생의 가르침을 받은 적도 없이 충고하려 한다고 비난하지 않습니다. 그 이유는 명백합니다. 그들은 이것이 가르쳐질 수 있다고 생각하지 않는 것입니다.[1]

트라키 지방의 아브데라에서 온 프로타고라스는 아테네의 젊은 청년이 던진 날카로운 질문을 그냥 얼버무릴 수 없는 처지에 놓였다. 이미 자신이 전문적으로 다른 사람을 가르치는 '소피스트'라는 것을 밝힌 터였고,[2] 자기가 가르치는 '좋은 판단(euboulia)'을 배우면 누구나 집안일뿐만 아니라 도시 일에서도 탁월한 능력을 발휘할 것이라고 자랑한 터였다.[3] 만약 "누구나 배우지 않고도 도시의 일에 대해 조언할 수 있다."는 주장에 동의하면 "정치적 기술은 가르쳐질 수 있다."는 것을 부인해야 한다. 반면 "배우지 않으면 조언자(symboulos)가 될 수 없다."고 반박하면 그는 자기가 오랫동안 지켜 왔던 민주주의에 대한 신념을 저버려야 한다. 그렇기에 그는 젊은 소크라테스의 질문을 그냥 지나칠 수 없다.

> 프로타고라스: 제우스가 "모두에게"라고 대답했지요. "모두가 자기 몫을 갖게 하라. 다른 기예들(technōn)처럼 소수만 가지게 되면 도시들이 결코 만들어지지 못할 것이기 때문이다. 그리고 염치(aidōs)와 정의(dikē)에 참여하지 못한 자는 공공의 질병으로 간주해 죽일 것이라는 것을 내가 명한 법으로 세우라."고 말입니다.[4]

우선 프로타고라스는 신화를 통해 소크라테스가 던진 난제를 풀려고 노력한다. 생존을 위한 능력을 부여받지 못한 인간을 딱하게 여긴 프로메테우스가 불과 생존을 위한 지혜를 주었고,[5] 제우스가 조화롭게 살아갈 수 있는 '정치적 지혜(sophia politikē)'로서 '염치'와 '정의'를 모두에게 공평하게 나누어 주었다는 것이다. 이 지점에서 그는 "도시의 일에 대해 배우지 않아도 조언할 수 있다."는 부분의 함정을 피해 갈 수 있는 여지를 확보했다. 그러나 "정치적 탁월함을 가르칠 수 있느냐."는 문제는 여전히 풀리지 않았다. 왜 "모두가 갖고 있는데 구태여 배워야 하는가?"

> 프로타고라스: [정치적 탁월함]은 자연적으로 갖게 되거나 저절로 생기는 것이 아닙니다. 그것을 갖고 있는 사람들에 의해 가르쳐지고(didakton), 그들의 돌봄(epimeleia)을 통해 획득되는 것으로 여겨야 합니다. 지금 이것에 대해 당신을 납득시켜 보겠습니다.[6]

이제 프로타고라스는 논리적인 설득으로 방법을 바꾼다. 가르쳐질 수 있다면 왜 페리클레스는 자기의 자녀들에게 '정치적 기예'나 '정치적 탁월함'을 가르치지 못했으며, 왜 모두가 알 것 같은 '정치적 탁월함'을 먼저 깨우친 사람으로부터 배워야 하는지를 설명하려는 것이다. 이 논리적 설명으로부터 우리는 정치철학의 많은 숙제들을 보게 된다. 절대적인 진리가 없는 상태에서 사람들은 어떻게 합의에 이르게 되는지, 이렇게 합의된 의견은 공동체 구성원들에게 어떻게 강제될 수 있는지에 대한 오랜 정치철학적 논쟁에 직면하는 것이다.

민주주의 이론가

프로타고라스가 태어난 아브데라는 지금의 그리스와 불가리아의 국경을 가르는 네스토스 강 하구에 자리 잡은 항구도시였고, 농업

프로메테우스

과 무역이 모두 흥했기에 아테네를 중심으로 하는 델로스 동맹에서도 몇 번째로 큰 도시국가였다. 사실 북해로부터 들여오는 곡물에 크게 의지한 아테네에 아브데라는 전략적으로 매우 중요했다. 한편으로는 북해로부터 들어오는 배가 쉬었다 가는 곳이었고, 다른 한편으로는 박하를 비롯한 많은 농작물을 생산하는 곳이었기 때문이다. 기원전 513년 페르시아에 점령당했고, 그로부터 20년 후 다리우스 I 세(BC 550-486)에 의해 다시 공략될 정도로 동쪽과 서쪽의 문화적 충돌이 잦았던 곳이기도 했다.[7]

프로타고라스의 정치철학에서는 아브데라 시민들의 기풍이 흠뻑 느껴진다. 기원전 4세기에 쇠락의 길을 걷기 시작해 결국 마케도니아에 복속되었지만, 그가 활동하던 시기에 아브데라는 매우 활기차고 자유로운 도시국가였다. 펠로폰네소스 전쟁에서 아테네 편에 섰다는 사실에서 알 수 있듯이, 아브데라 시민들은 많은 면에서 아테네 시민들을 닮아 있었다. 민주주의가 제공하는 자유로운 삶에 애착을 가졌고, 해상무역을 통해 유입된 다양한 문화를 즐겼으며, 해군력에 의지했기에 시민들의 정치적 몫도 상대적으로 컸다. 데모크리토스(Democritos, BC 460-380)와 같은 고대 민주주의 이론의 걸출한 사상가들을 배출한 도시의 특성이 그의 정치철학에 잘 스며들어 있었다.

　많은 풍문들이 있지만 최근까지 전개된 문헌학적 연구에 의하면 프로타고라스와 관련된 대부분의 이야기가 사실이 아닌 것 같다. 특히 데모크리토스의 제자라든지, 신을 믿지 않는 자라 하여 아테네에서 재판에 회부되었다는 주장은 타당성이 없다. 반면 페리클레스와의 친분으로 아테네를 자주 방문한 것은 분명한 것 같다. 그가 페리클레스와 "운동 경기에서 사고로 어떤 사람이 창에 찔려 죽었다면 엄격한 의미에서 그 책임이 누구에게 있느냐?"라는 주제를 놓고 온종일 논쟁을 벌였다는 것은 잘 알려진 일화다.[8] 꾸며 낸 이야기 같기도 하지만, 크세노폰의 기록에서 보듯 이런 논쟁이 그들 사이에 비일비재하게 발생했던 것으로 이해해도 큰 무리가 없다.[9]

　라에르티오스(Diogenes Laertios)가 인용한 헤라클레이데스(Heracleides, BC 380~310)의 말을 따르면, 페리클레스는 프로타고라스에게 이탈리아 반도에 있던 아테네의 식민지 투리오이(Thourioi)에 법을 제정해 달라고 부탁했을 정도로 그를 신뢰했던 것 같다.[10] 그리고 그가 고안했던 법이 당시 아테네의 것과 매우 유사했다는 점에서 볼 때, 두 사람은 지적 교감을 넘어 정치적 신념까지도 공유했으리라 생각된다.[11] 아마도 '정치적 탁월함'이 가르쳐질 수 있다거나, '전문가(dēmiourgos)'가 아니라도 정치에 참여할 수 있다거나, 아니면 이 두 가지 주장의 오묘한 결합을 서로 공감했을 가능성이 적지 않다.

　페리클레스와 프로타고라스가 많은 것을 공감했을 가능성이 있다는 사실은 우리에게 매우 중요하다. 첫째, 누구나 '정치적인 것(ta politika)'의 조언자가 될 수 있다는 인식론적 전제와 민주적 심의를 통해 최적의 의사 결정을 할 수 있다는 낙관론이 밀접한 관계가 있다는 것을 알 수 있다. 대중이 말로 설득될 수 없다고 판단했다면 전자는 시민들 앞에서 장황한 연설을 하지 않았을 것이고, 후자는 '정치적 탁월함'이 가르쳐질 수 있음을 입증하려 하지 않았을 것이다.[12] 둘째, 먼저 알게 된 사람의 '돌봄'을 통해 대중이 더 나아질 수 있다는 확신과 다수로부터 출발해서 다수를 넘어서는 민주적 리더십이 연관성이 있음을 확인할 수 있다. 전자가 대중에게 아부하기보다 대중의 잘못된 의견에 맞섰듯이, 후자도 저마다의 소질(physis)에 따라 '정치적인 것'에 대해 남보다 더 잘할 수 있는 사람이 도움을 주어야 한다고 믿었던 것이다.[13] 차이가 있다면 전자는 정치를 '교육(paideia)' 그 자체로 이해했고, 후자는 법을 통해 잘못된 행동을 '바로잡는 것(euthunai)'에 더 주목했다는 정도일 것이다.

최초의 공동체주의자

　프로타고라스는 플라톤과 아리스토텔레스의 비난의 화살을 피해 간 몇 안 되는 소피스트들 중 한 사람이다. 특히 소피스트에게 거침없는 비난을 퍼부은 플라톤의 침묵이 눈길을 끈다. 만약 소피스트들을 정치와 도덕에 대한 자신들의 생각을 계몽하려 한 사람들이라고 정의할 수 있다면, 그의 침묵은 프로타고라스의 의견들 중 일부를 공감했거나 최소한 다른 소피스트들에 비해 존경할 만한 무엇인가를 발견했다는 의미다. 그러지 않았다면 그가 『프로타고라스(Protagoras)』에서 보여 준 차분한 서술과 다른 저서에서 찾아볼 수 있는 소피스트에 대한 반감이 결코 공존하지 못했을 것이기 때문이다.

아마도 플라톤은 '정치적 탁월함'은 가르쳐질 수 있고, 정의가 '정치적인 것'의 필수불가결한 중대 사안이라는 점에서 프로타고라스와 뜻이 같았던 것 같다. 왜냐하면 소크라테스가 인간을 더 나아지게 만들 수 있는 돌봄이 있다는 점은 납득했다고 말하고 있으며,[14] 다른 곳에서 '정의(dikē)' 또는 '올바름(dikaiosynē)'을 나라 전체에 적용하는 것이 바람직하다고 보았기 때문이다.[15] 다만 '다수'에게 정치적 탁월함을 가르칠 수 있는지에 대해서는 공감할 수 없었을 것이고, 정의가 '다수'의 의견(doxai)으로부터 형성될 수 있다는 데 동의할 수는 없었을 것이다. '철인왕(philosophos-basileus)'이 아닌 다수가 다스리는 정치를 그가 받아들였을 리 만무했고, 영구불변하는 '전형(eidos)'이 아니라 변화무쌍하고 저마다 다른 '의견'이 '정치적 지식'을 형성한다고 보지 않았을 것이기 때문이다.

특히 다수의 '의견'과 관련된 프로타고라스의 견해는 이후 소피스트들에 의해 점점 소크라테스가 말하던 '올바름'으로부터 멀어지게 된다. 트라시마쿠스(Thrasymacus)가 올바름을 '강자의 이익'이라고 규정한 것에서 알 수 있듯이,[16] '다수'의 의견이 곧 '정치적 지식'일 수 있다는 말은 강자가 세운 원칙이 곧 '정의'라는 주장으로 귀착될 여지가 많았기 때문이다. 또한 무엇이 '공동선'인지에 대한 기준을 실질적인 경험과 민주적인 심의에 앞서 설정할 수 없기에,[17] '인간이 만물의 척도'라는 원칙에서 공적 토론이 다수의 폭력이나 집단적 기만으로 전락하지 못하도록 막을 방편을 찾기 힘들었을 것이다. 만약 이런 두 가지 우려를 불식시킬 수 없다면 프로타고라스가 말하는 '정치적 탁월성'의 교육 가능성도 민주주의의 미래만큼이나 불투명했을 것이다.

어떻게 보면 프로타고라스는 최초의 공동체주의자라고 할 수 있다. 여기서 '공동체주의'는 정치사회를 바라보는 두 가지 인식론적 전제를 특징으로 한다. 하나는 모든 공동체가 각기 저마다 독특한 도덕적 가치를 갖고 있다고 보는 것이고, 또 다른 하나는 이런 도덕적 가치가 공동체 구성원이라면 누구든 따라야 할 공동선이라고 믿는 것이다.[18] 그가 실질적 경험과 민주적 심의로부터 독립된 지식보다 의견을 교환함으로써 다다르게 되는 공공선을 선호했다는 점에서 볼 때, 그의 상대주의는 다분히 각각의 공동체가 각기 다른 도덕적 가치를 가질 수 있다는 공동체주의의 '특수주의'와 일맥상통한다. 그리고 각각의 공동체는 자신들만의 공공선을 시민들에게 가르쳐야 한다고 보았다는 점에서 볼 때, 그의 정치철학은 공공선을 통한 개개인의 사회적 교화를 강조하는 공동체주의의 '집단주의'를 연상시킨다.

따라서 프로타고라스의 정치철학은 여러 얼굴을 동시에 갖고 있다. 전문가가 아닌 다수가 '정치적인 것'의 조언자가 될 수 있다고 믿었다는 점에서는 민주주의 정치이론가다. 그리고 조금이라도 더 전문적인 지식을 가진 사람이 '다수'를 설득해 보다 나은 법에 이르도록 해야 한다고 주장했다는 점에서는 민주적 리더십의 이론적 기반을 제공해 준 것 같다. 반면 여론을 통한 공공선의 구성과 상대주의적 도덕이 지나치게 강조될 때, 그의 정치철학은 공동체주의에서 엿보이는 특수주의와 집단주의를 떠올리게 만든다. 앞의 두 가지 특성이 세 번째 특성이 가져올 위험을 최소화할 수 있다면, 민주적 심의를 통해 공공선을 찾아가는 집단지성의 일반적 준칙을 프로타고라스에게서 발견할 수 있을지도 모른다.

4
투키디데스 Thukydides, BC 460-395

누가 아테네의 몰락을 초래했는가?

투키디데스의 정치철학은 현실주의 국제정치관의 인식론적 기초로 원용된다. 그러나 투키디데스의 정치철학은 현실주의 국제정치관에 가려져 있는 부분보다 훨씬 깊고 방대하다. 특히 아테네가 무모한 시칠리아 원정을 감행하게 된 원인에 대한 관찰, 그리고 시칠리아 원정의 실패가 누구의 책임이었는가에 대한 성찰은 그냥 지나칠 수 없다.

코린토스가 중립을 지키던 케르키라를 공격함으로써 시작된 아테네와 스파르타의 펠로폰네소스 전쟁(BC 431~404)은 기원전 425년부터 전혀 다른 방향으로 전개되었다. 기대치 못했던 필로스와 스팍테리아에서 거둔 승리가 전염병과 전쟁에 지쳐 있던 아테네의 정치 지형을 완전히 바꾸어 놓았고, 스파르타를 이길 수 있다는 기대감에 도취된 아테네 시민들이 페리클레스 이래 고수해 온 방어 전략을 버리고 공세 전략을 선택한 것이다. 페리클레스가 전염병으로 죽었을 때부터 예견된 것이었지만, 귀족적이고 신중한 니키아스(Nikias, BC 470~413)로는 클레온(Kléon)과 데모스테네스(Demosthénes)의 선동을 더 이상 막을 길이 없었다.

사실 메가라 상인들의 출입을 금지시킨 칙령을 철회하라는 스파르타의 요구를 페리클레스가 거부한 것도, 그래서 이런 '사소한 일로' 펠로폰네소스 전쟁이 일어난 것처럼 보이게 된 것도 모두 스파

빗발치는 화살 공격을 뚫고 창을 든 병사를 묘사한 아테
네 도자기(기원전 5세기)

르타의 패권을 인정할 때
초래되는 불상사를 막기
위함이었다.[1] 스파르타의
요구를 받아들인다면 아
테네에서조차 과두제를
옹호하는 세력이 정변을
일으킬 가능성이 다분했
다.[2] 그러나 펠로폰네소
스 안방에서 승리를 거두
었고, 스파르타가 제의한
휴전마저 거부한 마당에
아테네인들은 더 이상 수
세적 전략에 만족할 수가
없었다. 평화적으로 공존
하는 것이 목표가 아니라 아테네가 유일한 그리스의 패권국가가 되
어야 한다는 생각에 사로잡힌 것이다.

투키디데스는 이렇듯 펠로폰네소스 전쟁이 두 강대국 사이의 평
화조약으로 끝날 수 없게 된 시점에 장군으로 선출되었다. 기원전
424년 그는 당시 전략적으로 매우 중요했던 암피폴리스를 사수하
기 위해 함대를 이끌고 트라키 지방으로 갔다. 그가 이 지역에 연고
를 갖고 있었기에, 지원군을 쉽게 확보할 수 있으리라는 아테네인들
의 계산이 깔려 있었던 것이다. 그러나 기대와 달리 암피폴리스는 스

파르타의 브라시다스(Brasidas) 장군의 급습을 받아 허무하게 함락되고 만다. 비록 이 패배에 직접적인 책임은 없었지만, 희생양이 필요했던 아테네는 도시를 구출하러 늦게 도착한 그에게 '반역죄(prodosia)'를 씌우고 아테네로부터 추방해 버렸다. 서양 역사서 중 가장 뛰어난 작품 중 하나인 『펠로폰네소스 전쟁』은 바로 이 시점부터 본격적으로 기술되기 시작했다.

투키디데스

페리클레스와 투키디데스

아테네 역사에서 투키디데스라는 이름을 가진 사람은 여럿 있었다. 플루타르코스(Plutarchos)가 페리클레스의 정적 중 한 사람으로 언급한 알로페키 지역에 연고를 둔 정치인도 그중 하나다.[3] 그러나 우리가 다룰 역사가는 올로루스(Olorus)의 아들로 아테네 남서쪽 알리모스 지역에서 태어난 인물이다. 아버지는 페리클레스 이전에 보수파를 이끈 키몬(Kimōn)과 같은 집안이었던 것으로 보이는데, 그 이유는 그의 아버지도 키몬의 외조부가 되는 트라키의 왕 올로루스의 후손이었기 때문이다.[4] 즉 그가 트라키 지방에 연고를 갖게 된 이유가 단순히 그곳에 금광을 갖고 있었기 때문만은 아니었고, 그의 비석이 키몬의 집안 묘지에서 발견된 것도 우연이 아니었다.[5]

이런 집안 내력 때문인지 투키디데스는 어려서부터 귀족 교육을 받았던 것으로 보인다. 철학적으로는 당시 대부분의 교양을 가진 사람들이 그러했듯이 아낙사고라스의 자연철학과 무신론에 강한 영향을 받았고,[6] 기원전 411년 '400인회' 과두제를 주도했던 당대 최고의 수사가인 안티폰(Antiphōn, BC 480~411)에게 웅변과 글쓰기를 배운 것으로 알려져 있다.[7] 따라서 그는 누구보다도 아테네에서 정치적으로 성공할 만한 소양과 기술을 갖추었다고 볼 수 있다. 그래서인지 아테네 정계에서 일찍부터 두각을 나타내지 않았던 것에 대해서도 추측이 난무한다. 민주주의에 대한 유보적 태도 때문이었다고 보는 시각도 있고, 과두제도 민주제도 아닌 모호한 정치적 입장 때문이었다고 보는 시각도 있다.

투키디데스가 어떤 정치적 입장을 고수했든 그가 페리클레스에 대해 매우 긍정적인 평가를 내린 것은 부인할 수 없다. 페리클레스 시대의 민주주의를 "사실상 첫 번째 시민의 통치"였다고 말한 것은 잘 알려져 있다.[8] 시민들을 대변하면서도 시민들의 의사에 종속되지 않는 민주적 지도자로 페리클레스를 평가했던 것이다. 그러나 시민들을 설득해 내는 능력 이외에도 그가 페리클레스에 대해 긍정적인 평가를 내린 또 다른 이유가 있다. 그는 페리클레스를 정치인으로서 가장 중요한 덕목인 '판단 능력(gnōme)'과 '선견지명(prōnoia)'을 가진 인물로 묘사했다.[9] 즉 빼어난 평판이나 탁월한 웅변만큼이나 대중의 눈에 보이지 않는 부분에서 그의 능력에 주목했던 것이다.

이 같은 맥락에서 본다면 투키디데스가 페리클레스 이후의 정치가에 대해 곱지 않은 눈길을 보낸 점을 충분히 이해할 수 있다. 사실 아테네 민주주의에서 '선동가'와 '정치가'를 구별하기란 쉽지 않다. 우리가 쓰는 '선동가(dēmagōgos)'라는 말도 이 당시 '인민을 이끄는 (agō) 사람'이라는 뜻에 불과했듯이, 의회에서 인민을 설득하는 진정한 민주적 지도자나 인민에게 사탕발림을 하는 사람들 모두가 '선동가'로 비치기 쉬운 사회였기 때문이다.[10] '정치가(politikos)'라는 말도 플라톤과 아리스토텔레스 이후 도덕적으로 윤색되었을 뿐 '좋은 정치가'를 의미하는 말이 아니었다.[11] 따라서 클레온과 같은 선동가들이 페리클레스와 같은 탁월한 '웅변가'와 구분되는 지점은 '선동' 그 자체가 아니라 그들이 갖지 못한 '판단력'과 '예견력'이었다.

역사가 투키디데스

투키디데스의 역사 기술 방법은 '역사의 아버지'로 알려진 헤로도토스(Herōdotos, BC 484~425)의 것과 자주 비교된다. 신화와 전설로 채색된 '산문 작가들(logographoi)'의 이야기로부터 벗어나 "있는 그대로를 밝히겠다."는 선언 때문이기도 하고,[12] 당대의 사건을 가지고 시간을 초월한 어떤 진리를 발견할 수 있으리라는 기대감을 주기 때문이기도 할 것이다.[13] 그러나 그의 역사적 서술은 객관적이고 실증적이라고 말하기에는 너무나 시적이고, 그의 방법론은 과학적이라고 단언하기에는 지나치게 수사적이다.[14]

> 역사는 일어난 일에 관련되고, 시는 일어날 법한 일과 관련된다. 이런 이유에서 시는 역사보다 더 철학적이고 더 진지하다. 시는 보편적인 것들에 대해 말하고, 역사는 개별적인 것들에 대해 말한다. 보편이란 어떤 사람이 개연성 또는 필연성에 따라 잘 말할 수 있거나 할 수 있는 것으로, 이것이 시가 목적하는 바다.[15]

아리스토텔레스가 위에서 말한 분류를 따른다면, '산문 작가'로 폄하된 헤로도토스나 '과학적 역사가'로 간주되는 투키디데스나 모두 시인의 관점을 가진 역사가들이다. 물론 투키디데스로부터 우리는 호메로스(Homēros)와 같이 신화로 집단의 기억을 되살리려는 태도를 발견할 수 없다. 헤로도토스와 달리 청중에게 읽어 줄 역사를 목적으로 하지 않았기에 흥미를 끌 만한 과장도 적다. 그러나 추방당한 관록의 정치가가 미래에 정치를 꿈꾸는 사람들에게 던진 교훈이라는 사실은 여전히 남는다. 그렇기에 그가 옮긴 사람들의 연설마저도 그의 주장을 은밀하게 가르치는 역할이 결코 어색해 보이지 않는 것이다.[16]

투키디데스의 정치철학

　투키디데스의 정치철학은 종종 현실주의 국제정치관의 인식론적 기초로 원용된다. 여기에서 '현실주의' 국제정치관이란 크게 세가지 특성으로 요약된다. 무정부 상태인 국제관계에서 국가는 불확실성을 제거하기 위해 '힘'과 '공포'를 우선적으로 추구하고,[17] 소극적으로는 힘의 균형을 통해 평화 공존을 의도하며,[18] 적극적으로는 패권을 장악해 보다 확실한 안전을 확보하려고 노력한다는 것이다.[19] 이런 입장에서는 투키디데스가 전쟁의 원인으로 언급한 '아테네의 팽창에 대한 스파르타의 두려움'이나,[20] 아테네인의 입을 빌려서 말한 '정의가 아니라 생존이 우선'이라는 충고는 너무나도 잘 맞아떨어지는 자료인 셈이다.[21] 그리고 '두려움, 명예, 그리고 이익'을 위해 도덕을 저버리는 인간의 본성에 대한 기술들도[22] 자신들의 '필연성'에 대한 현실주의적 입장을 옹호하기에 더할 나위 없이 적합한 사료인 것이다.

　그러나 투키디데스의 정치철학은 현실주의 국제정치관에 가려져 있는 부분보다 훨씬 깊고 방대하다. 특히 아테네가 무모한 시칠리아 원정을 감행하게 된 원인에 대한 관찰, 그리고 시칠리아 원정의 실패가 누구의 책임이었는가에 대한 성찰은 그냥 지나칠 수 없다. 표면적으로는 스파르타와 아테네의 힘의 역학이 빚어낸 비극인 것 같지만, 그 이면에는 정치 지도자들이 피할 수 있었던 파국이라는 한탄이 담겨 있다. 그들이 각기 다른 정치체제가 형성하는 시민적 기질을 잘 파악했다면 충분히 막을 수도 있었다는 것이다.

이런 맥락에서 투키디데스가 거듭 강조하는 '절제(sophrosyne)'라는 덕목에 주목할 필요가 있다. 페리클레스가 '장례식 연설'에서 그토록 칭찬한 아테네의 '대담함(tolma)'은 코린토스인의 눈에 비친 무절제한 아테네의 특징이 된다.[23] 스파르타의 왕 아르키다모스(Archidamos II, BC 469~427)의 경고에서 보듯,[24] 아테네가 에게 해를 지배하는 데 만족했다면 전쟁이 없었으리라는 암시가 반복되는 것이다. 또한 시칠리아 원정 실패의 책임을 뒤집어쓴 니키아스에 대한 이례적인 칭찬,[25] '필연성(anankē)'이라는 이름으로도 정당화될 수 없었던 전쟁의 잔혹함에 대한 한탄,[26] 그리고 멜로스인들의 '정의(dikē)'에 대한 호소에서[27] 우리는 펠로폰네소스 전쟁은 '생존'의 필요가 아니라 '지배'하려는 욕구에서 비롯되었다는 충고를 듣게 된다. 만약 이 것이 투키디데스의 최종 판단이었다면 그의 눈에는 페리클레스도 이 같은 파국을 방관한 사람들 중 하나였을 것이다.

5

소크라테스 Sōkratēs, BC 469-399

우리는 왜 정치철학이 필요할까?

소크라테스가 어떻게 철학과 정치의 긴장을 해소했는지는 여전히 논쟁거리다. 그의 도덕적 개인주의가 공적인 일에 무관심한 '쓸모없는' 인간의 사색으로 보인다면, 그의 철학은 결코 정치와의 긴장을 해소할 수 없을 것이다. 반면 정치철학이 정치이념이 아니라 시민적 성찰의 계기로 이해된다면, 그의 철학은 정치와의 긴장을 조금이나마 해소할 수 있을 것이다.

아르기누사이에서의 승리(BC 406)가 패색이 짙었던 아테네를 잠시 들뜨게 만들었다. 승리에 도취된 아테네 시민들은 침몰한 전함의 병사들을 구출하지 못했다는 이유로 여섯 명의 장군들을 처형했고, 스파르타의 휴전 제의도 단호히 거부한 채 결전의 의지를 다지고 있었다. "강자가 약자를 지배하는 것이 정의"라는 생각이 다시 힘을 얻었고, 민회는 또다시 무책임한 선동가들의 연설에 사로잡히게 되었다. 이듬해에 닥칠 아에고스포타미(Aegospotami)에서의 참담한 패배 (BC 405)를 그 누구도 예상치 못했던 것이다.

> 소크라테스: 만약 페리클레스·키몬·밀티아데스·테미스토클레스
>   가 좋았다면 분명 그들 각각은 시민들을 더 나쁘게 만들기
>   보다 더 좋게 만들었을 것일세. 그들이 그렇게 했던가?
> 칼리클레스: 그렇게 했소.

소크라테스: 그렇다면 페리클레스가 인민들 앞에서 처음 연설했을
　　　　　때 아테네인들은 그가 마지막 연설을 했을 때보다 더 나빴
　　　　　다는 말인가?
칼리클레스: 아마도.
소크라테스: '아마도'라니, 친구. 우리가 동의한 바에 따르면 반드
　　　　　시 그러했어야 하네. 만약 그가 좋은 시민이었다면 말일세.[1]

이런 시기에 소크라테스는 '힘이 곧 정의'라는 아테네 시민들의 상식
에 맞서고 있었다. 물론 그의 도전은 승리감에 휩싸인 대중에게는 불
쾌감만 조장할 뿐이었다. "불의를 당하는 것이 불의를 저지르는 것
보다 낫다."는 말은 그나마 괜찮았다.[2] 뭘 모르는 철학자의 이상론이
라고 무시하면 될 일이었기 때문이다. 반면 페리클레스가 단지 대중
에게 아부만 한 정치가일 뿐이라는 말은 달랐다. 키몬이나 테미스토
클레스면 몰라도 아테네 민주주의의 상징적인 인물에게 가해진 이런
비판은 시민 대다수를 적으로 돌리기에 충분했다. 게다가 자기만이
유일하게 '진정한 정치적 기술(alethos politike technē)'을 실천하고 있다
고 단언까지 했으니 말이다.[3] 어쩌면 그의 죽음은 그가 법정에 서기
훨씬 이전부터 예견된 것이었는지도 모른다.

시민 소크라테스

소크라테스는 아테네 남쪽에 있는 알로페케라는 지역에서 태어났다. 아버지 소프로니스코스(Sophroniskos)는 석공으로 알려져 있지만, 페르시아 전쟁 때 아테네를 이끌었던 정치가 아리스티데스(Aristeides)의 아들과 절친한 사이였던 것으로 보아 낮은 신분의 소유자는 아니었던 것으로 보인다.[4] 산파였던 어머니 파이나레테(Phaenarete)가 그의 아버지가 죽은 이후 재혼했기에 그는 종종 카이레데모스(Chairedēmos)의 아들로 언급되기도 한다. 그러나 그는 소프로니스코스에게 더 많은 영향을 받았다. 그가 일찌감치 아테네 유력 가문의 자제들과 어울릴 수 있었던 것도 소프로니스코스가 생전에 쌓아 둔 친분 덕이었으니까 말이다.

비록 적극적이지는 않았지만 소크라테스는 아테네 시민으로서 의무를 충실하게 이행했던 것으로 보인다. 서른일곱 살에 포테이다이아(Poteidaia) 전투에 참전했고, 마흔다섯 살에는 델리온에서 있었던 보이오티아(Booiōtia) 군대와의 교전 시 모습을 보였으며, 마흔일곱 살의 나이에도 암피폴리스에서 벌어진 전쟁에 참여했다.[5] 첫 번째 전쟁에서는 알키비아데스의 생명을 구해 훈장까지 받았고,[6] 두 번째 전쟁에서는 모두 꽁무니를 빼고 후퇴할 때 용감하고 침착하게 행동해 그의 대담함이 오랫동안 회자되기도 했다.[7]

그러나 소크라테스는 맹목적으로 공동체에 헌신하거나 무조건 정치적 권위에 고분고분한 시민은 아니었다. 민주제든 과두제든 그가 판단하기에 옳지 않은 결정을 내리면 결코 따르지 않았다. 아르기누사이 전투에서 승리하고도 법정에 설 수밖에 없었던 장군들을 옹호한 일은 이를 증명하기에 충분하다. 자기가 속한 부족이 오백인회의 운영을 담당했기에 맡게 된 일일 의장(epistatēs)으로서, 그는 소명의 기회도 주지 않고 여섯 명 모두를 한꺼번에 표결에 부쳐 처벌하는 것은 불법이라며 반대했고, 선동가들의 협박과 대중의 고함에도 끝까지 굴하지 않고 반대 입장을 고수했던 것이다.[8] 이런 태도는 과두제에서도 동일하게 견지되었다. 그는 '30인의 참주' 정권이 내린 살라미스(Salamis) 사람 레온(Leon)을 붙잡아 오라는 명령을 따르지 않았던 것이다.[9]

플라톤과 소크라테스

소크라테스의 정치철학을 이해하는 데 있어 먼저 해결해야 할 문제가 하나 있다. 바로 아무런 저작도 남기지 않은 사상가의 생각을 다른 사람의 저작 속에서 찾아내야 한다는 것이다. 즉 어디까지가 소크라테스의 목소리고 어디까지가 저자들의 견해인지를 파악하기가 쉽지 않다.[10] 사실 소크라테스와 관련된 거의 대부분의 텍스트들이 이런 문제를 갖고 있다. 아리스토파네스(Aristophanes, BC 446~386)의 『구름(Nephelai)』에 묘사된 부정적 이미지도, 폴리크라테스(Polycrates, BC 440~370)의 재판 과정에 대한 악의적 왜곡도, 그리고 이러한 비판들로부터 소크라테스를 방어하려고 펜을 든 플라톤과 크세노폰의 저술들도 모두 동일한 문제점을 갖고 있는 것이다.

저술 속에서 자신을 드러내지 않고 소크라테스와 그가 만난 사람들 사이의 대화를 옮긴 플라톤이 특히 논쟁거리다. 사실 문답식 대화로 소크라테스의 행적과 사상을 기록한 방식은 특별하지 않다. 안티스테네스(Antisthenes, BC 445~365)가 문답식 서술을 사용한 이후 이 방식이 당시 지배적인 문예 양식의 갈래를 형성했기 때문이다. 문제는 소크라테스의 가면 뒤에 숨어 있는 플라톤이다. 소크라테스의 대화(elengkhos)를 통해 독자들에게 그가 만난 사람들과 동일한 고민을 갖게 만들고, 이를 통해 특정 방향으로 독자들을 이끌고 가려는 의도가 은연중에 발견되는 것이다.[11]

크게 두 가지 입장이 플라톤의 소크라테스와 관련된 논쟁을 이끌고 있다. 하나는 플라톤의 초기 저작에서는 소크라테스의 정치철학을 찾아내고, 후기 저작에서는 소크라테스와는 독립된 플라톤 고유의 정치철학을 찾아내려는 입장이다.[12] 이 입장에서는 민주주의에 우호적인 소크라테스와 엘리트주의로 경도된 플라톤을 대립시키고, 플라톤이 문답식 서술을 실험했던 초기 저술들에서 진정한 소크라테스를 발견할 수 있다고 주장한다. 또 다른 하나는 집필 시기와 무관하게 플라톤의 저작들이 일관된 의도를 갖고 저술되었다고 보는 입장인데, 저술에서 대화가 발생한 맥락을 통해 그가 독자에게 전하고자 하는 메시지를 찾아야 한다고 주장한다.[13] 플라톤과 구별된 소크라테스의 정치철학이 아니라, 자기의 정치철학을 효과적으로 전달하

기 위해 소크라테스의 문답 양식을 사용한 플라톤의 정치철학에 주
목하자는 것이다.

소크라테스적 회의

　두 가지 중 어떤 입장을 선택하더라도 소크라테스의 문답 방식
이 갖는 정치철학적 의미는 동일하게 해석된다. 바로 주어진 관습 또
는 지배적 견해를 그대로 받아들이기보다 모두 의심해 보지만 진리
가 존재한다는 사실 그 자체를 부정하지 않는 '이성적 회의주의'다.
이성적 회의주의는 진리가 존재한다는 것 자체를 부정하는 소피스트
들의 상대주의와 뚜렷하게 구별된다. 주어진 모든 것을 의심한다는
점에서는 후자와 유사하지만, 대중의 지지만 얻으면 그것이 곧 '대
세' 혹은 '진리'가 될 수 있다는 편견(doxai)을 거부함으로써 여론과는
독립된 '진정한 진리'를 찾으려고 노력하기 때문이다.[14]
　이런 차이는 '모든 것을 안다.'는 태도로 논쟁을 이끌어 가던 소
피스트와 달리 소크라테스의 문답에는 "나는 아는 것이 없다는 것을
안다."는 인식이 내재되어 있기에 비롯된다.[15] 즉 소크라테스와의 대
화에서 '알 수 없음(aporia)'은 논쟁에서의 패배를 의미하기보다 모든
것을 알 수 없는 인간의 한계에 대한 진지한 자각이 담겨 있고, 그의
대화는 이러한 자각을 통해 질문에 대답하지 못한 사람들을 자기 성
찰의 길로 유도하려는 의도를 갖고 있다.

그렇기에 소크라테스적 회의주의에서는 어떤 절대 원칙을 통해 진리를 재단하려거나 상대방에게 무엇인가를 주입하려는 태도가 거부된다. 동시에 모든 선험적인 것을 부정한 채 대중의 동의를 통해 진리를 구성하려는 무분별함도 발붙일 수 없다. 이성과 경험에 대한 무조건적 신뢰가 가져올 위험을 응시하면서도, 의심이 진리에 대한 탐구 그 자체를 위협하지 않는 대화를 의도한 것이다.

소크라테스적 회의주의는 지금 우리에게 많은 것을 시사하고 있다. 철인왕이 아닌 사람들도 진리를 '알아차릴(anagnorsis)' 수 있다는 확신, 모든 것을 알 수 없다는 인간적 한계에 대한 자각, 그럼에도 불구하고 '좋은 삶'이 무엇인지를 진지하게 탐구해야 한다는 소크라테스의 충고는 대중의 선호가 도덕이 되어 버린 지금 더 큰 의미로 다가오는 것이다. 즉 공동체에 대한 맹목적인 헌신으로부터 개개인의 자율성을 보호하고, 집단의 획일적인 가치에 대한 개개인의 비판적 사고를 제고하며, 객관적 진리에 대한 끊임없는 탐구를 가능하게 할 교육적 기제를 소크라테스로부터 발견할 수 있다는 기대가 그 어느 때보다 커지고 있는 것이다.[16]

도덕적 개인주의

소크라테스의 정치철학에는 풀어야 할 두 가지 숙제가 있다. 첫째는 그의 '이성적 회의주의'와 죽음까지 무릅쓴 '아는 바에 대한 확

알키비아데스를 가르치는 소크라테스

신'이 어떻게 조화될 수 있느냐는 것이다. 언뜻 보면 논리적인 모순 같고, '민주주의' 또는 '다수'에 대한 '호감'과 '경멸'이 동시에 노출된 것처럼 보인다. 보통 사람들도 대화를 통해 진리에 도달할 수 있다는 태도와 탁월한 소수의 판단이 더 중요하다는 주장이 충돌하는 것처럼 보이기도 한다. 그러나 소크라테스의 대화 속에는 이러한 긴장을 해소할 하나의 정치철학적 전제가 있다. 바로 '자기 자신과 모순되는 삶'을 살아서는 안 된다는 도덕적 개인주의다.

도덕적 개인주의는 무엇이 '좋은 삶'인지에 대한 끊임없는 성찰,

그리고 '자기가 옳다고 믿는 바'를 대중의 판단으로부터 독립시켜 사고할 수 있는 자율성을 요구한다. 소크라테스가 자신을 '탁월한' 사람이라고 표현한 바 없듯이, '진정한 정치적 기술'을 아는 사람이 꼭 탁월한 '소수'일 필요는 없다. 반면 진정한 정치적 기술을 아는 사람들은 누구나 좋은 삶을 끊임없이 추구할 것과, 대중의 판단에 스스로를 내맡기기보다 자기가 믿는 바를 지속적으로 견지할 것을 요구받는다. 그리고 만약 '진정한 진리(psychagogia)'를 조금이라도 맛보았다면 다른 사람들을 '좋은 삶(eu zen)'에 대한 고민으로 이끌어 올 것을 요구받는다. 한마디로 말하자면 '모든 것을 의심해 보는 것'과 '스스로에 대한 확신'이 끊임없이 진리를 추구해야 한다는 정치철학적 전제를 통해 수렴되는 것이다.

이런 맥락에서 소크라테스는 '좋은 삶'에 대한 고민 없이 대중의 구미에 맞춘 '연설'은 '진정한 정치적 기술'이 될 수 없다고 말한다.[17] 그리고 설사 페리클레스라고 하더라도 대중의 선호에 좌우될 수밖에 없는 '연설'의 한계를 극복할 수 없었다고 말한다.[18] 대신 무지에 대한 수치심(aischunē)을 유발해서 상대방이 진리를 추구하도록 설득하는 개인적 담화, 그리고 이론(theoria)이나 전형(eidos)뿐만 아니라 진리를 알게 되는(eidenai) 과정까지 담아내는 철학적 변증만이 '진정한 정치적 기술'이라고 단언한다.[19] 그렇기에 그는 페리클레스에게 아테네인들의 무절제한 욕망 추구를 막지 못한 책임을 묻는다. 마찬가지로 친구의 죽음을 방관했다는 주변의 비난을 두려워하는 크리톤(Kriton)에게 "결코 부정의한 일을 저질러서는 안 된다."는 충고를 던진다.[20]

철학과 정치의 긴장

둘째는 이른바 '철학'과 '정치'의 긴장이다. 이 숙제는 정치철학이 곧 정치이념으로 이해되던 시대에는 소크라테스의 죽음에 대한 정치철학자들의 논쟁과 깊이 관련되었다. 이성주의 전통에 서 있던 헤겔에게 소크라테스의 죽음은 영웅의 탄생을 알리는 사건이었고,[21] 이성주의의 독선에 대항했던 니체에게 소크라테스의 죽음은 다수가 지배하는 법정에서 자신의 의지를 관철시킬 수 없었던 철학자의 절망적 선택이었다.[22] 그렇기에 전자에게 그의 죽음은 후퇴라기보다 새로운 역사 발전을 의미했고, 후자에게 그의 죽음은 이성적인 철학자가 비이성적인 방식을 선택함으로써 '이성'과 '의지'가 타협점을 발견한 사건이다. 어떤 입장에 서든 소크라테스의 죽음은 정치철학이 필요한 이유를 각인시킨 하나의 드라마로 기억된다.

그러나 그의 시대로 돌아가 보면, 이 숙제는 우선 '좋은 사람'은 필연적으로 '좋은 시민'인가라는 논쟁과 관련된다. 얼핏 보기에 '좋은 사람'은 결코 '좋은 시민'이 될 수 없는 것처럼 보인다. 소크라테스 스스로가 '신적인 것(daimonion)'의 지시로 정치에 참여하지 않았다고 말하고, 정치에 참여하지 않은 것을 아주 잘한 일이라고까지 말했기 때문이다.[23] 앞서 도덕적 개인주의를 통해 구축된 개인적 담화와 철학적 변증의 우선성을 무시한다면, '진정한 정치적 기술'을 자신만이 갖고 있다는 소크라테스의 말은 시민으로서 최소한의 의무를 이행하는 데 그쳤던 철학자의 허풍처럼 들린다. 그러나 도덕적 개인주의라는 틀을 통해 살펴보면 '좋은 사람'과 '좋은 시민'은 상호 이반 되기보다 전혀 다른 방식으로 결합한다. 정치가 시민들을 가능한 한 좋은 사람이 되게 하는 것을 목표로 할 때 '좋은 삶'을 추구하는 사람이 '좋은 시민'일 가능성은 그만큼 커지기 때문이다.[24]

한편 이 숙제는 '악법도 법인가?'라는 주제와도 관련된다. 일반 적으로 소크라테스가 친구의 탈옥 권유를 뿌리치고 독배를 마신 근 거로 '법률과 도시공동체(hoi nomoi kai to koinon tēs poleōs)'의 입을 통 해 전달된 "설득하든지 복종하든지"라는 말이 자주 언급된다.[25] 그리 고 배심원단의 판단과 법의 명령은 다른 것이기에, 그가 법정에서 철 학하는 것을 그만두라는 결정만큼은 결코 받아들일 수 없다고 한 것 을 부당한 법의 명령에 불복하겠다는 의미로 해석할 수 없다는 주장 이 뒤따른다.[26] 그러나 정당하든 부당하든 이미 확정된 법은 무조건 복종해야 한다는 해석에 대한 반론도 만만치 않다. 소크라테스가 결 코 부당한 명령에 복종한 적이 없다거나 공적인 경로를 통해 법의 부 당성을 입증하려던 소크라테스의 노력에 더 주목해야 한다는 주장도 반론들 중 하나다.[27] 탈옥을 권유한 친구까지도 개인적 담화를 통해 '좋은 삶'에 대한 추구로 인도하려 했다는 주장 또한 "악법도 법"이 라는 법실증주의에 대한 비판의 하나로 볼 수 있다.[28]

소크라테스가 어떻게 철학과 정치의 긴장을 해소했는지는 여전 히 논쟁거리다. 그의 도덕적 개인주의가 페리클레스가 말했던 공적 인 일에 무관심한 '쓸모없는' 인간의 사색으로 보인다면 그의 철학은 결코 정치와의 긴장을 해소할 수 없을 것이다. 반면 정치철학이 정치

자크 루이 다비드, 「소크라테스의 죽음」(1787)

이념이 아니라 시민적 성찰의 계기로 이해된다면 그의 철학은 정치와의 긴장을 조금이나마 해소할 수 있다. '좋은 삶'에 대한 고민으로부터 동떨어진 정치가 초래할 위험에 대한 경고, 제국의 팽창이 가져다준 영광에 도취된 시민들에게 절제의 필요성을 각인시키려는 용기, 그리고 힘의 철학에 맞서 "부정의를 행하는 것보다 부정의에 고통받는 것이 더 낫다."는 점을 설득하려던 시민적 헌신은 언제나 우리의 정치적 상상력을 자극할 것이기 때문이다.

6

이소크라테스 Isokrates, BC 436-338

파당을 넘어 전체를 대변할 수 있을까?

대중을 대상으로 하는 정치적 수사가 어떻게 '올바른 삶'
에 대한 진지한 고민을 전달할 수 있겠느냐는 비판은 예
나 지금이나 끊임없이 제기된다. 이소크라테스는 이런 비
판으로부터 정치적 수사를 방어할 때 빠지지 않고 등장하
는 정치철학자다. 그로부터 우리는 정치와 철학의 긴장을
해소할 지혜의 샘을 발견한다.

수사를 기만이나 교묘한 말장난에 불과하다고 보는 입장과 정치적 삶의 본질이라고 보는 입장의 대립은 수사(rhētorikē)가 '말을 통해 설득하는 기술(technē)'이라는 의미로 정착된 최초의 시점부터 존재했다. 그리고 소크라테스와 소피스트의 대립에서 보듯, 철학과 수사의 대립은 철학과 정치의 긴장만큼이나 서로 조화될 수 없는 것처럼 보였다. 대중을 대상으로 하는 정치적 언술이 어떻게 '올바른 삶'에 대한 진지한 고민을 전달할 수 있겠느냐는 고민이 예나 지금이나 끊임없이 제기되었던 것이다.[1]

교육을 직업으로 하는 사람들 모두가 그들이 수행할 수 있는 것보다 더 큰 약속을 하는 대신에 사실을 말하려고 했다면 대중에게 그렇게 나쁜 평가를 받지는 않았을 것이다.[2]

이런 고민에서 수사에 철학적 기초를 제공하기 위해 나선 사람이 있었다. 바로 이소크라테스다. 그의 수사학은 한편으로는 무엇이 진리인지 모르는 상태에서 진리에 기초한 말을 할 수 없다는 소크라테스의 비판을 수용하고, 다른 한편으로는 '정의'든 '진리'든 말을 통해 다른 사람들을 설득해야만 영향력을 갖는다는 소피스트의 정치적 견해를 계승한 것이었다. 개인적 성찰을 유도하는 철학적 수사가 갖는 타당성을 인지하면서도[3] '결정적인 국면(kairos)'에서 "약한(hēttōn) 논리를 강하게(kreittōn) 만들" 정치적 수사의 필요성을 강조했던 것이다.[4]

소피스트 이소크라테스

이소크라테스는 아테네 동쪽 에르키아 지역에서 피리를 만들어 큰 부자가 된 테오도로스(Theodoros, BC 436~338)의 아들로 태어났다. 유복한 가정에서 자란 탓에 그는 당시 최고의 소피스트들로부터 일찌감치 수준 높은 화법을 배웠다.[5] 최초의 수사학자로 알려진 시칠리아의 코락스(Korax)의 제자인 티시아스(Tisias)를 비롯해 비싼 돈을 지불해야 하는 I세대 소피스트들이 고루 그의 집을 다녀갔다. 당대 최고의 명사인 프로타고라스, 고르기아스, 그리고 프로디코스(Prodikos, BC 465-395)가 그의 저술에서 발견되는 것은 결코 우연이 아니다. 소크라테스를 쫓아다니기 전에 그는 철저하게 소피스트로 자랐기 때문이다.

소피스트로 자랐지만 이소크라테스는 일찍부터 대중을 '설득 (demagogia)'하는 방법만큼이나 '진리(psychagogia)'에 대한 남다른 열정을 갖고 있었다. 사실 그는 평생 '로고스(logos)'라는 그리스 말에 담긴 두 가지 의미, 즉 '이성'과 '언어'라는 측면을 모두 활용하려고 부단히 노력했다. 대중 앞에 서는 것을 두려워하는 성격, 웅변에 적합하지 않은 작은 목소리 때문에 '말'이 아니라 '글'로 입지를 넓히려는 생각을 가졌던 것도 한몫했을 것이다.[6] 그러나 무엇보다 그가 가진 철학에 대한 열정이 이런 노력을 지속시킨 주된 동력이었다. 그래서인지 소크라테스는 그를 소피스트들과 달리 '철학자(philosophos)'라 불렀고, 전도가 양양한 청년이라며 칭찬하기를 주저하지 않았다.[7]

어떤 의미에서 본다면 이소크라테스는 '지혜를 가르치는 사람'이라는 소피스트 본연의 모습으로 돌아가려 했을지도 모른다. 자기모순에 빠진 말로 상대방을 설득하는 역설화법(paradoxologia)이 도입되기 이전, '지혜'라는 말이 '정치적 활동'이나 '노래로 다른 사람의 마음을 바꾸는 시적 행위'라는 의미를 동시에 갖고 있었던 민주주의의 태동기로 말이다.[8] 그는 민주주의가 조성하는 정치적 환경은 환영하면서도 민회를 독점하는 전문적인 수사가에 대해서는 비판적인 태도를 견지했다. 과두제를 지지하는 사람들과 교분을 넘어 미래의 정치개혁을 함께 논의한 것도, '30인의 참주' 정권 때 온건 과두주의자 테라메네스(Theramenes)가 숙청되자 키오스 섬으로 도망가서 학생을 가르치며 소일했던 것도 모두 그가 꿈꾸던 '진정한 정치적 수사'의 구현과 관련이 있었다.

교육자 이소크라테스

이소크라테스가 키오스에서 돌아왔을 때(BC 403), 그의 가정은 먹고살 궁리를 해야 할 지경으로까지 몰락했다. 그렇게 많았던 아버지의 재산도 펠로폰네소스 전쟁으로 거의 바닥을 드러냈고, 그는 법정 연설을 대신 써 주는 '대필자(logographos)'로 연명해야만 했다. 어쩌면 수사학이 처음 태동했을 때 참주정하에서 빼앗긴 재산을 다시 찾으려는 시민들의 송사를 수사학자들이 도운 것과 같은 역할을 자임한 셈이다.[9]

그러나 이소크라테스의 정치에 대한 열정은 변론 대필로 그의 인생이 끝나는 것을 용납하지 않았다.[10] 기원전 392년 나이 마흔네 살에 그는 정치적 공간에서 벌어질 '수사'를 위한 학교를 세웠다. 이 학교는 플라톤이 세운 아카데미아(Academia)보다 5년이나 앞선 것이었고, 소피스트들이 여러 지역을 돌아다니며 가르치던 시대였기에 큰 성공을 거두었다. 비싼 수업료 때문에 소수의 학생만이 들어갈 수 있었지만, 그의 학교를 통해 걸출한 정치가들과 사상가들이 많이 배출되었다.[11] 아리스토텔레스도 플라톤의 아카데미아에 들어가기 전에 그의 학교에서 잠시 수학했을 정도였다.

교육자 이소크라테스는 그의 아버지에게 상업자본가의 실용주의 정신을 상속받았다. 상업으로 부를 획득한 신흥 세력들이 '세습'보다 '능력'을 강조했듯이, 고루한 전통이나 철학적 논증보다 실제 정치 영역에서 활용할 수 있는 지식을 가르치는 것을 일차적 목적으로 했다.[12] 그리고 아테네 민주주의의 황금기가 끝난 기원전 4세기의 시대 상황을 역전시켜 보려는 그의 의지도 한몫했다. 펠로폰네소스 전쟁에서 패배한 이후 아테네의 젊은이들은 공적인 활동보다 개인적 영달에 큰 관심을 갖고 있었고, 자연스럽게 시민적 자유와 정치적 삶과는 무관한 탁상공론만 일삼았다. 이런 시기에 그는 "조언, 말, 그리고 행동"으로 공공선을 위해 일할 수 있는 인재들을 양성하려 했던 것이다.[13]

이소크라테스의 정치철학

이소크라테스의 정치철학에서 우리는 최소한 네 가지 점을 주목할 필요가 있다. 첫째가 바로 대중의 '의사(doxa)'에 대한 관점의 전환이다. 여기에서 대중의 '의사'란 철학적이고 논증적인 '지식(epistēmē)'과 달리 일련의 비철학적인 '상식' 또는 비논리적인 '편견'을 포괄한다. 그는 이러한 대중의 의사를 지식의 한 형태로 받아들였다. 그리고 정치적 수사란 '적절한 시점(kairos)'에 '대중적 지식(idia)'을 잘 사용해서 다른 사람을 올바른 방향으로 이끄는 것이라는 점을 납득시키려 했다.[14] 대중의 의사로부터 출발해서 대중의 의사를 넘어서는 정치적 수사에 대한 본격적인 논의가 시작된 것이다.[15]

둘째는 정치적 개연성에 대한 강조다. 이소크라테스는 "인간사에 항구적인 것은 없다."는 견해를 갖고 있었다.[16] 자신의 삶이 그러

이소크라테스

했듯 흥할 때가 있으면 궁할 때도 있다고 보았던 것이다. 이러한 순환론적 관점은 곧 대화와 설득을 통해 '진리'를 구성해 나가야 한다는 정치적 자각으로 발전했다. 그리고 '언어(logos)'의 사용은 항구적인 '진리' 또는 '초인간적 권위'를 통해 발현되어야 한다기보다 그 자체가 그러한 '진리' 또는 '권위'를 구성한다는 확신으로 구체화되었다.[17] 삶으로부터 독립되어 존재하는 절대적인 진리를 거부하고, 불확실성 속에서 '가능한 최선'을 찾고자 하는 정치적 현실주의가 부각된 것이다.

셋째는 "정치적 탁월성을 가르칠 수 있다."는 프로타고라스의 명제가 '군주의 거울(speculum regia)'이라는 하나의 갈래로 완성되었다는 점이다.[18] 이소크라테스는 "탁월함이란 일상의 습관에 의해 완성된다."고 믿었다.[19] 이런 신념은 한편으로는 "탁월한 소수에게 지도되는 다수의 정치"를 지지하는 정치적 입장으로,[20] 다른 한편으로는 그리스 지역의 참주들과 군주들에게 '신중함'과 '올바름'을 가르치는 교육적 실천으로 발전했다.[21] 특히 후자는 중세와 르네상스의 많은 사상가들에게 크나큰 영감을 주었다. 그가 실제 군주에게 보낸 글들을 통해, 가능한 최상의 정치체제를 실현하기 위해 군주에게 올바름과 신중함을 가르치려 했던 최초의 정치철학적 '교육(paideia)'이 태동한 것이다.

넷째가 바로 '시민적 통합을 위한 리더십'의 전형을 마련해 준 것이다. 이소크라테스는 탁월한 소수나 유력 가문의 자제만을 정치가로 육성하지 않았다. 그렇기에 고르기아스 같은 소피스트들과 달리 그는 스스로를 지키고 다른 사람에게 영향력을 행사하기 위한 수사를 가르치지 않았다. 그가 가르치려 한 수사는 파당의 이익을 넘어 공공선을 실현하기 위해 통치자가 반드시 구비해야 할 능력이었다.[22] 이런 목적에서 그는 시민적 '통합(synelthontes)'을 확보하는 것을 무엇보다 중시했고, 이를 위해 '평판(doxa)'이라는 매개를 통해 개인적 '욕망(eros)'과 시민적 '영예(timē)'를 결합하고자 노력했다.[23] 그리고 소수가 아니라 다수의 의사로부터 출발하는 태도, 시민들이 설득될 수 있다는 인식, 그리고 '설득(peitho)'을 통해 가능한 최선의 선택을 획득해 나갈 수 있는 능력을 가르치려고 노력했다. 아테네의 몰락기에 이소크라테스는 플라톤과는 또 다른 측면에서 정의가 실현되는 사회를 꿈꾸었던 것이다.

플라톤 Platōn, BC 427-347

누가 다스려야 하는가?

『국가』로부터 시작되었던 '누가 다스려야 하는가?'에 대한 플라톤의 정치철학적 여정이 『법률』로 막을 내린다. 표면적으로 볼 때는 이상주의적인 『국가』로부터 현실주의적인 『정치가』와 『법률』로의 변화다. 그러나 아테네 민주정의 몰락 이후, 플라톤이 당면했던 현실정치의 문제를 '올바름'에 대한 성찰로 극복하려는 의지는 꺾이지 않았다. 이러한 의지가 없었다면 플라톤 이후 수많은 사상가들이 그의 정치철학에 대한 끝없는 찬사와 지속적인 비판을 보내지 않았을 것이다.

플라톤의 정치 실험이 실패로 끝났다. 시라쿠사의 참주 디오니시오스 2세를 바른길로 인도함으로써 '가능한 최선의 국가'를 만들어 보려던 계획이 수포로 돌아간 것이다. 비록 친구 디온(Dion)의 간절한 요청 때문에 시작되었지만, 참주를 가르치는 일은 스스로가 꿈꾸어 왔던 일이기도 했다. "단 한 사람만 잘 설득하면 모두에게 좋은 결과를 가져올 수 있다."는 확신이 그에게 있었던 것이다.[1]

우리는 옛 신성한 말(logon)이 우리에게 전하는 바를 항상 진정으로 믿어야 합니다. 혼(psychē)은 죽지 않고, 인간이 육체로부터 풀려나면 심판받고 처벌을 받게 된다는 원칙 말입니다. 그렇기에 크게 부당한 일과 부정의한 일을 저지르는 것보다 그것 때문에 고통을 받는 것이 훨씬 덜 나쁜 일이라고 생각해야 합니다.[2]

플라톤은 옛 시인 오르페우스(Orpheus)의 말 속에 담겨 있는 '보이지 않는 세계'에 대한 이야기를 믿었다. 사실 스승 소크라테스가 죽기까지 지켰던 원칙들도 이 '보이지 않는 세계'에 대한 신념에서 비롯된 것이었다.[2] 반면 디오니시오스 2세는 오직 눈에 '보이는 세계'에만 집착했다. 플라톤에게 '올바름'을 배우기보다 그를 '자기 사람'으로 만들려는 생각에 사로잡혀 있었고,[3] 철학적 성찰을 통한 지식보다 귀동냥을 통해 얻은 것이라도 과시하려는 욕심에서 벗어나지 못했다.[4] 이렇듯 영혼 불멸과 사후 심판 따위에는 관심도 없는 참주에게 '올바른 정치'를 가르치기란 결코 쉽지 않았던 것이다.

결국 '30인 독재'의 무능이 어린 플라톤으로부터 정치가의 꿈을 앗아 갔다면, 그리고 스승 소크라테스의 죽음이 플라톤에게 정치권력에 대한 환멸을 불러일으켰다면, 시라쿠사에서의 마지막 두 번의 경험은 노년의 플라톤에게서 현실정치에 대한 기대를 송두리째 빼앗아 가고 말았다. 그럼에도 불구하고 『국가(Politeia)』, 『정치가(Politikos)』, 『법률(Nomoi)』로 이어지는 플라톤의 정치철학에서 보듯, 거듭된 현실정치에 대한 실망도 '올바른 정치'에 대한 희망을 무너뜨리지는 못했다. 플라톤의 정치개혁은 '아카데미아(Acadēmia)'에서 지속되었고, '철인정치'의 실현을 위한 노력은 그의 제자들을 통해 이어졌다.

'혁명적' 철학자의 탄생

플라톤은 기원전 427년 아테네 명문 가문에서 태어났다. 아버지 아리스톤(Aristōn)은 아테네 마지막 왕으로 알려진 코드로스(Kodros) 의 후손이고, 어머니 페릭티오네(Periktionē)는 아테네 민주정의 윤곽 을 잡은 솔론(Solōn)의 자손이다. 어머니가 아테네 정치가이자 페리 클레스의 친구인 피릴람페스(Pyrilampēs)와 재혼했기에 펠로폰네소스 전쟁 과정에서 아테네가 당면했던 많은 정치적 문제들을 가까이에서 보고 배울 기회도 있었을 것이다. 한마디로 플라톤은 아테네 정치의 세밀한 부분까지 살펴볼 수 있는 집안 환경에서 자랐고, 그래서인지 그는 어려서부터 공직에 참여하려는 강한 의욕을 갖고 있었다.

그러나 펠로폰네소스 전쟁 이후 정치적 격변들을 지켜보면서 플 라톤은 정치가의 꿈을 접었다. 첫 번째 계기는 기원전 404년에 일어 난 과두혁명이었다. 외당숙인 크리티아스(Kritias)가 가담한 '30인 정 권'은 너무나 무능력했고, 플라톤은 얼마 안 가서 이전의 형편없었던 민주파의 통치가 오히려 '황금기(chryson)'였다는 생각을 하게 되었 다.[5] 두 번째 계기는 소크라테스의 죽음이었다. 플라톤은 기원전 403 년 복원된 민주정체에 적지 않은 기대를 했다. 정치적 보복을 삼가고 공정하게 국정을 운영하려 했기 때문이다. 그러나 기원전 399년 소 크라테스를 사형으로 몰아간 선동가들의 지배욕과 인민들의 무분별 이 그의 생각을 바꾸어 놓았다.[6] 이때 플라톤은 '철학'이라는 인생의 새로운 좌표를 세웠다.

플라톤 아카데미

새로운 길을 찾아 나선 이후 플라톤의 행적은 거의 알려져 있지 않다. 남이탈리아 타라스(Taras)의 정치가이자 수학자인 아르키테스 (Archytēs)와 함께 시라쿠사의 참주 디오니시오스 I세를 방문한 것 외에 마흔 살까지 특기할 만한 사건이 없다.[7] 단지 소크라테스의 행적을 주로 담은 초기 대화편들을 집필했을 것이라는 추측만 있을 뿐이다. 반면 마흔 살 이후의 행적은 비교적 잘 알려져 있다. 특히 기원전 385년경 시라쿠사에서 돌아오자마자 아카데미아를 설립했다는 것이 큰 의미를 갖는다. 왜냐하면 이 사건은 그가 또 다른 의미에서 정치 활동을 시작했다는 사실을 우리에게 일러주기 때문이다.

어쩌면 플라톤이 '혁명적' 철학자였다는 말이 생소하게 들릴지도 모른다. 그러나 당시로서는 '좋은 삶'에 대한 이야기를 '정치'와 연관시킨다는 것 자체가 상식에 대한 도전이었다. 그 누구도 '올바름'에 대해 진지하게 고민하지 않을 때, '정치'는 권력을 얻기 위한 수단일 뿐이라는 인식이 팽배할 때 '올바른' 철학자 양성을 통해 '좋은 정치'를 만들어 내겠다는 생각은 '혁명적'일 수밖에 없었다.[8] 다수의 동의만으로는 정치적 권위가 형성되지 않는다는 주장이 보수적으로 보일 수는 있다. 그럼에도 불구하고 통치의 기술과 다수의 지지만으로 사악한 권력을 정당화하려는 아테네 몰락기의 정치인들에게 그의 정치철학이 '혁명적'으로 느껴졌으리라는 점은 누구도 부인할 수는 없을 것이다.

정치와 철학의 만남

『국가』(BC 375)는 '누가 다스려야 하는가?'와 관련된 플라톤의 주요 저작들 중 가장 널리 알려진 책이다. 초기 플라톤의 저술에서 발견되는 소크라테스적 대화(elengkhos)와 달리, '알 수 없음(aporia)'에 대한 자각에 그치기보다 '올바름(dikaiosynē)' 또는 '정의'에 대한 구체적인 내용을 전달하려는 느낌을 강하게 주는 책이다. 그렇기에 소크라테스와 플라톤을 구별하려는 입장에서, 『국가』는 플라톤이 소크라테스로부터 벗어나 자기만의 정치철학을 담기 시작했을 무렵의 대표적인 저술로 이해된다.[9] 그러나 『국가』가 초기 저작들과 완전히 구별되는 서술 양식을 갖고 있다고 볼 수 없다는 의견도 만만치 않다. 특히 대화가 발생한 저술 속의 맥락을 중시하는 입장인 경우 초기 대화편에서도 특정 주제에 대한 소크라테스의 확신이 드러났다며 서술 양식을 근거로 삼는 것에 반대한다.[10]

어떤 입장에 서든지 초기 저술의 서술 양식을 보여 주는 『국가』 I 권은 매우 중요하다. 한편으로는 이전 대화편과 연속성을 보여 준 의도가 무엇인지 논의될 수밖에 없고, 다른 한편으로는 책의 서문 역할을 하기에 어떤 내용을 다루는지가 토론될 수밖에 없기 때문이다. 특히 첫 문장이 주목을 끈다. 소크라테스가 "글라우콘과 함께 피레우스(Peiraieus)로 내려갔었다(kataben)."고 말하는 것이다.[11] 이때 '내려가다(katabaino)'라는 단어는 『오디세이아(Odysseia)』에 자주 사용된 표현으로, 신이 삶의 세계로 내려오는 모습을 지칭한다. 즉 플라톤은 '철학' 또는 '추상의 세계'로부터 '정치' 또는 '삶의 세계'로 여정을 시작한 소크라테스를 부각시킨 것이다. 따라서 '철학자 소크라테스가 왜 현실의 세계를 가장 적나라하게 보여 주는 '시장'으로 발길을 옮겼는가.'라는 질문이 자연스럽게 생기는 것이다.[12]

이런 맥락에서 볼 때 『국가』 I 권은 '정치'와 '철학'의 오랜 긴장을 내포하고 있다. 케팔로스(Kephalos)와의 대화도 마찬가지다. 비록 '돈'과 '늙음'을 다루지만, 문제는 "올바름이란 빌린 것을 돌려주는 것"이라는 케팔로스의 주장에 대한 소크라테스의 질문에 그치지 않는다.[13] '돈'이든 '늙음'이든 인간의 '영혼' 이외의 것들로 '올바름'을 규정하려는 태도에 대한 부정을 담고 있다. 그렇기에 케팔로스의 재산도 몇 년 뒤에 벌어진 아테네의 정치 격변으로부터 그를 지켜주지 못했다는 사실을 간과할 수 없다. 소크라테스가 케팔로스의 아들에게 이끌려 억지로 '올바름'에 대한 대화에 참여했듯이, 물질적 풍요와 다수의 동의로 유지되는 민주주의 사회도 철학의 도움 없이는 '올바름'을 향유할 수 없다는 자각이 생기는 것이다.

보다 본격적인 정치와 철학의 긴장은 트라시마코스(Thrasymachos)와의 대화에서 드러난다. 사실 "올바름이란 더 강한 사람(ho kreittō)의 이익"이라는 트라시마코스의 말에 담긴 정치적 태도는 우리의 삶 속에서도 발견된다.[14] '법이란 결국 정치권력에 의해 만들어지는 명령'일 뿐이라는 법(法)실증주의적 관점이 팽배하기 때문이다. 트라시마코스의 생각을 쉽게 풀자면, '올바름'은 법에 의해 강제되어야 가능한 것이고, 동일한 맥락에서 '올바름'이란 법을 제정하는 '더 강한 사람'의 이득이 반영된 것에 불과하다. 그래서인지 소크라테스의 반박은 단순히 '올바름이란 지배자에 대한 복종'이 아니라는 도덕적 충고에 그치지 않는다.[15] '통치'란 본질적으로 '자기 이익'이 아니라 "다른 사람의(allotrion) 좋은 것"을 위한 행위라고 설득한다.[16] 즉 플라톤의 소크라테스는 후자를 위한 통치만이 정치와 철학의 긴장을 해소할 수 있으리라 본 것이다.

올바른 정체와 진정한 철학자

『국가』 2권에서 4권까지 플라톤의 형제들은 소크라테스의 '올바름'이란 그 자체로도 결과적으로도 좋아야 한다는 주장에 맞선다. 사람들은 결과에 집착한다는 점을 지적하면서 소크라테스에게 '결과'와 무관하게 '올바름'을 추구해야 하는지를 설명하라고 다그친다. 이미 플라톤은 소크라테스가 시장으로 내려온 목적이 정치적 야망에 사로잡힌 젊은이들을 '올바른 정치'에 대해 고민하도록 유도하기 위해서라고 말한 터였다. 그래서 플라톤은 '이상적인 정체'에서 올바름이 어떻게 구현되는지를 보여 줌으로써 개개인이 올바름을 추구하는 것이 바람직하다는 것을 소크라테스의 가르침을 통해 설득하도록 기술한다.

이렇게 기술된 '이상적인 정체'의 모습은 플라톤의 시대뿐만 아니라 오늘날 우리에게도 충격적이다. 사실 플라톤은 소크라테스에게 실제로 존재하는 사회로부터 완전히 동떨어진 '이상적인 정체'를 이야기하도록 만들었다. 당시 존재했던 정치체제와는 완전히 다른 새로운 성격의 정체를 설명함으로써 민주제든 과두제든 기존 정치체제에 대한 거부감을 뚜렷하게 드러낸 것이다. 한편 이런 태도는 이상적

플라톤

인 제도의 청사진을 갖고 사회를 총체적으로 바꾸려는 입장을 혐오하는 현대인들에게 강한 거부감을 불러일으킨다.[17] 왜냐하면 점진적으로 사회적 문제를 개선해 가는 방식을 채택하기보다 올바르게 교육받은 사람들이 없이는 좋은 정체가 만들어질 수 없다는 전제에서 보다 총제적인 개혁을 의도했기 때문이다.[18]

그러나 플라톤의 '이상적인 정체'에 대한 지나친 우려는 그가 지향한 '교육(paideia)'에 대한 몰이해에서 비롯된다. 그의 교육은 공동체의 구성원들이 각기 정해진 역할(ergon)을 수행하기에 적합한 지식을 주입시키는 것이 아니다. 영혼을 '이성(logos)', '기개(thymos)', '욕구(epithymia)'로 나누지만 공동체에서 개개인의 성향(physis)은 추구하는 바의 상대적 강도에 따라 결정될 뿐이다.[19] 또한 플라톤이 말하는 교육의 궁극적인 목적은 개개인이 추구하는 바를 올바르게 통제해서 '진정한' 행복을 추구하도록 유도하는 것이다.[20] 따라서 추구하는 바의 정도에 따라 각기 다른 역할을 부여받지만 플라톤의 '이상적인 정체'가 태생적으로 결정되거나 고정불변한 사회적 지위를 정당화하는 것이라고 보기는 힘들다.

물론 '이상적인 정체'에서 통치는 지혜를 추구하는 철학자에게 맡겨진다. '욕구'를 따르는 사람들이 '돈'을 벌고, '기개'를 통해 '명예'를 취하려는 집단들이 공동체를 지키며, '진정한' 철학자가 다스려야 한다. 그러나 철학자들이 통치해야 하는 이유가 단지 그들만이 무엇이 그 자체로 좋은지를 알기 때문만은 아니다. 플라톤은 철인왕의 통치만이 구성원 각자가 영혼의 조화를 이룰 수 있는 환경을 제공할 것이라고 믿는다. 이들의 통치만이 공동체 구성원들이 법의 강제가 없이도 조화롭게 살아가는 성향을 갖게 만들고, 이들의 통치가 다른 성향을 가진 집단의 통치가 당면하는 문제점들을 해결해 줄 수 있을 것이라고 강조한다.[21] 그렇기에 그는 철학자들을 정치적 활동에 종사하도록 강제해야 한다고까지 말하는 것이다.[22]

정치적 기술과 유능한 운영자

두 번째로 살펴볼 저작은 『정치가(Politikos)』다. 이 저작은 제목부터 흥미를 끈다. 당시 '정치가'를 지칭하는 단어는 크게 두 가지가 사용되었다. 하나는 플라톤과 아리스토텔레스가 즐겨 쓰던 '정치가(politikos)'라는 말이고, 다른 하나는 아테네 민주정의 발전과 함께 널리 통용되던 '정치가(rhētōr)'란 말이다.[23] 둘 모두 '정치가'로 번역될 수 있지만 전자와 후자는 매우 다른 의미를 갖고 있다. 전자가 '통치'에 필요한 지식을 가지고 공동체 전체를 위해 헌신해야 할 위치에 있는 개인 또는 집단을 지칭한다면, 후자는 민회나 법정에서 대중을 설득함으로써 자기 생각을 관철시키려는 개인 또는 집단에 붙여졌던 이름이다. 따라서 플라톤이 『정치가』의 제목으로 전자를 사용했다는 것은 후자가 더 이상 '조언자(symboulos)'와 같은 긍정적인 의미로 사용되지 않던 아테네 민주정의 몰락기와 무관하지 않다.

또 하나 눈여겨볼 것은 『정치가』가 집필된 시기다. 이 저작은 기원전 367년과 기원전 360년 사이에 집필된 것으로 알려져 있다.[24] 즉 플라톤이 디온의 초청으로 시라쿠사를 방문한 기원전 367년 이후, 또는 디오니시오스 2세의 요청으로 시라쿠사를 다시 방문했던 기원전 364년 이후에 집필되었다는 것을 말해 준다. 앞 시기의 정치적 실험도 실패로 끝났지만, 기원전 364년의 마지막 방문은 정말 치욕스러운 결과를 안겨 주었다. 타라스의 아르키테스의 도움이 없었다면 감금 상태조차 벗어나지 못했을 정도였다. 그래서인지 많은 학자들이 『정치가』가 '참주'를 '철인왕'으로 바꾸려던 기획이 실패한 이후의 플라톤의 생각을 담고 있다고 본다.

사실 플라톤은 『정치가』에서 '누가 다스려야 하는가?'라는 질문에 새로운 해답을 제시하고 있다. 『국가』에서는 '진정한 철학자'였다면, 『정치가』에서는 제목이 암시하듯 그의 대답은 '정치가(politikos)'다. 특이한 것은 『국가』에서 상술된 '철인왕' 교육에 대한 특별한 언급이 없다는 점이다. 그렇다고 통치자를 무리의 우두머리로 받아들였던 그리스 사회의 전통적 견해도 발견되지 않는다. 대신 플라톤은 통치를 일종의 '기술(technē)'로, 정치가를 씨실과 날실을 엮는 '베를

짜는(uphantikē) 사람', 즉 공동체 구성원의 상이한 정치적 이해를 조정하는 사람으로 새롭게 정의 내린다.[25]

『국가』와 비교할 때 『정치가』에 나타난 플라톤의 태도는 크게 두 가지 측면에서 우리의 주의를 끈다. 첫째는 '정치적 지식(epistēmē)'과 관련된 논의다. 『국가』에서 통치를 위한 지식은 정치적 활동을 초월한 것으로 규정된다. 반면 『정치가』에서 '정치적 지식'은 상황과 밀접하게 관련됨으로써 '통치에 필요한 기술'처럼 취급된다.[26] 게다가 '정치적 지식'을 의사가 환자를 다룰 때 필요한 지식과 동일한 것처럼 말하고, 정치가들 중에도 의사들 사이에서처럼 더 숙련된 전문가가 있다고 언급하는 것이다. 물론 '지성(nous)'과의 결합을 강조함으로써 '정치가'의 도덕적 품성을 강조하려는 서술도 있다.[27] 그러나 『국가』에서 보여 주었던 '정치적 지식'의 초월적이고 절대적인 특성이 『정치가』에서는 상당히 완화되었음을 부인하기는 힘들다.

둘째는 철학자의 정치 참여와 관련된 논의다. 『정치가』에서는 철학자가 정치에 참여하도록 강제해야 한다는 말이 없다. 시작하는 질문부터가 『국가』에서와 다르다. 『국가』가 '올바름'이 무엇인가에 대한 질문으로 시작했다면, 『정치가』는 무엇이 '정치적 기술'인가로 시작한다. 그리고 철학자가 정치를 해야 한다는 당위도, 철학자가 정치에 참여하기를 꺼린다는 걱정도 없다. 정치가가 통치에 최선을 다해야 한다는 이야기는 있지만, 정치적으로 탁월한 사람이 혹시 가지고 있을 도덕적 결함에 대해서는 침묵한다.[28] 철학자가 정치에 참여해야 할 필연성이 줄어든 만큼 '정치'와 '철학'의 긴장도 그만큼 약화된 것이다.

법의 지배와 최선의 정체

『국가』와『정치가』의 차이에서 볼 때, 플라톤의 가장 긴 저술이
자 최후의 저작으로 알려진『법률』(BC 360)이 갖는 의미는 적지 않다.
무엇보다『국가』에서 논의되었던 '이상적인 정체'를 어떻게 실현하
느냐는 질문이 다시 등장한다는 점, 법을 제정함에 있어서만큼은 철
학자들의 역할이 필수적인 것처럼 서술된다는 점이 주목을 끈다. 한
편으로는『정치가』보다『국가』에 더 가까운 입장을 나타낸다는 측면
에서 이상주의로의 회귀처럼 보이고, 다른 한편으로는 '입법'이 정치
공동체의 정치적 덕성과 도덕적 수준을 유지하는 주요한 수단으로
부각됨으로써『국가』의 '이상적인 정치체제'와는 다른 '최선의 정체'
를 이야기하는 것처럼 보인다. 일종의 이상주의와 현실주의의 흥미
로운 타협이 이루어진 듯 보이는 것이다.

그러나『법률』에서 제시된 이상과 현실의 조합을 '인치'로부터
'법치'로의 전환, 또는 '최선'이 아니면 '차선'이라는 식으로 단순화
하려는 견해에 대해서는 이견이 있을 수밖에 없다. 왜냐하면『법률』
의 '최선의 정체'도 이상적인 정치체제의 하나기 때문이다. 다만 인
간인 이상 철학자들도 죽게 되고, 그들을 이어 통치할 사람들이 그
들과 같지 않을 수 있다는 자각이 전제되었다는 점이 다를 뿐이다.[29]
'공유'와 같은 극단적인 제도가 오직 '신이나 신의 자녀들'에게만 가
능하다는 문제의식에서 '사유'로 대체되는 것도,[30] 철인왕이 될 사람
이 권력을 잡는 경우도 드물다는 지적도,[31] 계속적인 철인왕의 출현

을 기대할 수 없다면 법의 지배를 통해서라도 최선의 정체를 실현하겠다는 전제에서 비롯된 것이다.

이런 맥락에서 볼 때,『법률』에서 플라톤이 아테네 이방인의 입을 통해 전달하는 '명예를 중시하는 정체(timokratia)'를 '이상적인 정치체제'로 전환시키는 것과 관련된 이야기들은 매우 흥미롭다. 우선 '명예를 중시하는 정체'가 부각되었다는 점에서 플라톤이 '절제'보다 '기개'를 중시하는 집단이 통치하는 현실을 염두에 두었다고 볼 수 있다. 철학자가 아니라 정치가가 정체 변동에서 더 중요한 역할을 수행하는 것처럼 기술한 것도 동일한 이유에서다.[32] 이상적인 도시로 제시된 마그네시아(Magnesia)가 군주정적 요소와 민주정적 요소를 혼합한 형태라는 점도 유의할 필요가 있다. 인민의 동의를 통해 능력 있는 통치자를 선출하는 현대적 의미의 '선거'에 내재된 정치적 원칙이 모습을 드러낸 것이다.

『국가』로부터 시작되었던 '누가 다스려야 하는가?'에 대한 플라톤의 정치철학적 여정은『법률』을 통해 막을 내렸다. 표면상으로 볼 때는 이상주의적인『국가』로부터 현실주의적인『정치가』와『법률』로의 변화다. 그러나 아테네 민주정의 몰락 이후 플라톤이 당면했던 현실정치의 문제를 '올바름'에 대한 성찰로 극복하려는 의지는 꺾이지 않았다. '자유'의 과잉으로 민주정이 몰락의 길을 걷게 된다는 지적도, '기개'를 중시하는 집단의 정치적 역할이 중요할 수밖에 없다는 자각도, 법의 지배를 통해서라도 '최선의 정체'를 실현하려던 노력도 이러한 의지의 표현이었던 것이다. 이 같은 의지가 없었다면 플라톤 이후 수많은 사상가들이 그의 정치철학에 대해 끝없는 찬사와 지속적인 비판을 보내지 않았을 것이다.

8

크세노폰 Xenophōn, BC 430-354

참주를 어떻게 군주로 만들 수 있을까?

'좋은 삶'이 무엇인지를 알고 있는 사람은 정치를 혐오하거나 권력을 잡을 능력이 없고, 부딪히는 현실은 시민의 동의와 적법한 절차 따위는 관심도 없는 참주들의 세상이라면 어떻게 해야 할까? 크세노폰의 정치철학은 바로 이러한 질문에 탁월한 정치철학적 식견을 제공한다.

원하는 사람을 법에 따라 다스리는 정체가 왕정(basileian)이라면, 원
하지 않는 신민들을 법이 아니라 통치자의 의지에 따라 다스리는 정체
가 참주정(tyrannida)이다.[1]

소크라테스의 '참주'에 대한 정의는 그를 따랐던 수많은 제자들의 정
치적 상상력을 자극했다. '좋은 삶'이 무엇인지를 알고 있는 철학자
는 정치를 혐오하거나 권력을 잡을 능력이 없고, 아테네 민주주의의
몰락 이후 부딪힌 현실은 신민의 동의와 적법한 절차 따위는 관심도
없는 참주들의 세상이었기 때문이다.

히에론. 내가 말하리다. 당신의 경쟁 상대는 다른 도시의 수호자들
(prostates)이오. 그리고 만약 당신이 당신의 도시를 다른 수호자들의 것
보다 더 살기 좋게 만든다면 당신은 세상에서 가장 고귀하고 위대한 경

쟁의 승자(nikon)가 될 것이오.[2]

크세노폰도 이런 이유로 글을 쓴 사람들 중 한 명이었다. 비록 플라톤에 비하자면 형편없는 능력을 가진 군사 전문가에 불과했는지 모르지만,[3] 그의 작품은 이소크라테스와 아리스토텔레스에게 직접적인 영감을 주었을 뿐만 아니라[4] 특히 르네상스 시대 참주들 아래에서 고민했던 사상가들이 탐독했던 고전들 중 하나가 되었다.[5] 마키아벨리가 그의 작품을 모방한 사람들 중 한 사람이었다는 사실만으로도 그가 정치철학사에서 차지하는 위치를 충분히 확인할 수 있을 것이다.[6]

용병대장 크세노폰

크세노폰은 지금의 스파타인 아테네 동쪽 에르키아에서 그릴로스의 아들로 태어났다. 전통 귀족 가문의 자제였기에 어려서부터 귀족적 품위와 높은 수준의 교양을 익혔던 것으로 추정되고, 펠로폰네소스 전쟁이 발발한 이후 아테네의 긴 장벽 안으로 들어와 생활했던 것으로 보인다. 델리움(Delium) 전투(BC 424)에 참가했다가 소크라테스를 만났다는 속설이 있지만, 그가 기원전 430년경에 태어났다고 본다면 받아들일 수 없는 이야기다.[7] 다만 펠로폰네소스 전쟁 막바지에 기병으로 출전했다는 점은 이견이 없다.

크세노폰은 용모가 매우 수려했고 품위 있게 행동했던 것으로 알려져 있다. 군사 전문가로 평생을 보냈지만 매우 진지하게 소크라테스의 가르침을 따랐던 것으로 보인다. 특히 그가 소크라테스를 만난 일화는 지금도 회자된다. 그가 좁은 길을 걸어가는데 소크라테스가 가로막고 두 가지 질문을 했다는 것이다. 하나는 "어디에서 필요한 물건을 살 수 있느냐?"는 것이었고, 다른 하나는 "어디에 가면 사람이 올바르게 되느냐?"였다. 그가 두 번째 질문에 대답을 못 하자 소크라테스가 "나를 따르라."고 했다는 이야기다.[8]

그러나 크세노폰의 관심은 늘 철학적 논증이 아니라 정치적 실천에 경도되었던 것으로 보인다. '30인의 참주' 정권이 들어섰을 때 당시 전통 귀족들이 대부분 그러했듯이 그는 적극적으로 과두제 개혁을 지지했다. 그리고 민주정이 복원되었을 때 그는 정치적으로 큰 타격을 입었던 것으로 보인다. 그래서인지 아테네가 전쟁에 패한 이후 친구의 권유로 페르시아 다리우스 2세(Darius II)의 아들인 소(少)키루스(Kyros)가 이끄는 부대에 그리스 용병으로 참여하게 되었다. 서른이 채 되지도 않은 나이에 다른 나라의 용병으로 전쟁에 참가하는 것은 일종의 도박이었다. 그래서인지 그는 소크라테스에게 조언을 구했다. 그러나 정작 스승의 충고를 따라 신탁에 가서 한 질문은 "갈 것인가 말 것인가?"가 아니라 "어떻게 가야 하느냐?"였다고 전해진다.[9] 이미 그의 마음은 전쟁터에 가 있었던 것이다.

얼마 지나지 않아 크세노폰은 소아시아 총독이었던 키루스가 당시 왕이자 형인 아르타크세르크세스(Artaxerxes II)의 의심을 사서 일으킨 내란에 참가하게 되었는데, 바로 이 시점부터 알렉산드로스 대왕(Alexandros III, BC 356~323)마저도 찬양해 마지않았던 장군으로서의 활약이 시작되었다.[10] 처음에 그는 일개 용병에 지나지 않았다.[11] 쿠나크사에서 벌어진 전투(BC 401)에서 그리스 용병들이 페르시아 군대를 파죽지세로 물리쳐 바빌론까지 다다랐을 때에도 마찬가지였다. 그러나 이 전투에서 키루스가 사망하고 그리스인들로 구성된 용병 부대 일만 명의 귀순마저 좌절되자 크세노폰의 위대함이 빛을 발하기 시작했다. 이때 그는 용병들의 대장으로 선출되었고, 그의 탁월한 지휘 덕분에 부대원들은 여러 전투를 치르면서 그리스까지 안전하게 돌아올 수 있었다.

용병대장으로서 거둔 성공은 한편으로 그에게 커다란 명예와 부를 안겨주었지만, 다른 한편으로는 조국으로부터 버림받는 처지에 봉착하도록 만들었다. 스파르타 왕 아게실라오스(Agesilaos II, BC 444~360)에게 고용되어 페르시아와의 전쟁에서 큰 공을 세웠지만, 코로네아(Coronea) 전투(BC 394)에서 아테네에 맞서 싸웠기에 다시는 고국 땅을 밟지 못하게 된 것이다.[12] 어쩌면 그가 페르시아를 정복하는 것이 결코 망상이 아니라는 점을 일깨워 준 '위대한 장군'으로 기억되길 더 원했을지도 모를 일이다.

크세노폰의 소크라테스

우리가 크세노폰에게서 정치철학적으로 눈여겨봐야 할 부분은 크게 두 가지다. 첫째는 크세노폰이 묘사한 소크라테스다. 폴리크라테스(Polycrates)가 소크라테스의 재판 과정을 악의적으로 왜곡하자, 크세노폰도 플라톤과 마찬가지로 스승을 방어하기 위해 글을 쓰기 시작했다. 그리고 그 또한 당시 유행하던 대화체로 기술했기에 어디까지가 소크라테스에 대한 기억이고 어디까지가 그의 생각인지 불명확하다. 따라서 크세노폰이 묘사한 소크라테스로부터 플라톤의 것과는 너무나 다른 모습을 발견하더라도 그리 놀랄 일은 아니다.

일반적으로 크세노폰의 소크라테스는 플라톤의 것보다 더 자연인에 가깝게 서술되었다는 평가를 받고 있다. 그러나 크세노폰이 철학자가 아니라 군사 전문가였다는 사실을 지나치게 강조할 필요는 없다. 비록 크세노폰의 소크라테스가 플라톤의 것보다 더 인간미 넘치고 더 정치적으로 보이지만, 궁극적으로는 '자연인(anēr)'의 삶이 아니라 '지혜(sophia)를 추구하는 사람'으로 기술되었기 때문이다.[13] 즉 소크라테스가 인간적이라고 하더라도 그로부터 '절제' 없이 '탁월함'을 얻을 수 있다는 말을 들을 수 없고,[14] 그가 전쟁터에서 보여 준 놀라운 활약도 '남자다움'이 아니라 '올바름'에 대한 열망에서 비롯된 것으로 그려진다.[15] 크세노폰의 소크라테스도 '진정 고귀한(kalos) 품성'을 가진 철학자였던 것이다.[16]

참주를 위한 정치철학

둘째는 크세노폰의 정치적 현실주의다. 플라톤과 마찬가지로 크세노폰도 '올바른 삶'을 영위할 수 있는 정치체제는 무엇이며, 현실 속에서 그러한 최선의 정체를 어떻게 실현시킬 수 있을지에 대해 고민했다. 그러나 그의 대답은 플라톤의 것과 달랐다. '철인왕'이 정치권력을 잡을 수 있는 우연에 기대를 걸지 않았던 것이다. 대신 그는 '자연인', 즉 인간적 욕망에 충실한 사람들에게 주목했다. 그가 그려 낸 페르시아의 키루스 대왕의 어린 시절이 보여 주듯,[17] 세상이 부여하는 '명예'와 '영광'이 정치적 삶의 동기를 제공하는 '정치가' 또는 '통치자'가 그의 대안이었다.[18]

동일한 맥락에서 크세노폰은 '참주' 또는 '타인을 지배하려는 욕망'에 사로잡힌 잠재적 참주에게 주목한다. 신민의 동의를 얻지 못해 더욱 폭력에 의존하는 통치자, 권력을 빼앗길지 모른다는 의심에 사로잡혀 누구도 믿지 못하는 독재자, 그리고 친구에게 호의적이고 적에게 잔인한 전사. 바로 이런 특성을 가진 참주에게 그는 무엇이 진정 스스로를 안전하고 명예롭게 만들어 주는지를 가르치려고 나선 것이다.

그렇기에 크세노폰이 시모니데스(Simonides)의 입을 통해 참주에게 전하는 충고는 흥미진진하다. 참주에게 '올바른 삶'을 가르치는 것이 아니라 자기의 욕망을 충족시키면서 공포로부터 해방되는 방법을 일러주는 것이다.[19] 참주에게 신민의 배를 불리고 안전하게 하는 것이 스스로를 영광스럽게 만드는 것이며 폭력의 대상은 다른 도시의 통치자들이라고 설득함으로써,[20] 그는 '최선'이 아니라 '가능한 최선'을 실현시키는 쪽을 선택한 것이다. '절제'를 강조하지 않았다면 크세노폰의 정치적 현실주의는 마키아벨리만큼이나 근대적이었을 것이다.

9

아리스토텔레스 Aristotelēs, BC 384-322

어떻게 더불어 살아가야 하는가?

그리스 정치철학 고전기의 마지막을 장식하는 아리스토텔레스는 지금까지 누구도 하지 못한 체계적이고 방대한 주제에 대한 연구를 우리에게 물려주었다. 그러나 '실천철학'과 '덕 윤리'라는 지배적 연구 경향에 가려진 아리스토텔레스의 정치철학은 아직도 학문적 발굴 중에 있다. 그렇기에 정치적 감성과 다수의 정치에 대한 철학적 성찰, 정치적 개연성 속에서 빚어낸 제도적 구상, 그리고 더불어 살아가기 위해 필요한 정치사회적 조건에 대한 아리스토텔레스만의 해법이 우리의 지적 호기심을 자극한다.

아리스토텔레스는 그리스 북쪽 스타게이로스라는 마을에서 태어났다. 아버지 니코마코스(Nikomachos)는 마케도니아의 왕이었던 아민타스 3세의 친구이자 주치의였고, 어머니 파에스티스(Phaestis)는 부유한 가문의 후손이었다. 그래서 그는 매우 유복한 어린 시절을 보냈을 것이고, 당시 지중해 연안의 귀족 자제들처럼 열일곱 살의 나이에 아테네로 유학을 온 것이 특별할 것도 없다. 다만 거의 20년 동안 그곳에 머물면서 플라톤의 아카데미아에서 토론과 강의로 세월을 보낸 것이 신기할 뿐이다. 아마도 학문적 열정이 아니었다면 이방인으로서 아테네에 그렇게 오랫동안 머무를 이유도 없었을 것이다.

사실 이방인 아리스토텔레스에 대한 아테네인들의 시선은 그리 따뜻하지 못했다. 처음부터 아테네인들은 자기들과 다른 옷차림과 요란한 치장에 눈살을 찌푸렸고,[1] 마케도니아와 아테네의 긴장이 고조될 때마다 그에 대한 대중의 존경심도 순식간에 적대감으로 바뀌

라파엘로가 그린 아리스토텔레스 초상화

었다.[2] 기원전 347년에 플라톤이 죽자 아리스토텔레스는 아테네를 떠나는데, 그 이유는 그리스 북동쪽에 있는 올린토스가 마케도니아의 수중에 떨어지자 아테네에 반(反)마케도니아 정서가 팽배했기 때문이었다. 기원전 335년 아테네로 돌아와 리케이온에 학교를 세웠지만, 기원전 322년 다시 아테네를 영원히 떠나야 했던 이유도 알렉산드로스 대왕 사후에 불어닥친 아테네인들의 마케도니아에 대한 적개심 때문이었다. 그가 세운 학교는 아테네에 남았지만 그는 아테네인들에게 영원한 이방인이었던 것이다.

혹자는 아리스토텔레스가 아테네를 영원히 떠나게 된 계기를 "아테네인들이 철학에 두 번 죄를 범하지 않도록 하기 위해서"라고 쓰기도 했다.[3] 아테네인들이 소크라테스를 죽음에 몰아넣은 것같이 그를 죽음으로 몰아넣지 않도록 하기 위해 아테네를 떠났다는 것이다. 그러나 아테네인들이 그에 대해 가졌던 반감이 그를 죽음으로 몰아갈 만큼 크지는 않았던 것 같다. 다만 델피 신전에 헌정되었던 자신의 이름이 지워지는 수모에 그가 크게 상심했던 것으로 보이고, 이 시점을 전후해서 그도 더 이상 아테네에 애착을 느끼지 못했던 것은 분명하다. 그래서인지 그의 정치철학이 '더불어 살아가는 것(diagogai)'에 대한 이야기라는 점이 우리의 관심을 끈다. 반평생을 이방인으로 살았으면서도 변덕스러운 아테네가 제공한 자유로운 지식의 향연이 더불어 살기에는 오히려 더 좋았다는 것을 보여주고 있기 때문이다.

플라톤과 아리스토텔레스

아리스토텔레스는 플라톤이 아끼던 제자임에는 틀림이 없다. 그러나 그의 정치철학은 여러 가지 점에서 플라톤의 것과 차이가 있다. 일반적으로 그의 정치철학을 플라톤의 것과 구별해서 '실천철학'이라고 부르기도 하는데, 그 이유는 그가 소크라테스와 플라톤이 추구하던 '철학적 지혜(sophia)'와 다른 개별적이고 특수한 경우에 적용될 '실천적 지혜(phronēsis)'가 있다는 전제에서 정치를 다루기 때문이다.[4] 그러나 그가 '철학적 지혜'를 배제한 것도 아니고, '모든 인간에게 가장 좋은 삶'을 다루는 '윤리학'도 엄밀하게 말하자면 '정치'에 포함된 것이기에, 이론과 실천의 이분법적 틀로 그와 플라톤의 차이를 설명하는 것은 한계가 있다.

아리스토텔레스의 저술 방식이 플라톤의 것과 비교되기도 하는데 이 또한 둘의 차이를 극명하게 보여 주지는 못한다. 사실 아리스토텔레스의 저술들은 대부분 리케이온 학생들을 대상으로 한 '강의 노트(akroasis)'를 편집한 것이다. 플라톤의 '대화(elengkhos)'에서 볼 수 있는 근본적인 문제에 대한 '이성적 회의'를 유도하는 토론을 발견하기가 쉽지 않다는 것이다. 그러나 '이성적 회의'에 대해서만큼은 출판을 의도한 '외부용(exoterikoi)'이냐, 강의를 위한 '내부용(esoterikoi)'이냐의 구분이 무의미하다. 학생들을 대상으로 한 '강의'라 할지라도 자기의 주장만을 일방적으로 전달할 수 없고, 때로는 어릴 적부터 습관적으로 인정하던 편견을 버리도록 설득할 필요가 있기 때문이다.[5]

즉 수사적 기법을 무시한 채로, 저술의 방식과 그 대상만을 가지고 그와 플라톤의 차이를 설명하는 것은 무리가 있다는 말이다.

오히려 아리스토텔레스와 플라톤의 근본적 차이는 '정치'에 대한 서로 다른 인식론적 태도에서 찾아야 한다. 첫째, 철인정치에 대한 두 철학자의 견해가 뚜렷한 대조를 보인다. 플라톤에게 '올바름(dikaiosynē)' 또는 '정의'에 대한 논의는 일상으로부터 벗어난 철학적 관조의 필요성으로 귀결되고, '철학'과 '정치'의 긴장은 '철인왕'이 통치하는 '이상적인 정체'에서만 해소될 수 있다. 반면 아리스토텔레스는 삶의 세계로부터 이탈한 철학자의 정치에 대해 강한 불신을 드러낸다. 그는 '정의'란 인간적 관계를 초월한 것이 아니라 인간들 사이의 관계에서 비롯된 것이라고 믿는다. 그렇기에 그에게는 '좋음의 이데아'를 보았더라도 공동체의 구체적인 요구를 초월한 철학자는 '올바른 정치'를 할 수 없다. 바로 이런 입장에서 그가 '실천적 지혜'를 통해 '철학적 지혜'를 보완해야 할 필요성을 역설하고,[6] 이상적인 정체뿐만 아니라 현실의 여러 정체들을 가르침으로써 '입법 전문가'를 양성해야 한다고 주장하는 것이다.[7]

둘째, 다수의 의견(doxai)에 대한 시각에서도 큰 차이를 보인다. 플라톤도 '다수(hoi polloi)' 또는 '인민(dēmos)'의 개선 가능성을 언급한다.[8] 그러나 감정에 휩쓸리는 다수의 의견이 '정의' 또는 '올바름'을 담을 수 있다는 견해를 피력한 적은 없다. 반면 아리스토텔레스는 "인간은 자연적으로 지식을 갈망한다."는 낙관론을 전제하고,[9] 비철학적 대중의 의견도 부분적으로나마 진리를 반영할 수 있다는 입장을 견지한다.[10] 게다가 모두 함께 심의하고, 심의에 참여한 시민들이 자유롭게 토론할 수 있으며, 한 명의 탁월함이 아니라 구성원 각자의 기질(ēthos)과 생각(dianoia)이 다양하게 드러날 수 있다면, 소수의 '진지한(spoudaios)' 사람들보다 상식을 가진 '다수'가 더 나은 결정을 내릴 수 있다고까지 주장한다.[11] 한마디로 아리스토텔레스는 플라톤과 비교할 수 없을 만큼 '다수'에게 큰 기대를 걸었던 것이다.

정치적 감정과 개연성의 정치

아리스토텔레스의 '다수의 정치'에 대한 보다 적극적인 자세는 '감정(pathōs)'에 대한 새로운 이해로부터 시작된다. 그는 '감정'이 진리와 가치에 대한 이성적 판단 그 자체라는 입장을 갖고 있다. 감정은 자기를 둘러싼 세계를 평가하는 인간의 능력을 조건 짓는 핵심 요소며, 각자의 감정은 상황에 따라 다르게 형성되어 궁극적으로는 한 사회의 신념 체계를 구성하게 된다고 주장한다.[12] 이때 '감정'은 더 이상 육체적 감각이나 '이성'의 활동을 보조하는 기제가 아니다. 그가 말하는 감정은 이성적 판단과 연관된 사회적 현상이고, 동일한 이유에서 정치에서 감정은 사회적으로 구성된 판단을 의미한다. 따라서 정치가가 대중의 감정에 호소하는 것은 새로운 판단을 사회적으로 구성하려는 필수적인 행위가 된다.[13]

정치적 '감정'에 대한 아리스토텔레스의 입장은 플라톤의 소크라테스가 '감정'에 호소하는 정치적 수사를 천박한 감언에 불과하다고 비난한 것과 대조적이다.[14] 물론 소크라테스도 각각의 사람에게 적합한 수사가 있으며, 경우에 따라서는 '감정'에 호소할 수 있다고 보았다.[15] 그러나 소크라테스는 대중을 대상으로 한 정치적 수사가 아니라 개인적 차원에서 올바름을 가르치는 과정에서 '감정'의 보조적 역할을 말했을 뿐이다. 아리스토텔레스는 정치가가 대중의 의견에 기초해서 자신의 주장을 제시하는 것이 항상 진리나 정의를 위반하는 것은 아니며, 개인적 대화가 아니라 대중적 수사를 통해서도 진리와 정의는 설득될 수 있고, 만약 설득되지 않았다면 정치가의 '기술(technē)'이 문제지 대중적 수사를 통한 진리의 전달이 불가능한 것은 아니라고 주장한다.[16]

최근 아리스토텔레스의 정치철학에 대한 관심이 증폭되고 있는 이유도 그가 피력하는 정치적 감정에 대한 적극적인 태도와 무관하지 않다. 어떤 '전형(eidos)'이나 '본보기(paradeigma)'를 제시하기보다 정치적 '개연성'에 기초한 '정치'에 대한 논의가 학자들의 관심을 끄는 것이다. 무엇보다 절대적인 진리를 고집하지 않는 태도, 전문성의 유무와 상관없이 누구든지 행사할 수 있는, 그리고 대중의 판단으로부터 시작해서 대중을 설득하는 리더십에 대한 논의가 현대 민주주의가 요구하는 다수를 통한 정치에 부합된다. 아울러 감정 또는 인지 영역을 정치의 핵심적인 요소로 포괄한 유연한 태도가 과학적 이성주의와 기계론적 세계관에 반발하는 지금의 정치철학자들의 구미에 맞아떨어진 것이다.

시민적 덕성과 도덕적 탁월함

이런 맥락에서 우리는 아리스토텔레스의 시민적 덕성에 대한 견해를 유심히 살펴볼 필요가 있다. 알렉산드로스 대왕의 성공이 모든 사람들의 판단을 장악한 시점에 그는 민주주의의 '가능한 최선'을 위해 지도자들보다 시민들에게 주목했다.[17] 유력 가문 자제들의 권력욕을 고귀한 이상으로 견인하고자 했던 이전 정치철학자들과 달리 그는 비철학적이지만 상식이 담고 있는 지혜를 경청하는 자유로운 시민들에게로 눈을 돌렸던 것이다. 물론 대중에 대한 낙관론이 이러한 전환을 가능하게 만들었지만, 일반 시민들의 의견도 진리를 반영할 수 있다는 그의 신념은 대중의 구미에 맞는 말이 곧 '정의'라는 정치적 입장과는 결코 타협하지 않았다. 그래서 그는 '최선의 정체'에서는 '좋은 시민'이 곧 '좋은 사람'인지 고민하기 시작했다.

사실 아리스토텔레스에게 '정체(politeia)'란 단순히 한 나라의 법제도(taxis)만을 의미하는 것은 아니다. 그가 말하는 '정체'란 정치공동체 내에서 굳어진 '삶의 방식(bios tis)'까지 포괄한다.[18] 따라서 정체를 구분할 때 그는 최고권력기구(to kyrion)의 담지자나 정부(politeuma)의 형태만을 다루지 않는다. 통치가 공동체 전체를 위한 것인지 아니면 권력을 차지한 개인 또는 집단의 이익만을 위한 것인지를 먼저 구분하고, 그 이후에 최고권력기구를 대표하는 사람들의 숫자 또는 권력의 배분을 살펴본다.[19] 결국 시민(politēs)이라면 누구나 정치에 참여해야 하므로 '좋은 시민'에 대한 질문은 그에게 정체에 대한 고민과 동일한 것이 된다.

언뜻 보면 '좋은 시민'과 '좋은 사람'의 덕성(arēte)은 달라야만 할 것 같다. 왜냐하면 좋은 시민의 덕성은 그 시민이 살고 있는 정체의 특성에 따라 다를 수밖에 없기 때문이다. 그리고 만약 '공동체를 유지'하는 것이 시민의 의무라면 더더군다나 정체의 특성을 초월한 좋은 사람이 있을 것 같지도 않기 때문이다.[20] 그러나 '최상의 정체'에 대한 논의를 살펴보면 우리는 그가 통치자만큼은 '좋은 시민'이면서 동시에 '좋은 사람'이어야 한다고 충고하는 것을 알게 된다. 그는 모두가 좋은 사람일 필요는 없다고 잘라 말하면서도, '최상의 정체'에서 최고권력기구를 대표할 통치자는 '좋은 시민'이어야 할 뿐만 아니라 '좋은 사람'이어야 한다고 주문하는 것이다.[21]

결국 아리스토텔레스는 정치와 도덕의 분리를 주장하는 근대 정치철학자들과는 다른 길을 걸었다. 실천적 지혜를 의미하는 '신중함(phronēsis)'도 '좋은 사람'이라는 조건이 충족될 때에만 정당성을 획득할 수 있다고 본 것이다.[22] 통치자의 탁월함도 '좋은 사람'의 탁월함을 나타내는 '중용(mesotes)'이라는 품성을 우선적으로 요구한다.[23] 통치자는 과잉과 결핍이라는 두 극단적인 유형을 피하고, 시민들 저마다의 '올바른 주장(doxa alēthēs)'을 넘어 중간을 취하는 도덕적 품성을 가져야 한다는 것이다. 비록 플라톤과 상이한 정치적 입장을 가졌지만 아리스토텔레스도 '영혼의 좋음'과 관련된 도덕의 잣대를 정치적 목적을 위해 희생시킬 수 없다는 스승의 태도를 계승했다.

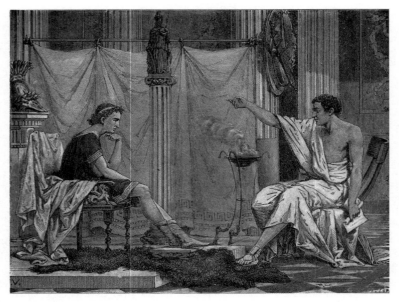

아리스토텔레스와 알렉산드로스 대왕

혼합정체의 정치적 교육

일반적으로 아리스토텔레스가 말하는 '최상의 정체'는 이른바 『정치학』 4권에 등장하는 과두정체와 민주정체의 '혼합(michis)'으로 알려져 있다.[24] 종종 영어로 '정체(polity)'라고 번역되기도 하는데, 이는 아리스토텔레스가 혼합정체를 '정체(politeia)'라고 불렀기 때문이기도 하지만 그 자체의 특성이 뚜렷하게 규정되지 못했기 때문이기도 하다.[25] 때로는 다수가 공동의 이익을 위해 통치하는 정체, 때로는 인민이 군사적 덕성을 가진 정체, 때로는 법으로 규제되는 민주정체, 때로는 중산층이 주도하는 계급적 혼합 등 분명한 정의도 없이 방만하게 사용된다. 대신 아리스토텔레스는 혼합의 원칙들만 제시하는데 한마디로 과두정체와 민주정체의 '중간(to meson)'을 취하라는 말이다.[26]

그래서인지 '혼합'된 정체를 최상의 정체로 볼 수 없다는 입장도 적지 않다.『정치학』7권의 탁월한 소수가 통치하는 '귀족정'이 최상의 정체라고 봐야 한다는 주장도 상당한 설득력을 갖고 있다.[27] 그럼에도 불구하고 아리스토텔레스의 최상의 정체에서 민주정체와 과두정체의 혼합이 갖는 위치를 부정할 수는 없다. 실제로 7권에 언급된 이름 없는 '최상의 정체'는 귀족정체를 지칭했다기보다 정치의 한계에 대한 논의일 뿐이다.[28] 반면 '혼합'에 대한 아리스토텔레스의 의지는 매우 확고하다. 따라서 과두정체와 민주정체의 혼합이 최상이 아니라고 하더라도, 진지한 통치자에게 요구되는 '귀족적 탁월함'과 적극적인 시민이 발현하는 '민주적 덕성'의 혼합은 매우 구체적으로 제시된 것으로 이해해도 무방하다.

이런 측면에서 볼 때 '정체 변화(metabolē politeias)'와 관련된 아리스토텔레스의 서술들은 또 다른 의미를 갖는다. 첫째, 그가 말하는 '최상의 정체'가 혼합정체를 제외한 다른 두 가지 올바른 정체들(왕정·귀족정)의 조합이 아니라, 잘못된 정체(참주정·과두정·민주정)들 중 두 종류의 혼합이라는 점이 주목을 끈다.[29] 플라톤의『국가』에서 보이는 "잘못된 정체의 몰락은 자체에 내재한 한계 때문에 불가피하다."는 사고는 찾아볼 수 없다. 대신 모든 정체는 개선될 수도 몰락할 수도 있다는 전제에서, 파당적 갈등을 잘 조정만 한다면 어떤 잘못된 정체도 스스로를 유지할 수 있다는 전망이 있을 뿐이다.

둘째, 아리스토텔레스가 '개혁(epanorthōsai)'을 또 다른 형태의 입법 행위로 보고 있는 점도 주목할 필요가 있다.[30] 『정치학』 5권과 6권에서 보듯, 그는 어떻게 과두정체와 민주정체를 혼합정체로 바꾸고 어떻게 참주정체를 지속시킬 수 있는지를 진지하게 설명하고 있다. 여기에서 흥미로운 점은 형편없는 정체를 뒤집는 혁명도 고귀한 목적보다 '명예'나 '이익' 같은 사심에서 비롯된다고 본 반면, 주어진 공동체의 정체를 지키기 위한 행위를 매우 고귀한 행동으로 간주한 것이다.[31] 즉 정체 변화에 대한 그의 기술은 잘못된 정체를 '최상의 정체'로 바꾸는 점진적 개혁의 청사진을 담고 있고, 궁극적으로는 미래의 정치가에게 어떻게 통치해야 하는지에 대한 그만의 교육적 지침을 전달하고 있는 것이다.[32]

고전적 공화주의의 시원(始原)

끝으로 살펴볼 것은 아리스토텔레스의 '덕 윤리'의 현재적 의의다. 현재 통용되고 있는 그의 '덕 윤리'는 '정치적 동물(zōion politikon)'로 대표되는 인간관, 그리고 '행복(eudaimonia)'으로 대변되는 공동체관으로 나눌 수 있다. 둘을 합쳐서 '시민적 공화주의' 또는 '공동체주의'라고 부르기도 한다. 인식론적으로는 인간은 국가공동체를 벗어나서는 존재할 수 없다는 상호 의존적 인간 본성에 대한 주장과 연관되고, 제도적으로는 '생존(zēn)'을 위한 군집이 아니라 적극적인 정치 참여를 통한 '좋은 삶(eu zēn)'의 실현과 공공선을 위한 무조건적 헌신을 요구하는 전체 우위적 경향과 관련된다.[33]

아리스토텔레스에게 '행복'이란 '운'이나 '자연'에 의해 주어지는 것이 아니라 '노력해서(epimeleia)' 얻어지는 것이다. 따라서 '시민적 공화주의' 또는 '공동체주의'의 해석을 적극적으로 수용하면, 그의 '덕 윤리'에 기초한 정치제도는 '개인의 자율성'을 심각하게 침해할 여지가 있다. 정치 참여가 인간의 정치적 본성을 회복 또는 발현할 수 있다는 주장은 용인될 수 있지만, 정치 참여 그 자체를 목적으로 해서 구성원들의 참여를 강제하는 것까지 정당화될 수는 없다. 그리고 스스로가 소속된 공동체에 대한 정체성을 기초로 한 구성원들 사이의 유대는 납득이 되지만, 공동체의 목적에 대해 무조건 따르는 것을 시민적 덕성이라고 내세우는 것까지 받아들일 수는 없다.

따라서 최근 아리스토텔레스의 '덕 윤리'를 '시민적 공화주의'와는 다른 입장에서 재조명하려는 시도가 활발한 것은 지극히 정상이라고 할 수 있다. 아리스토텔레스와 공동체주의를 연관시키는 해석 자체를 거부하거나, 전체를 우선시하는 인식론적 해석은 인정하면서도 개인의 전체에 대한 무조건적 헌신에는 반발하거나 이 모두가 개인의 자율성과 사회의 공공성의 조화를 고민했던 아리스토텔레스의 정치철학을 '고전적 공화주의'라는 새로운 틀로 부각시키려는 노력인 것이다. 특히 아리스토텔레스의 '정치적 우애(philia politikē)'에 대한 보다 자유주의적인 해석들을 눈여겨볼 만하다. '정치적 우애'는 공공선에 대한 포괄적 합의를 전제한 시민적 연대도 아니고, 계약적 관계에서 볼 수 있는 상호 이익에 바탕을 둔 타협도 아니다. 여기에서 '정치적 우애'는 상호 존중에 초점을 둔 '이해의 일치' 또는 '합의(homonoia)'를 말한다. 어쩌면 우리는 자유롭고 평등한 사람들이 더불어 살아가기 위한 지혜를 얻기 위해 아리스토텔레스를 다시 읽어야 할지도 모른다.

18

폴리비오스 Polybios, BC 200-118

우리는 역사를 통해 무엇을 배워야 하는가?

폴리비오스의 정치철학에서 우리가 주목해야 할 것은 '정체 순환'과 '혼합정체'다. '혼합정체'가 근대 '삼권 분립'과 '견제와 균형'에 토대를 제공했다는 이유에서 우리의 관심은 온통 후자에 치우치고 있다. 그러나 폴리비오스의 정체 순환론에 대한 이해가 없이는 그의 혼합정체에 대한 이야기가 담고 있는 고대 정치철학의 풍부함을 헤아릴 수 없다.

인질로 잡혀 온 후 절망 속에 있던 폴리비오스의 일상이 마케도니아를 정복한 통령 아에밀리우스 파울루스(Aemilius Paullus)에 의해 새로운 전기를 맞았다. 통령의 두 아들을 가르치는 가정교사가 된 것이다. 그중 하나는 자마에서 한니발(Hannibal)을 무찌른 스키피오 아프리카누스(Scipio Africanus)의 양자이자 카르타고를 함락시킨 스키피오 아에밀리아누스(Scipio Aemilianus)였다. 로마공화정이 제국으로 성장하는 과정을 한눈에 볼 수 있는 기회를 갖게 된 것이다.

이것이 정치체제의 순환(politeiōn anakyklosis)이다. 자연의 법칙(physeos oikonomia)을 따라 정치체제가 바뀌고, 변형되고, 그리고 결국 그것이 시작한 원래 상태로 돌아가는 것이다.[1]

폴리비오스는 역사를 정치가의 소중한 학습 교재라고 생각했다.[2] 그리고 역사에는 인간의 능력으로는 도저히 극복할 수 없는 '자연의 법칙'이 작용한다고 보았다. 한편으로는 정치가에게 과거의 일들을 통해 지금 당면한 문제를 풀어 갈 수 있는 능력을 배워야 한다고 가르쳤고, 다른 한편으로는 정치가에게 변덕스러운 '운명(tychē)'의 장난에서 벗어날 수 없는 인간의 한계를 깨달아야 한다고 말했다.[3] 아마도 그는 이런 모순을 통해 역사에 정치와 도덕을 함께 담고 싶었던 모양이다.

그리스인 폴리비오스

폴리비오스는 펠로폰네소스 반도의 중심에 자리를 잡은 아르카디아 지역의 메갈로폴리스에서 태어났다. 메갈로폴리스는 스파르타 제국을 무너뜨린 테베의 위대한 장군 에파미논다스(Ephamimondas)가 세운 도시로, 지금은 작지만 당시에는 스파르타에 저항해 펠로폰네소스의 도시들이 결성한 아르카디아 동맹에서 중심 역할을 한 큰 도시였다. 한때 스파르타의 왕 클레오메네스 3세에게 점령당해 불타버리기도 했지만, 마케도니아의 원조를 등에 업은 필로포이멘(Philopoimen) 장군의 지휘 아래 다시 재건되었다.[4]

폴리비오스의 아버지 리코르타스(Lycortas)는 필로포이멘 장군의 정치적 동지였다. 특히 로마공화정이 마케도니아와 전쟁을 벌일 때, 두 사람은 아르카디아 동맹이 로마공화정과 맺은 조약을 넘어서지 않는 선에서 중립을 지켜야 한다고 생각했다. 두 사람을 보고 자란 그도 비슷한 입장을 고수했다. 서른 살에 기병 대장으로 선출되고, 이후 장군으로 선출되어 활약했을 때까지 그는 메갈로폴리스의 중립과 독립을 위해 전심전력을 다했다. 로마공화정이 그를 의심했던 것은 어떻게 보면 당연했다.

기원전 167년, 로마공화정은 페르세우스(Perseus, 212-166BC)를 사로잡아 마케도니아를 무너뜨린다. 이때 1000명의 아르카디아 사람들과 함께 폴리비오스도 로마에 인질로 잡혀가게 되고, 그로부터 17년 동안 폴리비오스는 로마공화정을 경험하게 된다. 그리고 인질들이 해방된 때에 귀국했던 그는 바로 다음 해(149BC)에 제자인 스키피오 아에밀리아누스의 카르타고 원정을 따라나선다. 그리스인의 눈으로 위대한 제국 카르타고가 불타는 것과 또 다른 제국 로마가 화려하게 부상하는 것을 직접 보고 싶었던 것이다.[5] 이후 조국으로 돌아가 정치개혁에 몸담았을 때, 그는 더 이상 그리스인이 아니었다. 그리스인의 식견과 로마인의 경험을 종합하려는 제도사상가로 변모되어 있었다.[6]

정치체제 순환론

폴리비오스의 정치철학에서 우리가 주목해야할 것은 '정체 순환'과 '혼합정체'다. 두 주제는 밀접하게 연관되어 있지만 종종 전자는 별개의 정치철학적 주제처럼 다루어지기도 한다. 후자가 마키아벨리를 거쳐 몽테스키외(Montesquieu, 1689~1755)에 이르러 '견제와 균형', '삼권분립'의 시원적 모델로 원용 또는 변형되면서 전자가 갖고 있는 의미가 지나치게 축소되거나 도외시된 것이다. 그러나 정치체제 순환론은 그의 혼합정체론 자체가 '절제'와 '조화'라는 정치철학적 주제를 담을 수 있도록 해 주는 인식론적 그릇이다.

정치체제 순환론의 내용은 의외로 간단하다. 최초의 정치체제는 '원시군주정(monarchia)'이다. 인간들도 동물들과 같이 스스로를 지키기 위해 무리를 이루고, 무리 중에 가장 강하고 용감한 자가 우두머리가 된다. 이 우두머리를 중심으로 구성된 정치체제가 '원시군주정'이다.[7] 원시군주정은 공동체 구성원 사이의 연대감이 확장되고 '선악'과 '정의'의 개념이 생성되면서 신민의 동의와 법적 정당성을 가진 '왕정(basileia)'으로 변화한다.[8] 이후 신민의 존경을 받던 선조의 후광 외에 아무 능력도 없는 세습군주가 통치하면서 왕정은 폭력과 공포에 의존하는 '참주정(tyrannida)'으로 전락한다. 이때 폭정에 견디지 못한 몇몇 뛰어난 사람들이 다른 신민들의 지지를 바탕으로 반란을 일으켜 새로 구축한 정치체제가 '귀족정(aristokratia)'이다. 이렇게 구축된 귀족정도 혁명 세대가 사라지고, 혁명의 과정을 모르고 자란 귀족 자제들의 교만이 극에 이르면서 소수 특권층의 이익에 봉사하는 '과두정(oligarchia)'으로 전락한다. 그래서 왕도 귀족도 모두 경멸하는 인민들이 그들 스스로가 다스리는 '민주정(demokratia)'을 세우게 된다. 그러나 군중의 귀만 즐겁게 하는 선동가들이 활개를 치면서 민주정은 '중우정(ochlokratia)'으로 전락하고 만다. 이런 무정부 상태에서 법과 정의를 회복하고자 한 사람이 등장하면서 정치체제의 순환이 완성된다.[9]

폴리비오스는 정치체제의 순환이 '자연에 따라(kata physis)' 일어난다고 보았다.[10] 이때 '자연(physis)'이란 우리가 자주 언급하는 '인간 본성'이 아니라 '자연의 법칙' 또는 '정치체제의 한계'를 의미한다. 즉 각각의 정치체제가 그 자체에 내재하는 한계를 극복하지 못해 몰락하게 된다는 것이다.[11] 또한 그의 순환론은 이전의 정체 변화(metabolē politeias)와 관련된 논의들과 다소 차이가 있다. 비록 아리스토텔레스로부터 강한 영향을 받았지만 '운명'과 같은 초인간적인 요소를 '이성'보다 중시한다는 점에서 구별된다.[12] 특히 플라톤과의 차이를 눈여겨볼 필요가 있다. 귀족정이 명예를 중시하는 '금권정치(timokratia)'를 거치지 않고 바로 과두제로 전락한다는 점, 민주정에서 참주정으로의 변화에 큰 관심을 보이지 않았다는 점, 마치 민주정에서 군주정으로의 이행이 필연적인 것처럼 기술하고 있다는 점에서 그의 순환론은 참주의 등장으로 정체 변화에 대한 논의를 끝내는 플라톤의 것과 완전히 구별된다.[13] 아마도 그는 '참주'를 '군주'로 바꾸는 정치철학적 논의보다 안정적인 정치체제의 제도적 구상에 더 큰 관심을 갖고 있었던 것 같다.

혼합정체론

폴리비오스의 혼합정체와 관련된 논의는 크게 두 가지 범주로 나뉜다. 첫째는 이론적인 범주다. 그는 우선 일곱 개의 정치체제에서 '군주정', '귀족정', '민주정'을 좋은 정치체제로 따로 구별한다. 분류하는 기준은 플라톤의 '피치자의 자발성'이라는 측면과 아리스토텔레스의 '공공선'이라는 측면을 합쳐 놓은 것 같다. 그러나 면밀히 살펴보면 플라톤의 철인정치와 관련된 논의와 아리스토텔레스의 중산층에 대한 강조가 빠져 있다. 대신 세 가지 좋은 정치체제의 장점을 모두 합한 것이 최선의 정체라는 점만 크게 부각된다. 효과적 결정, 신중한 심의, 다수의 지지가 결합된 혼합정체가 보다 안정적이라는 것이다.[14]

둘째는 경험적 범주다. 폴리비오스는 '혼합정체'의 예로 스파르타와 로마공화정을 분석한다. 이런 그에게 아테네 민주주의의 성공은 '탁월한 지도자들'에 의해 만들어진 예외적인 경우일 뿐이다.[15] 그리고 대내적 안정성뿐만 아니라 대외적 강력함까지 고려한다면, 더 오래 지속되었던 안정된 스파르타보다 소란스럽지만 더 박진감이 넘쳤던 로마공화정이 훨씬 우수한 정치체제다.[16] 힘에 대한 통찰력은 마키아벨리만큼이나 근대적이었던 것이다. 그러나 혼합정체도 결국 영원히 지속될 수는 없다는 입장, 그리고 귀족과 인민의 갈등이 아니라 조화가 로마공화정을 강하게 만들었다는 견해를 피력함으로써, 그는 여전히 인간적 한계를 성찰하는 고대 정치철학의 전통 위에 서 있었다.

3부

고대 로마 정치사상

11

키케로 Marcus Tullius Cicero, BC 106-43

'공화(共和)'란 무엇인가?

키케로는 뜨거운 인간애와 훌륭한 성품을 가진 도덕적 인간이었고, 자기의 안위보다 시민의 자유를 더욱 귀하게 여겼던 정치가였으며, 플라톤이 꿈꾸었던 철인정치가 어떠한 것인지를 몸소 보여 준 철학자였다. 또한 키케로는 개인의 야망과 공공선의 실현이 어떻게 조화될 수 있는지, 그리고 '공화'란 어떤 조건에서 가능한지를 후대에게 가르쳐 준 제도사상사에 큰 획을 그은 위대한 공화주의 사상가였다.

플루타르코스가 쓴 카이사르의 전기를 따라 희극을 써 내려가던 셰익스피어가 갑자기 재미있는 상상력을 발휘한다. 키케로에 대한 자신의 판단을 슬쩍 집어넣어 철학적 고매함이 가져온 정치적 실패를 피력한 것이다.

정말, 이상하게 지나가는 세월이야.
그렇지만, 인간들은 그들 멋대로 일들을 생각하겠지.
그 일 자체의 목적도 모른 채 말이야.[1]

셰익스피어의 키케로는 철학자이자 정치가였던 한 인물의 최후를 너무나도 쓸쓸하게 묘사하고 있다. 공화정의 원칙을 고수하려고 노력했던 정치인이라는 언급도 잠시, 전체적으로 자만과 아집에 가득 찬 소심한 인물로 그린 것이다.[2] 아마도 셰익스피어는 화려한 정치적 수사와 근엄한 도덕적 가르침의 뒤편에서 겁에 질리고 외로움에 떠는 철학자의 단면을 부각시키고 싶었던 것 같다.

셰익스피어가 빚어낸 이야기는 마치 키케로의 실제 모습인 것처럼 아직도 우리 주변에서 너무나도 쉽게 재생산된다. 그러나 셰익스피어의 허구와 키케로의 삶은 달랐다. 비록 옥타비아누스(Octavianus Gaius Julius Caesar)와 브루투스(Marcus Junius Brutus) 사이를 오가며 공화주의 정치가로서 자신이 평생 쌓아 놓았던 명성을 한꺼번에 잃어버렸지만,[3] 그리고 안토니우스에 의해 잘린 손과 목이 로마 광장의 연단 위에 못 박혀 세기적 연민의 대상으로 전락해 버렸지만,[4] 그는 로마공화정을 대표하는 정치가이자 시민적 자유를 위해 목숨을 걸었던 행동하는 철학자였다.

아울러 키케로는 뜨거운 인간애와 훌륭한 성품을 가진 도덕적 인간이었고,[5] 자기 안위보다 시민의 자유를 더욱 귀하게 여긴 정치가였으며,[6] 플라톤이 꿈꾸었던 철인정치가 어떠한 것인지를 몸소 보여 준 철학자였다.[7] 또한 키케로는 개인의 야망과 공공선의 실현이 어떻게 조화될 수 있는지, '공화'란 어떤 조건에서 가능한지를 후대에게 가르쳐 준, 제도사상사에 큰 획을 그은 위대한 공화주의 사상가였다.

주변인 키케로

키케로는 기원전 106년 로마에서 남동쪽으로 120킬로미터 정도 떨어진 아르피눔(Arpinum)에서 태어났다. 이탈리아 중부의 라티움(Latium)에 속한 아르피눔은 기원전 305년에 로마인에게 점령당하기까지 용맹스러운 볼스키족의 땅이었다. 이 땅의 주민들은 기원전 304년에 '투표권 없는 시민권(civitas sine suffragio)'을 부여받았고, 기원전 188년에 투표권을 획득했으며, 동맹국 전쟁(BC 91~89)이 끝나고 1년이 지난 기원전 88년에 로마와 동맹 또는 조약을 맺은 도시국가의 시민들이 자율적으로 통치하는 자치도시(municipium)가 되었다. 로마공화정에 완전히 편입되기까지 참으로 오랜 시간이 걸린 것이다.

그렇기에 아르피눔 시민들은 다른 자치도시 주민들과 마찬가지로, 한편으로는 로마 시민들이 향유하는 권리를 함께 공유하기를 열망하면서도 다른 한편으로는 스스로를 로마인과 구별해서 사고하는 '주변인'의 정체성을 갖고 있었다. 그들이 자주 사용하던 '두 개의 조국' 또는 '공동조국(patria communis)'이라는 표현이 말해 주듯, 자치도시의 시민들은 스스로가 살고 있는 '자연적 고향(patria naturae)'과 로마시민권을 통해 갖게 되는 '정치적 고향(patria civitatis)'을 구별해서 사고하는 습관이 있었다.

우리는 우리가 태어난 곳과 우리가 받아들여진 곳 모두 조국으로 여긴다. 그러나 공화정이라는 이름이 도시 전체를 의미하는 곳을 우선적으로 사랑해야 한다. 그러한 조국을 위해서라면 죽을 수도 있어야 하고, 우리의 전부를 바쳐야 하고, 그 제단에 우리의 모든 것을 헌신해야 한다.[8]

키케로는 위의 글에서 '주변인'의 정체성에 대해 일침을 가하고 있다. 태어난 곳이나 종족적 유대보다 시민적 자유가 보장되는 로마공화정이 시민적 온정의 대상이 되어야 한다고 충고하고 있는 것이다. 사실 키케로는 '주변인'이었기에 큰 고통을 감수해야 했다. 자치도시 출신의 정치인을 부르는 '새내기(novus homo)'라는 핀잔을 섞은 별명이 평생을 따라다녔고, 자치도시 출신은 군통수권을 행사할 수 있는 통령(consul)을 비롯해 여러 요직에서 배제시키는 사회적 제약도 감수해야 했다. 그럼에도 불구하고 그는 '주변인'으로서가 아니라 '로마공화정' 시민으로서의 삶에 자부심을 가지고 있었다. 삶의 중심이 곧 '공화정'이었던 것이다.

로마인 키케로

죽기까지 키케로가 고수했던 로마공화정 시민으로서의 긍지는 어릴 적부터 만들어졌다. 그의 집안은 지역을 대표하는 유력한 가문이었고, 기원전 I세기 로마의 중앙 정치 무대를 주름잡던 가문들과 탄탄한 인맥을 가지고 있었다. 아버지는 대(大) 카토(Marcus Porcius Cato)의 증손자와 절친했고, 당대 최고의 연설가이자 정치가였던 크라수스(Licius Licinius Crassus)와 막역한 사이였다. 삼촌은 당대 또 한 명의 유명한 연설가이자 기원전 99년에 통령을 지낸 안토니우스(Marcus Antonius)와 오랜 친구 사이였다. 또한 개인적인 친분은 확인되지 않

로마포룸 복원도

지만, 같은 지역 출신의 마리우스(Gaius Marius)와도 윗세대의 결혼을
통해 안면이 있었다. 로마의 어느 가문과 견주어도 부족함이 없는 집
안의 자제였던 것이다.

당시 '인맥(amicitia)'은 정치적 힘이자 교육의 자산이었다. 키케로
의 아버지는 그와 그의 동생을 일찌감치 크라수스의 집으로 보내 교
육을 받게 했다. 당대 최고의 연설가로부터 귀족적 교양과 정치적 기
술을 배운 것이다. 토가를 입을 나이가 되어서는 법률가이자 스토아
철학의 대가인 스카에볼라(Quintus Mucius Scaevola)의 문하생으로 들
어갔고, 그가 죽자 그의 사촌이자 통령을 지낸 스카에볼라 폰티펙스
(Scaevola Pontifex)로부터 정치적 기술과 법학적 논증을 배웠다. 아버지

의 친구인 안토니우스와도 지속적으로 만나면서 정치적 논증과 설득의 기술을 익혔다. 이렇게 키케로는 화려한 인맥을 통해 로마 귀족들 사이에서 일찌감치 회자되는 인재로 성장했다.

하나 특기할 만한 점은 인맥을 통한 교육이 키케로의 정치적 입장을 형성하는 데 크게 기여했다는 것이다.[9] 전통적인 원로원 중심의 공화정 체제의 유지를 주장하던 보수 귀족의 정치적 지향이 키케로의 의식 속에 깊이 뿌리내렸다. 그라쿠스 형제의 개혁 이후 계속된 귀족과 평민의 갈등에서 전자의 편에 서 있던 크라수스의 정치적 식견이 키케로에게 그대로 이전되었고, 실제로 키케로는 기원전 80년대 민중파가 득세하던 시기에 잠깐의 군복무를 제외하고는 정계에 일체 발을 들여놓지 않았다. 대신 그는 아카데미 학파의 필론(Philōn)으로부터 철학을 배우고, 몰론(Apoollonius Molon)으로부터 수사적 기법을 익히는 데 몰입했다.[10] 마리우스와 킨나(Cornelius Cinna)에 대해 스카에볼라를 비롯한 보수파가 가졌던 적개심이 키케로의 행보에도 강한 영향을 미친 것이다.

이렇듯 숨죽이고 있던 키케로가 공적 활동을 시작하게 된 계기는 술라(Lucius Cornelius Sulla)의 개혁이었다. 술라는 기원전 88년 호민관 술피키우스(Publius Sulpicius Rufus)를 살해하고 마리우스와 킨나로 대표되는 민중파 세력을 몰아내는 데 성공한 후, 원로원을 강화하는 개혁을 단행한 보수파의 일원이었다. 비록 술라가 정적을 다루는 방식과 절차를 무시하고 독재관이 된 점에 불만을 가졌지만, 키케로는 군인의 정치 개입을 방지하고 원로원 중심의 공화정체를 강화한 술라의 개혁이 올바르다고 생각했다. 공교롭게도 키케로는 술라가 로마와 동맹관계에 있는 자치도시의 주민에게 투표권을 부여하는 것을 반대하다가 민중파의 공적이 된 일에 대해 침묵한다. '원로원 지배체제의 강화'라는 대의에 보다 큰 의미를 두었던 것이다. 이런 맥락에서 볼 때 키케로는 그 누구보다도 '로마인'이었던 셈이다.

웅변가 키케로

키케로의 첫 공적 활동은 정치가 아니라 변론이었다. 술라의 개혁이 본격적인 궤도에 올라 운신의 폭이 넓어졌을 때 키케로는 유력 가문의 인사들을 성공적으로 변호해서 인맥과 평판을 동시에 획득한다. 첫 시작은 기원전 80년 술라의 측근에게 친부 살인 혐의로 고소당한 로스키우스(Sextus Roscius)를 성공적으로 변호해 낸 것이다. 이후 로스키우스의 친구들을 차례로 변호하면서 키케로는 원로원 핵심 세력들과 긴밀한 관계를 구축한다. 그리고 기원전 77년 잠깐 동안의 그리스 유학을 마치고 돌아와 파비우스 가문과 혈맹관계던 부유한 테렌티우스 가문의 딸과 결혼함으로써 '혈통 귀족(patrici)'까지 인맥에 추가하게 된다. 이런 노력 덕분이었는지 기원전 76년 키케로는 처음 나선 재무관(quaestor) 선거에서 일등으로 선출된다. '새내기'로서는 정말 쉽지 않은 성취였다.

지방 관직을 수행하면서 키케로는 이후 통령 선거에 필요한 지방의 유력 인사들과 인맥을 확충하는 데 심혈을 기울였고, 그의 뛰어난 웅변술은 이런 목적을 달성하기에 가장 적합한 수단이 되었다. 마침내 관리관(aedilis)으로 재직하던 기원전 69년에 전국적인 인물이 될 수 있는 기회가 찾아왔다. 시칠리아 주민들이 전직 총독인 베레스(Verres)를 기소하고, 이 사건을 담당했던 키케로가 베레스의 변호인으로 나선 관록의 호르텐시우스(Quintus Hortensius Hortalus)를 이긴 것이다. 이후 그는 수많은 청중을 몰고 다녔다. 철학적이고 문학적이면서도 감동적인 그의 웅변은 큰 인기를 끌었다. 그가 호민관 선거에 바로 나서지 않고 전통적인 '출세의 가도(cursus honorum)'를 선택한 것이 의아할 정도였다.

키케로의 수사적 능력이 정치적 빛을 보기 시작한 것은 법무관(praetor)으로 재직하던 기원전 66년이었다. 당시 호민관이던 마닐리우스(Gaius Manilius)가 제출한 법안을 지지하는 연설을 정무관 회의(contio)에서 함으로써 스스로 갈고 닦은 웅변의 진면목을 보일 기회를 가진 것이다. 그의 연설은 폼페이우스(Gnaeus Pompeius Magnus)에게 소아시아 전역을 총괄하는 군통수권을 주려는 민중파의 입장을 대변하는 것같이 보였다. 그러나 엄밀하게 말하자면 전쟁을 조기에 종결하는 것이 옳다고 생각한 온건 보수파의 입장을 대변한 것이었다. 어쨌든 이 사건으로 키케로는 한편으로는 인민들의 폭넓은 지지를 받고 있는 법안을 찬성함으로써 명성을 획득했고, 다른 한편으로는 보수 귀족들의 눈에 민중파와의 경쟁에서 가장 경쟁력 있는 후보로 인식되는 데 성공했다.

카이사르의 암살 장면

기원전 63년에 드디어 키케로는 통령으로 선출되었다. 민중파에 대한 보수 귀족의 경계심과 키케로가 쌓아 올린 대중적 명성의 조합이었다. 키케로는 이 조합을 원로원 중심의 공화체제를 유지하는 데 효과적으로 활용했다. 한편으로는 원로원 지배체제를 붕괴시키려는 민중파의 거센 요구를 막아 내고, 다른 한편으로는 설득을 통해 귀족과 인민의 갈등을 잠재우려고 노력한 것이다. 재임 기간 발생한 카틸리나(Lucius Sergius Catilina) 역모 사건을 신속하게 제압한 경우가 전자를 말해 준다면, 공화정의 몰락 과정에서 보여 준 키케로의 모호한 정치적 태도는 후자를 대변한다고 할 수 있다.

정치가 키케로

키케로가 지키려던 전통적인 공화정체는 제국으로 성장한 로마의 정치사회적 격변을 감당하기에 역부족이었다.[11] 이탈리아 반도 전역의 주민들이 로마 시민으로서 투표권을 행사했고, 자발적 시민이 아니라 직업 군인의 집단으로 전락한 군대가 정치적 영향력을 행사하던 시절이었다. 지방과 중앙의 후견적 연계(clientela)도 더 이상 원활하게 기능하지 못했고, 귀족들 사이의 격한 대립은 인민들의 거센 요구를 견제할 일관된 목소리를 만들어 내지 못했다. 게다가 오랜 전쟁 부역으로 토지를 잃은 농민들, 대농장(latifundia)의 과수 재배로 만성적인 곡물 부족에 허덕이는 시민들, 그리고 로마를 가득 채운 부랑민들은 정치적 선동으로부터 자신들의 시민적 자유를 지켜 낼 처지가 아니었다.

그럼에도 불구하고 키케로는 개혁보다 유지를 선택한다. 인민의 정치 참여를 확대하기보다 원로원 지배체제를 강화하는 것이 더 낫다고 판단한 것이다. 그렇기에 키케로는 폼페이우스와 카이사르가 대립할 때 보수 귀족을 대변하던 폼페이우스의 편에 선다. 폼페이우스가 망명 중이던 자신을 로마로 돌아오게 해 준 데 대한 보은은 아니었다. 민중파인 카이사르의 선동정치에 대한 불신, 그리고 원로원 중심의 심의를 유지하기 위한 정치적 선택이었다.[12] 이런 이유에서 카이사르의 관대한 처분에도 불구하고 카이사르의 독재정치 기간 동안 키케로는 정치에서 완전히 은퇴한 채 집필에 몰두한다.

은퇴 중이던 키케로를 다시 정치로 불러들인 것은 기원전 44년 카이사르 암살이었다. 암살에 직접 가담하지는 않았지만 그에게 카이사르의 죽음은 원로원 중심의 공화체제를 복구할 절호의 기회로 인식되었다. 비록 잠깐 동안이었지만 이 시기는 키케로의 정치 인생에서 제2의 절정기였다. 웅변과 철학으로 무장한 키케로는 원로원 중심의 정치에서 사실상 로마공화정의 통치자나 다를 바 없었다. 그러나 이 시기는 그의 정치적 삶의 마지막 종지부를 재촉하는 순간이기도 했다. 카이사르의 세력을 옥타비아누스에게 잠식당한 안토니우스(Marcus Antonius)의 영향력이 약해지자, 잠시 로마를 떠나 이탈리아 남부 레우코페트라(Leucopetra)에 머물던 키케로가 로마공화정을 위한 마지막 행보를 취한 것이다.

데모스테네스가 마케도니아의 필립포스 왕(Philippos II)을 비난하는 연설을 모방한 열네 번의 원로원 연설에서, 키케로는 모든 재능과 능력을 동원해서 안토니우스에 맞서 로마공화정을 사수해야 한다고 주장한다. 첫 번째 연설은 온건한 어조였지만, 안토니우스의 모욕적인 반박 이후 점차 과격하고 극단적인 태도를 보인다. 급기야 키케로는 옥타비아누스를 이용해서 안토니우스를 제거하려 나서고, 일시적으로 성공하는 듯 보였던 키케로의 계획은 옥타비아누스의 변심으로 끝내 수포로 돌아가고 만다.

키케로와 옥타비아누스 사이에는 그가 가르쳤던 히르티우스(Aulus Hirtius)와 판사(Gaius Vibius Pansa)가 있었다. 둘은 카이사르의 추종자들이었지만 통령으로서 키케로와 옥타비아누스의 가교 역할을 충실하게 수행했다. 그러나 이들이 전투에서 전사한 이후 키케로와 옥타비아누스의 관계는 어긋나기 시작한다. 결국 안토니우스가 카이사르의 정예 군단을 거느리고 있던 레피두스(Marcus Aemillius Lepidus)와 결탁하고, 카이사르를 암살한 브루투스와 공개적으로 협력하는 것이 불편했던 옥타비아누스가 삼두정치(triumvirate)에 합의하면서 키케로의 정치 인생은 끝나고 말았다. 안토니우스가 합의하는 조건으로 키케로의 숙청을 요구했고, 브루투스가 있는 그리스로 도주하던 중에 키케로는 안토니우스가 보낸 병사들에게 살해당한다. 로마 공화정과 정치가 키케로가 함께 역사 속으로 사라져버린 것이다.

키케로의 정치사상

비록 독창성이 없다는 비판을 받지만, 키케로의 정치사상은 모방이나 절충이라고 과소평가할 수 없는 고유한 매력을 갖고 있다. 첫 번째로 우리의 주목을 끄는 주제는 키케로의 '자연법' 사상이다. 신의 섭리를 강조한 스토아 철학에서 영향을 받은 것은 부인할 수 없지만, 키케로는 자연법을 철학적 사유를 넘어 제도적 표현으로까지 설명하려던 최초의 정치사상가다. 무엇보다 인간의 재능으로 고안할 수 없는 자연 이성이 부여한 신과 인간의 법(lex divina et humana)이 존재하고,[13] 이 법은 인간의 올바른 이성(recta ratio)을 통해서만 이해될 수 있으며,[14] 이런 자연법에 기초한 도덕 원칙은 정치사회적 경계를 넘어 보편적으로 적용될 수 있다는 주장에 주목할 필요가 있다.[15] 왜 냐하면 모든 인간을 도덕적으로 평등한 인격체로 인정하고, 다수의 의견이나 사회적 관습이 아니라 보편적으로 적용될 수 있는 자연법 이 정의가 기초해야 할 근거라는 견해는 지금도 널리 수용되기 때문 이다.

두 번째로 살펴봐야 할 주제는 정치와 철학의 경계를 허물어 버 린 키케로의 '이상적인 정치가'와 관련된 논의다. 키케로는 '정치적 삶(vita activa)'을 '관조적 삶(vita contemplativa)'보다 우선시했다. 자연 의 원칙들을 성찰하고 발견하는 삶보다 법률을 고안하고 정치제도를 운영하는 삶이 더 낫다는 입장을 기회가 있을 때마다 피력했던 것이 다.[16] 그러나 그가 말하는 정치적 삶은 철학적 성찰이 없이는 불가능 했다.[17] 이상적인 정치가는 올바른 삶에 대한 도덕적 판단 기준을 갖 고 있어야 할 뿐만 아니라 스스로가 도덕적 덕성을 갖춘 '좋은 사람 (boni viri)'이어야 하고,[18] '정직(honestates)'과 '효용(utilitas)'의 일치와 정치적 '신중함(prudentia)'이 무엇보다 중요한 내용이라는 점을 포기 하지 않았기 때문이다. 다만 정치와 철학을 엄격하게 구분하면서 전 자에 대한 후자의 우위를 주장한 플라톤의 입장을 반대하고, 둘 간의 조화를 '이상적인 정치가'의 덕성으로 제시한 점은 잊어서는 안 될 부분이다.

마지막으로 짚고 넘어가야 할 주제는 사유재산과 관련된 논의다. 키케로는 일차적으로 정치적 평등과 경제적 평등을 구분했다. 그에 게 소유란 자기 보존이라는 인간의 본성과 관련된 것이었고, 동일한 이유에서 경제적 평등은 바람직하지도 가능하지도 않다고 보았다.[19] 아울러 분배를 둘러싸고 벌어진 로마공화정 말기의 정치사회적 갈등도 소유에 대한 그의 입장에 큰 영향을 미쳤다.[20] 실제로 그는 분배와 관련된 법안에 누구보다 비판적이었고, 클로디우스(Publius Clodius Pulcher)에게 추방당하면서 몰수당한 재산의 환수를 자신의 시민적 권리라고 주장하기도 했다.[21] 소유를 자연권이라고 주장하지는 않았지만, 소유를 인간적 본능과 관련지어 시민적 자유와 연관시킨 것은 이후 근대 자연권 사상에 적지 않은 영향을 끼쳤다.

키케로의 공화주의

최근 공화주의에 대한 학계의 관심에 비추어 볼 때 키케로의 공화주의를 여러 가지 각도에서 재조명해 볼 필요가 있다. 첫째로 살펴봐야 할 것은 '공화'의 인식론적 전제다. 키케로는 인간이 사회를 형성하는 이유가 이기적 욕망을 추구하는 개인이나 이들 간의 생존을 위한 경쟁에 있다고 생각하지 않았다. 대신 그는 '공공의 안녕(communem salutem)'에 헌신하는 것을 자연이 인간에게 부여한 덕성이라고 말한다.[22] 즉 정치공동체를 형성하는 이유가 인간의 약함이 아니라 자연이 부여한 '어떤 씨앗(quasi semina)'으로부터 비롯되며, 정도의 차이가 있지만 위대한 정치가들뿐만 아니라 일반 시민에게도 공동체의 안위를 우선시하는 열망이 가슴속 깊이 새겨져 있다고 본 것이다. 근대 자유주의자들의 사고와 달리 키케로도 아리스토텔레스처럼 '생존'이나 '이기심'보다 '정치적 삶' 또는 '사회적 관계'를 통해 실현될 인간의 본성에 더 주목했다.

둘째는 '공화'의 제도적 원칙이다. 키케로의 공화주의는 크게 세 가지 제도적 원칙으로 구성된다. 그 첫째가 '상호성'이다. 그는 공화정을 '공중의 것(res populi)'이라고 정의하고, 이때 '공중'이 의미하는 바를 '군집(coetus)'이 아니라 정의에 대한 합의와 공유된 이익에 의해 형성된 '협력(societus)'이라고 규정한다.[23] 즉 상호 이해에 기초한 합의가 '공화'의 전제가 되어야 한다고 주장한 것이다. 둘째가 '대표에 의한 심의'다. 키케로의 정치적 행보가 보여 주듯, 그는 선출된 대표 또는 원로원의 심의(sermo)를 중시했다. 폴리비오스식의 계급 간의 힘의 균형이나 '엘리트는 심의하고 인민은 선출'한다는 귀족적 공화주의를 단순히 답습한 것은 아니다. 원로원의 '권위(auctoritas)'가 대변하는 비선동적이고 신중한 심의를 '공화'의 내용을 결정하는 방식으로 선호한 것이다.[24] 마지막은 '신뢰(fides)'다. 키케로는 시민적 자유를 어느 누구의 지배에도 종속되지 않은 상태로 규정하고, 이러한 자유에 대해 시민들이 갖는 신뢰를 '공화'의 필수적인 조건으로 상정했다. 따라서 그는 귀족적이든 인민적이든 자의적 지배는 용납할 수 없는 행위로 인식했고, 동일한 이유에서 귀족들의 전횡도 민중파의 선동도 '공화'를 방해하는 치명적인 장애가 될 수 있다고 생각했다.[25]

셋째가 '공화'의 제도적 실현으로서 '혼합정체'다. 키케로는 군주정적 요소, 귀족정적 요소, 민주정적 요소가 잘 혼합되면 정치체제의 안정이 자연적으로 확보될 수 있다고 보지 않았다. 그는 오히려 혼합정체에서 '조정자(gubernator)'로서 정치가의 역할이 다른 어떤 정치체제보다 더 요구된다고 보았다. 그리고 조정자로서 정치가는 정의와 법에 정통해야 하고, 사소한 논쟁으로부터 해방되어 보다 근본적인 질문에 대답할 수 있어야 하며, 선장이나 의사처럼 시민적 업무를 정확히 진단하고 적절히 해결할 수 있는 능력을 갖추어야 한다고 충고했다.[26] 일면 플라톤의 철인정치를 연상시키지만, 이상적 지도자가 추구하는 정치 공동체의 목적이 '좋은 삶'에 국한되지 않는다는 점에서 차별성을 갖는다.[27] 시민들의 안위와 부, 영광과 행복으로 그 수준이 낮아진 것이다. 아울러 '혼합정체'에 대한 관심이 이상적 지도자가 등장할 수 있는 제도적 조건에 대한 고민으로 치환된 것도 주목할 점이다.

키케로의 공화주의는 그가 경험했던 로마공화정과 밀접한 관련을 맺고 있다. 개인적 야망을 인정하면서도 공공선에 대한 헌신을 강조하고, 갈등을 통해 삶의 문제를 해결하면서도 설득의 정치를 선호하며, 시민적 자유와 정치적 평등이 조화를 이루는 초기 로마공화정의 회복을 꿈꾼 것이다. 그러나 제국이 되어 버린 로마공화정에서 키케로의 공화주의는 귀족의 오만과 인민의 불만 사이에서 제대로 기능하지 못했다. 인민의 정치 참여는 불가피한 시대적 요구였고, 귀족적 심의를 민주적 심의로 대체할 정치적 혜안이 필요한 시기였던 것이다.

12

살루스티우스 Gaius Sallustius Crispus, BC 86-35

갈등은 아름다운가?

살루스티우스는 자기도 벗어날 수 없었던 로마공화정 말기의 부패와 혼란에 대해 거침없이 서술한다. 그리고 근대 공화주의와 자유주의에 큰 영감을 제공한 '갈등'에 대한 소신을 밝힌다. 갈등은 자유로운 공화정에 불가피한 현상이라고 지적하고, 외적에 대한 공포가 조성한 조화가 로마공화정을 위대하게 만들었다고 말한다. 개인의 이기심과 집단적 갈등에 대한 새로운 식견을 제시한 것이다.

기원전 45년 살루스티우스는 아프리카 노바 총독 시절 부당하게 긁어모은 재산 때문에 기소를 당했다. 생애 두 번째 원로원에서 축출될 위기에 놓인 것이다. 그러자 살루스티우스는 자신을 총애했던 카이사르에게 도움을 청해 잠시 몸을 피한다. 그러나 첫 번째와 달리 다시는 정계로 돌아오지 못했다. 든든한 버팀목이던 카이사르가 바로 다음 해에 암살당했기 때문이다.

그래서 나의 마음이 그 많은 고통과 위험으로부터 안식을 찾을 때 나는 남은 생에서 공적인 삶(re publica)을 멀리하기로 작정했다. 값비싼 여가를 무기력과 나태로 낭비하려는 것이 아니었다. 내 삶을 농사나 사냥을 하며, 혹은 노예나 감독하며 보내려는 것도 아니었다. 나의 사악한 야망이 나를 옭아맨 〔옛〕 과제와 열정으로 돌아와 나는 로마 인민의 역사(res gestas populi Romani)에 대해 쓰기로 결심했다.[1]

플라톤의 『7번째 편지』를 모방한 『카틸리나 전쟁(Bellum Catillinae)』의 서문에서, 살루스티우스는 어릴 적부터 꿈꾸던 정치가 "파렴치, 뇌물, 그리고 탐욕"으로 뒤덮여 있었다고 탄식한다.[2] 당시 신처럼 추앙받고 있던 플라톤의 글을 모방하는 것은 분명 불명예스러운 은퇴에 대한 변명으로 걸맞지 않다. 그러나 자기도 벗어날 수 없었던 부패와 혼란에 대한 거침없는 기술들은 높이 평가받아야 마땅하다. 바로 이것이 로마공화정에 대한 그만의 해석이 지금도 환영받는 이유이기 때문이다.

카이사르와 살루스티우스

살루스티우스는 기원전 86년 이탈리아 중부의 아미테르눔(Amiternum)에서 태어났다. 이탈리아 중부 아브루쪼(Abruzzo)의 산악지대에 위치한 아미테르눔은 기원전 293년에 로마인들에게 점령당했고, 기원전 87년 로마의 동맹들이 시민권을 둘러싸고 벌인 전쟁이 끝난 이후 속주로 편입되었다. 원래 이곳은 삼니움족의 땅이었기에 한때 로마와 각축을 벌이던 선조에 대한 자부심이 주민들의 의식에 강하게 잠재되어 있던 곳이다. 일찍부터 축산과 양모 생산이 발달했고, 아테르노(Aterno) 강을 따라 물류들이 모이고 흩어지는 요지였기에 부유한 유지들은 로마의 귀족들과 매우 긴밀한 관계를 형성하고 있었다.

살루스티우스의 정원

　키케로와 달리 살루스티우스는 유력 가문의 자제는 아니었던 것
으로 보인다. 비록 속주 출신의 정치가에게 늘 따라다니던 별명들 중
하나지만, 그의 경우에는 '새내기(novus homo)'라는 꼬리표가 글자 그
대로 적용되었기 때문이다. 집안에서 처음으로 원로원 위원이 된 사
람들에게 붙이던 별명과 그의 배경이 그대로 맞아떨어진 것이다.[3] 따
라서 기원전 52년에 호민관으로 선출된 이후, 원로원 중심의 지배체
제를 옹호하는 '혈통 귀족(patrici)'이나 '귀족 세력(optimates)'에 맞서
속주의 이익과 인민의 의사를 대변하는 '민중파(populares)'의 일원이
된 것은 자연스러운 경로였을지도 모른다.

　실제로 살루스티우스는『유구르타 전쟁(Bellum Jugurthinum)』에
서 로마공화정을 수렁에 빠뜨린 파당적 갈등의 시작을 그라쿠스

(Gracchus) 형제와 귀족 세력의 대결에서 찾고, 전자의 개혁이 갖는 진정성을 높이 평가하는 반면 후자의 탐욕과 부패를 비난하고 나선다. 가이우스 그라쿠스(Gaius Sempronius Gracchus)를 죽인 사람을 뇌물을 좋아하는 사람으로 묘사하고,[4] 그라쿠스 형제가 죽은 이유를 소수 귀족의 욕망(libido) 때문이었다고 역설하며,[5] 그들의 의도는 귀족들의 범죄를 만천하에 드러내 인민의 '자유(libertas)'를 지키기 위한 것이었다고 말한 것이다.[6] "이기려는 열망(cupidine victoriae)은 좋았지만 절제하는 마음(moderatus animus)을 갖지 못했다."는 말 속에[7] 공화정 붕괴의 원인이 인민의 방종이 아니라 귀족의 오만에서 비롯되었다는 민중파의 시각을 그대로 노출한 것이다.

물론 카이사르와의 관계도 살루스티우스의 당파성에 큰 영향을 끼친다. 기원전 50년 그는 부적절한 행동을 이유로 원로원에서 축출당한다.[8] 비록 그를 기소한 내용이 사실인지는 확인되지 않지만, 당시에 재기할 수 있도록 그를 도운 사람이 카이사르였던 것은 분명하다. 이후 그는 기원전 49년 일리리쿰(Illyricum)에서 카이사르를 도와 군단을 이끌고, 기원전 46년에는 법무관의 자격으로 카이사르와 함께 아프리카 원정을 떠나 폼페이우스(Pompeius)의 잔당을 무찌른다. 이때의 공헌으로 그는 아프리카 노바의 총독으로 임명되고, 카이사르의 그늘 아래에서 뇌물과 착취로 많은 재산을 축적한다.[9] 한때 카이사르의 소유였다가 그가 죽은 후 살루스티우스가 구입한 정원(Horti Sallustiani)도 이렇게 모은 재산으로 사들였다. 모순되게도 민중파 역사가의 화려한 여가가 수탈을 통해 만들어진 것이다.

살루스티우스의 정치사상

　살루스티우스의 인간 본성에 대한 비관적 태도는 투키디데스의 경우와 매우 흡사하다. 서술 방식에서도 매우 유사하다. 가끔 직접 사건에 개입한 사람처럼 기술하기도 하지만, 대체로 살루스티우스는 투키디데스처럼 관찰자의 입장에서 서술한다. 사실 몇몇 문장은 투키디데스의 것을 모방하거나 그대로 옮겨 놓기도 한다. 아울러 투키디데스가 지정학적 위치와 풍습을 언급하는 것이나, 당파 싸움의 근원을 찾는 것이나, 전설을 이용해서 설명하는 것조차 따라 한다. 특히 『유구르타 전쟁』에는 투키디데스의 흉내를 낸 서술들이 많이 등장한다. 북아프리카 사람들의 고유한 특성, 로마공화정 말기의 갈등 원인, 그리고 전설들을 이용해 역사를 서술하는 방식까지 비슷한 구절이 많다.[10]

　그러나 갈등에 대한 살루스티우스의 식견만은 자기만의 것이다. 어쩌면 그는 정치공동체를 개인들과 집단들의 갈등과 경쟁의 장(場)으로 이해한 최초의 사상가인지도 모른다. 그는 갈등을 도덕적 문제로 귀착시키기보다 정치적 본질로 이해하고, 개인의 이익 추구와 권력 다툼까지도 일반적이고 정상적인 행위로 본다. 게다가 갈등을 로마공화정의 자유와 연관시키고, 공화정 체제에서 불가피한 정치사회적 현상으로 기술한다.[11] 그가 개인의 이익을 공공선보다 앞세웠다는 해석은 설득력이 적지만, 이전 사상가들에 비해 개인의 이익 추구나 집단 사이의 갈등에 대해 보다 긍정적인 태도를 가진 것만은 확실해 보인다.

한 가지 짚고 넘어가야 할 것은 살루스티우스가 갈등의 해소와 관련해서 제시한 '공포(metus)'의 정치사회적 기능이다. 그는『카틸리나 전쟁』에서 로마공화정의 몰락은 카르타고와의 전쟁에서 승리한 순간부터 시작되었다고 주장한다.[12] 키케로가 '설득'으로 로마공화정의 갈등이 해소되었다고 말한다면, 그리고 리비우스가 '조화'라는 가치를 통해 귀족과 인민의 공존이 가능했다고 말한다면, 살루스티우스는 '외적에 대한 공포(metus hostilis)'가 조화를 만들어 냈다고 설명하고 이렇게 만들어진 조화가 로마공화정을 위대하게 만들었다고 말하는 것이다.[13]

이런 맥락에서 볼 때, 살루스티우스의 정치사상은 갈등의 정치사회적 순기능을 주장한 마키아벨리보다 고전적 공화주의에 여전히 더 가깝다. 당파적 갈등을 부패와 연관시키고 '조화'를 '불화'보다 앞세우며, 건강했던 로마인들의 '영광에 대한 목마름(cupido gloriae)'을 몰락기의 '권력과 돈에 대한 굶주림'과 비교하기 때문이다.[14] 그럼에도 불구하고 살루스티우스의 갈등에 대한 견해가 근대 공화주의와 자유주의에 끼친 영향은 부인할 수 없을 것이다.

13

세네카 Lucius Annaeus Seneca, BC 4-AD 65

군주 아래 자유는 어떻게 보장되는가?

세네카는 후기 스토아 철학을 대표하는 로마제정시대 정치가다. 네로 황제의 스승으로, 그리고 황제를 암살하려는 음모가 발각되어 네로에게 자살을 명령받은 일로 그의 이름은 비교적 널리 알려져 있다. 그러나 세네카가 군주 아래에서 자유를 향유할 수 있다는 논지를 전개함으로써 제정 체제의 이념적 좌표를 마련했다는 사실은 별반 주목 받지 못한다. 그 이유는 어쩌면 네로 황제의 폭정이 세네카의 사상보다 더 극적이었기에 그런 것일지도 모른다.

세네카는 후기 스토아 철학을 대표하는 로마제정 시대 정치가다. 네로 황제의 스승으로, 그리고 황제를 암살하려는 음모가 발각되어 네로에게 자살을 명령받은 일로 그의 이름은 비교적 널리 알려져 있다. 그러나 세네카가 소크라테스를 존경하는 철학자였으며, 아버지를 닮아 당대 최고의 웅변가였을 뿐만 아니라 뛰어난 비극 작가이자 감정이 풍부한 시인이었다는 사실은 별반 주목받지 못한다. 그 이유는 어쩌면 네로 황제의 폭정이 세네카의 일생보다 더 극적이어서일지도 모른다.

만약 타키투스(Tacitus)의 기록이 정확하다면, 세네카는 소크라테스의 죽음을 항상 염두에 두며 일생의 마지막을 견디어 냈을 것이다. 피를 흘리며 친구들에게 조용히 철학에 대해 이야기할 때 그는 아마도 소크라테스의 죽음을 생각했을 것이다.[1] 그는 죽음이 두렵지 않다고 말하곤 했고, 소크라테스를 위대하게 만든 것은 죽음이었다고 생각했기 때문이다.[2] 그렇기에 그의 저술에서 우리는 네로 황제나 정치 이야기보다 철학적 신념과 이성적 성찰에 대해 더 많이 듣게 된다. 그의 화려한 정치적 이력이 말하는 것과 사뭇 다른 방식의 삶을 후대에게 가르쳐 주려고 노력한 것이다.

세네카의 생애

세네카는 지금의 스페인 코르도바의 유력한 가문에서 태어났다. 아버지는 수사와 웅변에 뛰어났던 노(老) 세네카(Lucius Annaeus Seneca)이고, 형은 신약성서의 『사도행전』에 등장하는 갈리오(Lucius Iunius Gallio) 총독이며,[3] 동생인 멜라(Annaeus Mela)는 로마의 대표적인 시인 중 한 사람인 루카누스(Marcus Annaeus Lucanus)의 아버지다. 불행하게 도 세 형제와 조카까지 모두 네로 황제에 의해 죽음을 맞이한다. 집 안의 가풍이던 학자적 자세와 도덕적 지조가 폭군과의 타협을 가로 막았던 것이다.

비록 스페인 태생이지만 세네카는 로마에서 자라고 컸다. 어린 나 이에 아버지를 따라 제국의 심장부로 들어갔던 것이다. 일찍이 아버 지에게 수사학을 공부했고, 이후 스토아 철학의 대가였던 섹스티우스 (Quinti Sextius Patris)의 제자가 된다. 비록 뛰어난 웅변술을 가졌지만, 그 의 출세는 다른 사람들보다 다소 늦은 서기 33년이었다. 천식과 결핵 으로 요양과 치료를 반복해야 했기 때문이다. 칼리굴라(Caligula) 황제

네로 황제를 묘사한 초상화

의 시기를 맞아 시련을 겪었는데, 정작 서기 31년 세네카를 코르시카로 귀양을 보낸 황제는 클라우디우스(Claudius)다. 이 시기 세네카는 철학과 저술에 몰두한 것으로 알려져 있지만, 사실은 이 시기에 쓴 『화에 대하여(De Ira)』에서 보듯 그는 감정을 다스리며 로마로 돌아갈 날만 기다렸다.

　서기 49년 세네카는 마침내 로마로 돌아온다. 그러나 그를 로마로 부른 사람은 이후 황제가 될 네로의 어머니 아그리피나(Julia Agrippina Minor)였다. 그녀는 클라우디우스 황제의 네 번째 부인으로, 다른 부인의 소생을 제치고 자기 아들을 황제로 만들려는 생각에 세네카를 아들의 스승으로 삼은 것이다. 서기 54년 드디어 네로가 황제로 등극하고, 세네카는 부루스(Sextus Afranius Burrus)와 함께 네로의 통치를 돕게 된다. 후대의 역사가들은 이 시기를 '네로의 초기 5년(quinquennium Neronis)'이라고 해서, 네로가 어머니인 아그리피나를 살해한 서기 59년부터 시작된 폭정과 구별한다.

네로는 첫 5년 동안 선정을 베푼다. 네로의 연설은 세네카의 도움으로 원로원의 큰 호응을 얻어 낼 수 있었고, 부루스의 적절한 충고는 정부를 매우 안정되게 운영할 수 있도록 도왔다. 그러나 네로가 아그리피나를 살해한 후부터 폭정의 조짐이 일기 시작했고, 그로부터 3년 동안 세네카는 폭군을 선도하려는 이상과 폭군에게 복종할 수밖에 없는 현실 속에서 부단히 갈등한 것으로 보인다. 결국 부루스가 죽은 서기 62년에 세네카는 은퇴를 결심하고, 네로의 반대를 무릅쓰고 64년부터는 궁정에 아예 출입조차 하지 않는다. 이런 행동에 의심을 품었던 네로는 서기 65년 발각된 음모에 세네카의 조카 루카누스가 연루되자 세네카와 그의 가족 모두를 몰살한다.

세네카의 철학

세네카는 자기 스스로를 스토아 철학자라 규정하고, 자기가 스토아 학파의 규율과 원칙을 따른다는 것을 강조한다. 그러나 그의 정치사상을 스토아 철학의 판박이라고 단정하기는 힘들다. 스토아 학파의 영향을 받았다는 점을 부인할 수는 없지만, 그의 정치사상은 로마인의 경험과 결합된 독특한 성격을 갖고 있다. 파나이티우스(Panaetius)와 포시도니우스(Posidonius)의 실용적인 관점이 강화된 스토아 철학을 계승했으며, 에피쿠로스 학파의 의견 중 일부를 받아들임으로써 감정에 대해 보다 긍정적인 태도를 취한다.

일반적으로 스토아 철학이라고 하면 크게 두 가지 측면이 강조된다. 첫째, 최고의 선으로서 '무(無)정념(apatheia)', 즉 감정 또는 열정으로부터 자유로운 상태다. 스토아 철학자들은 감정 또는 열정을 '외적 선'으로 규정한다. 이러한 외적 선이 내적 완전함을 방해하지 못하도록 이성으로 규제하는 '무정념'의 상태, 이것이 '최고의 선(summum bonum)'인 '행복(felicitas)'에 도달하는 길이라고 믿었던 것이다. 둘째, 자연을 일원적이고 유기체적 체계로 이해하고, 모든 일이 '필연적'인 인과관계를 통해 결정된다는 견해다. 물론 스토아 철학의 이런 태도를 운명론으로 단순화할 수는 없다. 인간은 자유의지를 가지고 있고, 이러한 자유의지를 통해 자발적으로 자연과 일치되는 삶을 살 수 있다고 믿었기 때문이다. 다만 인식론적으로 자연과 인간의 수직적 관계를 받아들인 것은 부인할 수 없다.

세네카는 스토아 철학에서 도덕적인 부분을 더욱 부각시킨다. 일찍이 로마의 스토아 철학자들은 인간 이성의 무한한 가능성에 주목했고, 타고난 본성보다 점진적 개선을 우선시하는 경향을 보였다. 아울러 제국이 가져다준 평화 속에서 모든 사람들은 평등하며, 노예와 여성을 포함한 모든 사람에게 교육의 혜택이 돌아가야 한다는 견해를 가지고 있었다. 이런 맥락에서 세네카는 스토아 철학에서 두 가지 측면을 강화한다. 첫째, 세네카는 도덕적 현자에게 다른 사람들을 지식과 행복의 길로 인도하는 역할을 부여한다.[4] 여기에서 사회적 위계는 자연에 부합한 도덕적 삶의 위계로 대체되고, 군주가 기초해야 할 덕성이 가져올 사회적 혜택에 초점이 맞추어진다. 이때 그는 '분노'

와 같은 감정에 지배당하는 삶은 참주 아래 살아가는 사람들의 노예 상태(servitude)와 동일하다고까지 말한다.[5] 정의의 실현을 위한 분노의 사회적 가능성에 주목하기보다 이성을 통한 감정의 규제에 여전히 충실한 것이다. 둘째, 세네카는 '운명의 여신'과 자연의 섭리를 따르는 '완벽한 이성'을 일치시킨다.[6] 그렇기에 궁극적으로 그에게는 운명의 장난과 같은 우연이 도덕적 고결함을 방해할 여지가 없다. 종종 '시기심(invidia)'과 같은 감정 때문에 판단이 흐려지더라도 올바른 이성적 판단을 고수해야 한다. 그리고 자신의 행동을 다른 사람들의 판단에 맞추는 행동은 용납되지 않는다. '감정'에 대해 보다 유연한 태도를 견지했다고는 하지만, 그에게는 '존귀한 것(dignum)'과 '유용한 것(utile)' 사이의 어떤 타협도 허락하지 않는 철학적 원칙이 유지되었던 것이다.

제정과 공화정

『자비에 대하여(De Clementia)』는 일종의 '군주의 교본(speculum principis)'의 모범적 사례라고 할 수 있다. 첫 5년의 선정을 이끈 세네카가 네로 황제에게 충고하는 내용을 담은 것으로, 선정을 베푸는 좋은 군주와 폭력을 일삼는 참주의 대비를 통해 황제와 백성의 관계가 어떠해야 하는지를 조심스럽게 서술하고 있다. 수사학적으로 매우 뛰어난 이 작품은 한편으로는 황제에게 아부하는 태도를 보이고, 다

세네카

른 한편으로는 황제를 가르치는 한 명의 스승의 모습을 보인다. 매우 치밀한 계산이 깔린 저술이었다.

그러나 이 저술에 담긴 내용을 수사적 설득으로만 국한시키는 것은 지나친 단순화다. 저술이 갖는 또 다른 의도가 '로마제정'의 정당성을 획득하려는 것이기 때문이다. 아우구스투스(Augustus)가 제정 초기에 보인 조심스러운 행동에서 보듯, 로마의 뿌리 깊은 '선조들의 관습(mos maiorum)'은 황제라는 존재를 받아들이지 않았다.[7] 비록 '원수(principatus)'라는 말이 로마제정의 체제를 설명하는 말로 통용되었지만, 정작 아우구스투스는 스스로를 원로원의 '수장(princeps)' 또는 '통령 중 한 사람(triumvir)'으로 인식되기를 원했다. 군대를 비롯해 통치 전반을 장악했음에도 불구하고 종신 직책을 부여받는 것을 의도적으로 피함으로써 불필요한 시기와 증오를 피하려 했던 것이다.[8] 아울러 황제 체제가 궁극적으로는 공화정에서만 가능한 관습과 상충된다는 비판을 최소화하려 했다.

세네카의 『자비에 대하여』는 로마 사회에서 황제 체제가 갖는 내적 긴장을 해결하기 위해 '도덕'을 논의의 중심에 놓는다. 군주와 참주의 구별을 이야기하지만 정치체제가 아니라 통치자가 핵심 주제가 된다. 그리고 아우구스투스에게서 모범을 찾는다.[9] 로마공화정의 귀족과 인민의 공존에 대한 논의도 없고, 로마공화정을 위대하게 만들었던 영웅들에 대한 이야기도 없다. 대신 황제의 도덕성이 곧 정당성의 잣대가 된다는 논지만 있다. 이런 바탕 위에 세네카가 절제된 자비를 베풀도록 유도하는 수사적 내용을 보탠다. 그렇기에 그는 이복형인 브리타니쿠스(Tiberius Claudius Caesar Britannicus)를 죽인 것과 네로는 무관하다고 말한다.[10] 그런 연후에 선한 군주의 백성에게는 분노도 복수심도 없고 분열과 불화도 없다고 조심스럽게 충고한다. 다시 말하자면 『자비에 대하여』에 숨겨진 또 하나의 목적은 제정을 옹호하는 이념적 좌표를 세우는 것이었다.

특히 세네카의 제정론에서 두 가지 측면을 주목할 필요가 있다. 첫째, 세네카는 스토아 철학에서 말하는 '완벽한 이성' 또는 '자연과 일치된 삶'을 정치공동체의 통치 원칙으로 제시하려 한다. 이때 군주는 오직 상위의 보편적인 도덕 원칙에만 구속되고, 이러한 도덕 원칙의 하나인 '자비'라는 덕목이 군주와 참주를 구별하는 기준으로 제시된다.[11] 즉 군주의 도덕성이 정체의 정당성을 확보하는 기준이 된 것이다. 둘째, 세네카는 로마공화정의 '자유(libertas)'가 군주의 통치 아래에서도 가능하다는 것을 설득하려고 노력한다. 그에게 자비로운 군주에 대한 인민의 사랑은 전적으로 이성적인 행위고, 군주는 '의

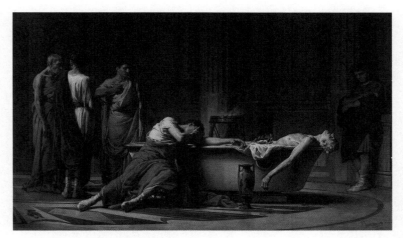

마누엘 도밍게스 산체스, 「세네카의 자살」(1871)

사'처럼 정치공동체의 문제를 해결하려고 노력해야 한다.[12] 반면 참주는 올바른 이성을 결여한 통치자고, 그가 조성하는 공포는 끝내 자신의 몰락을 자초할 뿐이다.[13] 결과적으로 볼 때 세네카는 공화정의 시민적 자유를 제정의 개인적 자유로 대체하고 있다. 적극적인 정치 참여가 아니라 자비로운 군주 아래에서 행복을 누리는 것을 자유라고 말하는 것이다.

14
리비우스 Titus Livius Patavinus, BC 64/59-AD 17
로마는 재건될 수 있을까?

로마공화정의 붕괴와 로마제정의 시작이 교차되던 순간, 리비우스는 시간의 흐름을 이겨 낼 위대한 역사서를 쓰기 시작한다. 귀족의 탁월함과 인민의 성실함이 공존했던 로마공화정의 화려했던 시기의 이야기, 그리고 이러한 공존을 가능하게 만들었던 가치들이 어떻게 퇴색되었는지를 쓰기 시작한 것이다. 우리는 리비우스로부터 위기를 통해 점진적으로 제도를 개선해 갔던 로마공화정의 또 다른 면모를 보게 된다.

로마공화정의 화려함 속에는 귀족들의 왕정복고에 대한 두려움과 인민들의 귀족에 대한 견제가 만들어 낸 공존의 미학이 살아 숨쉬고 있었다. 폭군을 축출한 귀족들에게 있어서 쫓겨난 왕의 귀환과 인민을 앞세우는 참주의 출현은 가장 주의해야 할 정치적 문제였다. 반면 정치에서 상대적으로 소외되었던 인민들에게는 귀족들의 전횡에 맞서 자기들의 자유를 지키는 것이 무엇보다 중요했다. 즉 로마공화정에서 가능했던 귀족과 인민의 공존은 탁월한 지도자의 능력이나 제도적 설계의 우수함이 빚어낸 행운만은 아니었다.

　로마공화정의 붕괴와 로마제정의 시작이 교차되던 순간, 크게 주목받지 못하던 문필가 리비우스는 시간의 흐름을 이겨 낼 위대한 역사서를 쓰기 시작했다. 귀족의 '뛰어남'과 인민의 '물리력'이 공존했던 로마공화정의 화려했던 시기의 이야기, 그리고 이러한 공존이 가져온 로마의 영광이 어떻게 퇴색되었는지를 서술하기 시작한 것이

파두아 원형경기장

다. 물론 그도 귀족과 인민이 공존할 수밖에 없도록 만들었던 외세의 위협이 사라진 것에 주목했다. 그러나 그에게는 외세의 위협보다 공존을 가능하게 만들었던 '조화(concordia)'라는 가치의 소멸이 더 중요했다. 그래서 그는 로마라는 도시가 건설된 최초로 거슬러 올라갔다.

역사가 리비우스

리비우스는 오늘날 이탈리아 파도바인 파타비움에서 태어났다.

이 지역은 기원전 220년경에 로마공화정에 점령당했고, 기원전 81년에 속주로 편입되었다. 비록 파타비움은 상업이 발달하고 학문적 교류도 왕성했던 곳이지만 정치와 문화에서는 매우 보수적인 지역이었다.[1] 로마보다 더 로마공화정의 전통적 가치를 고수하던 지역이고, 시민들은 '파타비니타스(patavinitas)'라는 자기들만의 고유한 문화적 유산을 자랑스럽게 여겼다. 그래서 기원전 43년에 파타비움 시민들은 원로원과 함께 안토니우스(Marcus Antonius)에게 맞섰고, 리비우스는 로마가 트로이 왕족 아이네이아스(Aineias)에 의해 세워졌듯이 자기 고향도 트로이 장로였던 안테노르(Antenor)에 의해 세워졌다는 신화를 사실처럼 서술한다.[2]

따라서 리비우스가 나이 마흔이 되기까지 고향을 떠난 적이 없다는 점이 그의 저술이 갖는 가치를 떨어뜨릴 수는 없다. 물론 관직을 역임한 적도 없고 군인으로 전쟁에 참가한 적도 없다는 이력이 약점이 될 수는 있다. 유명한 문필가들과 교류한 흔적이 없다는 것도, 그의 저술이 대중적 호응이 없었다는 것도 저술에 대한 독창성을 의심할 이유가 될 수 있다. 그러나 그 누구도 그만의 독창적인 서술 방식을 폄하할 수는 없다.[3] 새로운 사실을 밝히기보다 집단적 기억을 보다 효과적으로 되살리는 수사,[4] 객관적 사실만큼이나 역사의 교훈을 전달하려 했던 그만의 서술을 결코 '조합'이나 '해석'일 뿐이라고 치부할 수 없다.[5]

오히려 우리는 리비우스가 어떤 점에서 당시 지식인들과 차이가 있으며 어떤 점에서 그들과 유사점을 갖는지를 살펴보아야 한다. 특

루이 고피에, 「클레오파트라와 옥타비아누스」(1787)

히 기원전 31년 악티움(Actium) 해전의 승리로 내란을 종식시킨 아우구스투스가 이제 로마에 평화와 영광을 가져다줄 것이라고 기대했는지, 아니면 '공화정의 회복'을 선언하면서도 제정체제를 구축했던 아우구스투스와 그 지지자들에 대한 비판을 로마의 역사 속에 담았는지를 유심히 살펴볼 필요가 있다. 아직까지 결론 나지 않았지만, 아우구스투스와의 친분뿐만 아니라 동시대 서술에서 드러난 원수체제(principatus)에 대한 호의적인 서술을 무시할 수도 없고,[6] 리비우스의 몸에 밴 공화주의와 저술 전반에 걸친 원로원 지배체제에 대한 열정적 지지를 간과할 수도 없다.[7]

리비우스의 정치사상

리비우스의 『도시의 건설로부터(Ab Urbe Condita)』는 총 142권으로 되어 있다. 아이네이아스가 로마를 건설한 기원전 753년부터 드루수스(Nero Claudius Drusus Germanicus) 장군이 죽은 기원전 9년까지 총 745년의 역사를 기록한 참으로 방대한 역사서다. 불행하게도 35권만 현존하고 거의 대부분이 소실되었다. 시기적으로는 I권에서 10권까지 기술된 기원전 753년부터 기원전 293년까지, 그리고 21권에서 45권까지 기술된 기원전 218년부터 기원전 167년까지가 남아 있다. 비록 내용은 4세기에 만들어진 '요약(Periochae)'을 통해 전해지고 있지만 이마저도 원래 책과 일치하지 않거나 부분적으로 소실된 부분이 있다. 현존하는 저술을 통해 로마공화정의 시작과 절정을 볼 수 있다는 것이 그나마 다행이다.

사실 아우구스투스에 대한 서술에서 보이는 미묘한 태도와 달리, 로마공화정에 대한 기술에서 리비우스는 비교적 분명한 입장을 드러낸다. 웅변과 설득을 중시했던 원로원 중심의 공화정을 부각시키고, 공화정의 몰락을 가져온 일련의 사태를 과도한 갈등과 만연된 사치와 연관시키며, 조그만 도시가 거대한 제국으로 확장되는 과정에서 필요했던 제도와 관습을 가르쳐 주려는 의도를 노출하는 것이다.

> 최근 부유함이 탐욕을 불러왔고, 무절제한 쾌락의 추구는 태만과 방종을 통해 스스로와 모든 것을 파멸시키려는 욕구를 사람들에게 심어 주었다.[8]

이렇듯 리비우스는 제정이 시작하는 시점에 로마공화정을 몰락으로 이끌었던 원인들을 진단하고 있다. 그리고 건강했던 로마공화정에 대한 로마인들의 기억을 되살리려고 노력하고 있다. "어떤 삶(quae vita), 어떤 관습(qui mores)"이 과거에는 로마인의 생활 속에 있었으며,[9] 건강했던 로마인의 일상이 어떻게 귀족으로부터 시작해서 인민에 이르기까지 타락하여 결국 몰락에 이르렀는지를 보여주려 한 것이다.[10]

이런 맥락에서 볼 때 크게 두 가지 주제가 우리의 관심을 끈다. 첫째, 원로원 중심의 공화주의가 기초했던 정치사회적 원칙으로서

자크 루이 다비드, 「부르투스 가족」(1789)

'조화'다. 리비우스는 귀족과 인민의 공존은 '조화'라는 가치가 구성
원들에게 존중되고 유지될 때에만 가능했다고 보았다. 그래서 로마
공화정을 창건한 브루투스(Lucius Junius Brutus)가 아들들을 희생하면
서까지 구축하려 한 것도,[11] 로마공화정을 안팎의 위기에서 구해 낸
카밀루스(Marcus Furius Camillus)가 구현하려고 한 것도[12] 모두 '조화'와
관련된다. 반면 '불화(discordia)'는 '사치(luxuria)'와 '탐욕(avaritia)'과
연관되고, 결국 '모반(seditio)'과 '추악한 파당(foeda certamina)'으로 귀
결된다. "조화는 영광을 가져오고 불화는 파멸을 가져온다."는 전통
적인 가치를 옹호한 것이다.

둘째, 로마공화정은 한 명의 탁월한 인물이 아니라 위기 때마다 등장한 여러 지도자들에 의해 점진적으로 완성되었다는 견해다. 리비우스는 폴리비오스처럼 혼합정체와 같은 특정 역사관에 기초한 제도적 구상을 제시하지 않는다. 대신 위기에 처할 때마다 어떤 지도자가 등장하고, 이 지도자가 최초의 '창건자(conditor)'처럼 제도를 개선하고 사태를 수습했다는 기술을 반복한다.[13] 이때 그가 사용하는 역사관을 구태여 표현하자면 위기와 극복의 반복이다.[14] 즉 로마공화정이 지속적으로 '참주의 출현'과 '외세의 위협'에 시달렸으며, 이런 위기마다 한 사람의 헌신적인 노력으로 위기에서 벗어날 수 있었다고 서술하는 것이다. 그리고 그는 이와 같은 지도자들에게 귀족과 인민에게 공존의 필요를 역설함으로써 전통적인 가치인 '조화'를 회복하는 역할을 부여한다. 한편으로는 귀족과 인민을 설득하는 '조정자(gubernator)'로, 다른 한편으로는 '선조들의 권위(auctoritas maiorum)'로 공화정을 재건하는 인물로 이상적인 지도자의 모범을 세우려 했던 것이다.

15

쿠인틸리아누스 Marcus Fabius Quintilianus, 35-100

이상적인 연설가는 왜 육성해야 하는가?

자유로운 연설이 불가능했던 제정시대, 쿠인틸리아누스는 공화정 시대의 수사학을 회복시키려고 노력했다. 한편으로는 당시에 만연된 기교 중심의 수사 교육을 대체하고, 다른 한편으로는 도덕성을 갖춘 연설가를 양성하는 자기만의 대안을 제시한 것이다. 여기에 제정기 로마 수사학자의 꿈이 르네상스 시기의 공화주의로 다시 꽃피우게 된 이유가 있다.

'웅변(eloquentia)'과 '연설(oratio)'이 수사학의 주된 내용과 형식을 좌우하던 때가 있었다. 아테네 민주정과 로마공화정이 화려하게 꽃을 피우고, '설득(persuasio)'이 정치의 가장 중요한 수단으로 자리를 잡았던 바로 그 시기다. 이때 수사학은 정치가가 되려는 야심 찬 젊은 이들에게 필수적인 교양이었고, 연설이 행해지는 장소와 청중의 성격에 따라 자기 의사를 적절하게 전달하는 기술은 정치적 힘이었다.

그러나 아테네 민주정이 선동과 방종으로 혼란에 빠지자 철학자들은 수사적 기교만 판치는 설득에 환멸을 느꼈고,[1] 로마공화정이 혼란과 분열을 못 이겨 제정으로 접어들자 웅변과 연설은 서술과 작문에 자리를 내주어야 했다.[2] 전자로 인해 아리스토텔레스의 부단한 노력에도 철학과 수사학의 간극이 좁혀지지 않았다면,[3] 타키투스가 자기의 시대를 한탄하듯 후자로 인해 수사는 철학은 물론이고 정치로부터도 멀어지게 되었다.

이전 시대에는 재능이 있고 명성이 자자한 탁월한 연설가들이 그리도 많았던 반면, 어떻게 우리 시대는 웅변의 영광이 이리도 허망하고 피폐되어 연설가라는 이름조차 거의 남지 않았는가. 실제로 우리는 이러한 명칭을 단지 옛사람들에게만 적용하고 오늘날에는 변론가(causidici), 변호인(advocati), 법정자문(petroni), 여하튼 연설가(oratores) 이외의 명칭을 쓰고 있다.[4]

자유로운 연설이 불가능했던 제정시대, 황제에 대한 반역이 곧 죽음을 의미하던 시절, 정적을 반역자로 몰아 제거하려는 권력가들의 재판을 통해 돈을 챙기는 '고발인(delatores)'이 판치고 있었다.[5] 이들은 황제와 권력자의 구미에 맞는 말이라면 무엇이든 서슴지 않았고, 몇몇은 황제의 호의로 엄청난 부와 권력까지 누렸다. 이런 때에 타키투스는 수사학을 버리고 역사로 발을 돌렸지만, 쿠인틸리아누스는 공화정 시대의 수사학을 회복하려고 노력했다.

쿠인틸리아누스의 생애

쿠인틸리아누스는 서기 35년 칼라구리스, 지금의 스페인 칼라오라에서 태어났다. 이 도시는 기원전 187년 로마에 점령당했지만, 기원전 77년 세르토리우스(Quintus Sertorius)가 로마공화정의 보수 원로원 세력에 맞서 스페인 지역에서 봉기할 때 함께 로마에 대항했던 자립심이 매우 강한 곳이다. 기원전 72년 세르토리우스가 암살당하고, 이어진 폼페이우스(Pompeius) 군단의 공격에 수많은 주민들이 기근과 전쟁으로 목숨을 잃은 아픈 기억이 있는 곳이기도 했다. 카이사르와 아우구스투스가 이곳을 속주로 편입하고, 히스파니아 지역의 중심 도시로 개발한다. 그 후 제정시대 로마 문화의 또 다른 중심지가 되었다.

어린 시절 쿠인틸리아누스는 칼라구리스의 풍부한 지적 토양에서 아버지로부터 수사학을 배우며 정치가로서 기초적인 교양을 쌓았다. 열여섯 살에 로마로 유학을 떠났고, 그는 당시 젊은이들과 마찬가지로 티베리우스(Tiberius)부터 네로에 이르기까지 수사가로 명성이 자자했던 아페르(Domitius Afer)에 심취한다. 다른 사람들의 눈에 아페르는 단지 성공한 '고발인'에 불과했지만,[6] 수사적 기법을 웅변의 중요한 요소로 생각했던 쿠인틸리아누스에게 그는 고대 공화정에서나 볼 수 있었던 탁월한 연설가였다.[7] 그래서 쿠인틸리아누스는 아페르의 수사적 기술뿐만 아니라 연설하는 태도까지 모방하려고 노력한다. 스물다섯 살에 고향으로 돌아오기까지 그는 아페르에게서 이상적인 연설가의 전형을 찾으려고 노력했다.

귀향 이후의 행적은 법학과 변론을 가르쳤다는 것 외에는 자세하게 알려져 있지 않다. 다만 서기 68년 히스파니아의 총독 갈바(Servius Sulpicius Galba)를 따라 로마로 왔다는 사실에서 그가 지역에서는 중요한 인물이었을 것이라고 추측만 할 뿐이다. 그리고 다음 해에 갈바가 황제로 추대되었기에, 비록 황제의 재위 기간은 짧았지만 그

로 인해 로마에서 쿠인틸리아누스의 인지도가 높아졌으리라는 추측
도 가능하다. 실제로 탁월한 웅변 솜씨로 여러 재판에서 승소하면서
주변 동료들과 귀족들에게 큰 신뢰를 얻었다.[8] 그래서인지 그는 갈바
의 죽음 이후 극심한 정치적 혼란 속에서도 살아남았다.

특히 선생으로서 쿠인틸리아누스의 성공은 매우 돋보인다. 서기
69년 내란을 종식시키고 베스파시아누스(Titus Flarius Vespasianus)가 황
제에 즉위한다. 황제는 네로의 폭정과 뒤이은 내란으로 무너져 버린
사회의 기강을 바로잡고 원로원의 기능을 강화하기 위해 교육을 장
려하는 정책을 실시한다. 그 일환으로 서기 72년 몇몇 뛰어난 수사학
자들에게 고액의 연봉을 주고 라틴어와 그리스어 수사학교를 운영
하도록 했다.[9] 퀸틸리우스는 이렇게 고용된 사람들 중에서도 가장 뛰
어났기에 많은 학생들이 그에게 몰려들었다. 그리고 도미티아누스
(Domitianus) 황제의 종손들을 가르친 것을 끝으로 서기 91년경 은퇴
해서 수사학과 관련된 저술에 전념한다.

이상적인 연설가

쿠인틸리아누스에게 수사란 '설득력(vis persuadendi)' 이상의 의미
를 갖고 있다. 물론 그도 당시 아테네와 로마에서 통용되던 '잘 설득
하는 기술(ars bene persuadendi)'이라는 정의를 사용한다. 그러나 그에게
'잘'이라는 부사는 정연한 논리와 상황에 맞는 말솜씨를 통해 대화

M. FABIO QUINTILIANO
ESPAÑOL.
Florecio en tiempo de Domiciano, año de 96 de J.C.

쿠인틸리아누스

상대를 자기편으로 끌어들이는 말솜씨만을 지칭하는 것이 아니다. 그에게 '잘'은 '말로 하는 모든 행위'와 관련되고, 그렇기에 그는 수사를 "잘 말하는 지식(bene dicendi scientia)"이라고 정의한다.[10] 즉 그에게 수사란 설득의 기술, 웅변의 미학, 도덕적 가치까지 포괄하는 행위였다.[11] 이런 이유에서 그는 『연설가 교육(Institutionis Oratoriae)』의 서문을 통해 책을 서술한 목적을 이렇게 밝힌다.

> 우리는 완벽한 연설가를 만들려고 한다. [완벽한 연설가]는 무엇보다 먼저 선한 사람(vir bonus)이어야 한다. 그렇기에 우리는 그에게 탁월한 말재주뿐만 아니라 훌륭한 마음씨도 요구한다."[12]

쿠인틸리아누스에게 '이상적인 연설가(orato perfectus)'는 노(老) 카토(Marcus Porcius Cato)가 말하던 "말재간이 있는 좋은 사람(vir bonus dicendi peritus)"이다.[13] 즉 연설가는 반드시 도덕적으로 선한 사람이어야 하고, 선할 때에 비로소 연설가의 웅변도 효과적일 수 있다는 것이다. 한편으로는 당시 수사학 교재들이 지향하던 기교 중심의 수사 교육에 반대함을 공개적으로 표명한 것이고, 다른 한편으로는 '철학과 수사' 또는 '도덕과 수사'에 대한 자기만의 새로운 대안을 제시하겠다는 포부를 밝힌 것이다.

특히 후자와 관련해서 두 가지 측면을 살펴볼 필요가 있다. 첫째, 쿠인틸리아누스는 '철학과 수사'보다 '도덕과 수사'의 결합에 더 몰두했다는 점이다. 사실 그가 수사학 전통에서 위대한 인물로 거론한 사람들은 '철학과 수사'의 긴장을 해소하려고 부단히 노력했다. 예를 들면 키케로는 연설가에게 필요한 능력을 배양하기 위해 철학을 중시한다.[14] 연설을 하려면 모든 것을 두루 알아야 하고, 옳고 그름에 대한 판단이 필요하다는 전제에서였다. 반면 쿠인틸리아누스는 철학보다 도덕을 중시한다. 수사적 기교를 넘어선 포괄적 지식을 강조하지만, 당시 소피스트들을 흉내 내면서 수사적 기교를 과시하거나 철학을 빌미로 사회적 책무를 등한시하는 철학자들에 대해 매우 부정적인 생각을 갖고 있었다.[15] 그는 철학자인 양할 수는 있어도 수사적 기예는 가장할 수 없다고까지 말한다.[16] 이런 맥락에서 그는 철학과 수사의 관계에서 후자를 선택하고, 수사를 조율하는 원칙으로 철학 대신 도덕을 앞세운다.

둘째, 이성보다 감성에 호소하는 수사에 대해 비교적 관대한 태도를 견지했다는 점이다. 아리스토텔레스 이후 수사학자들은 대체로 감성이 이성적 판단을 도울 수 있다는 전제를 받아들였다.[17] 그러나 상대를 설득하려는 목적으로 청중에게 동정이나 분노를 불러일으키는 수사가 좋은지에 대해서는 이견이 존재했다. 특히 당시 스토아 철학자들은 수사의 목적은 '진리를 말하는 것'이라고 믿었기에 거짓된 논증이나 감정의 조작을 통해 상대를 설득하려고 하는 것 자체를 부적절하다고 생각했다.[18] 누구보다 더 '도덕'의 중요성을 역설하지만[19] 쿠인틸리아누스는 청자의 판단에 영향력을 끼치지 못하는 '덕성(virtus)'에 대해서는 매우 회의적이었다. 따라서 그는 청중에게 인식되는 연설가의 특성을 강조하고, 연설가는 청중의 감성에 호소하는 웅변을 반드시 익혀야 한다고 주장한다.[20] 그리고 오직 '현자'만이 감정을 조작하는 연설을 해야 한다는 스토아 철학자들의 충고에 침묵한다.[21] 대신 '철학자'도 거짓말할 때가 있다는 말을 함으로써 감성에 호소하는 수사에 대해 보다 적극적인 지지 의사를 표명한다.[22]

종종 쿠인틸리아누스의 도덕에 대한 강조와 플라톤의 수사에 대한 비판을 동일한 것처럼 이해하는 경우를 보게 된다. 그러나 철학의 수사에 대한 우위를 인정하지 않았다는 점, 웅변의 공적 유용성에 대해 누구보다 확신했다는 점에서 쿠인틸리아누스는 플라톤보다 이소크라테스, 아리스토텔레스보다 키케로에 더 가깝다.[23] 사실 그는 수사의 공적 역할을 무시하는 철학적 태도나 청중에게 영향력을 끼치지 못하는 개인적 탁월함을 이상적 연설가의 덕성으로 간주하지 않았다. '선한 사람'으로 교육하는 것만큼이나 '선한 사람'이 변론에서 패배하지 않도록 가르쳐야 한다고 믿었고, 개인의 내면에 머물러 있는 도덕성보다 감성에 호소하는 웅변에 더 큰 가치를 부여했다. 아울러 정치사회적 개연성 속에서 설득을 통해 가능한 최선을 만들어 가는 태도, 그리고 연설이 성립되는 상황을 주도하고 지배하는 웅변의 능력을 강조했다. 한편으로는 철학과 수사, 다른 한편으로는 정치와 수사의 새로운 관계를 정립하려 노력했던 것이다.

쿠인틸리아누스와 공화주의

쿠인틸리아누스는 『연설가 교육』에서 어릴 적부터 시작되는 교육체계 전반과 수사를 연관시킨다. 이때 표면적인 교육의 목적은 '이상적 연설가'를 양성하는 것이지만, 그 저변에는 능력 있는 정치 지도자와 책임 있는 시민을 육성하겠다는 정치적 전망이 깔려 있다. 사실 그의 시대는 황제에게 아부하는 '송찬(gratiarum actio)'과 '고발인'의 법정 논증만이 판치고 있었고, 원로원이나 민회에서 행해지던 정치적 수사는 전혀 찾아볼 수 없는 제정시기였다. 그조차도 글을 쓰면서 도미티아누스 황제를 의식하고 있고,[24] 제시한 사례들도 '모의재판(declamationes)', 즉 가상 법정에서 설득과 논박을 연습한다. 그럼에도 불구하고 그가 보다 나은 세상을 만들기 위해 더 많은 시민들이 수사적 교육을 받아야 한다는 생각을 갖고 있었음은 부인할 수 없다.[25] 왜냐하면 그는 교육자로서 자신의 경험만을 나열하는 교실 속의 수사학자가 아니었기 때문이다.

특히 쿠인틸리아누스가 키케로의 수사학을 복원하려는 의도를 가졌다는 사실에 주목할 필요가 있다. 그는 당시 횡행하던 수사학자들의 키케로에 대한 비판을 지나친 철학적 편견으로 일축하고, 키케로가 보여 준 '웅변'이 공적 활동으로서 수사가 가져야 할 내용과 양식을 모두 구현했다고까지 말한다.[26] 비록 정치적 수사의 역할과 의미가 사라져 버린 제정시대였지만 그는 키케로가 지향했던 '공적 활동'과 '시민적 의무'를 되살려보고 싶었던 것이다. 실제로 그는 '웅변'에 키케로보다 더 큰 기대를 갖고 있었다.[27] 마치 플라톤이라도 된 듯이 수사를 멸시하는 철학자들에 대한 실망, 수사적 기교만 자랑하는 고발인들에 대한 경멸, 스스로의 고결함에 빠져 공적 활동을 등한시하는 지식인들에 대한 우려, 이 모든 것이 그가 복원하려던 키케로의 정치적 이상과 잘 접목되었던 것이다.

　　그렇기에 쿠인틸리아누스는 로마공화정의 유산을 복원하려던 르네상스 시기의 인문주의자들에게 큰 주목을 받는다.[28] 15세기에 『연설가 교육』의 전문이 복원되면서 지식인 사회에서 그의 영향력은 실로 지대했다. 물론 인문주의자들이 그로부터 찾으려 했던 것은 전통적인 수사학의 내용과 양식만은 아니었다. 수사의 공적 역할이 참주들에게 잠식당한 시절, 다음 세대의 교육을 통해 로마공화정의 황금기를 되살릴 수 있다는 희망을 공유했던 것이다. '연설'과 '웅변'의 정치적 역할을 복원한다는 것은 곧 '설득의 정치'를 되살린다는 의미였다. 이러한 정치는 한 사람에게 권력이 독점된 군주정이 공화정체 또는 최소한 궁정에서 심의가 가능한 체제로 이행하지 않고서는 불가능한 일이었다. 따라서 르네상스 시기의 쿠인틸리아누스 연구는 한편으로는 스콜라 철학의 테두리를 벗어나려는 학문적 몸부림과 연관되었고, 다른 한편으로는 로마공화정의 시민적 자유를 음미하려는 정치적 움직임과 결부되었다. 제정기 로마 수사학자의 꿈이 르네상스 시기의 공화주의로 다시 꽃피우게 되었다.

16

플루타르코스 Plutarchos, 46-120

영웅들의 삶은 어떻게 모방되어야 하는가?

플루타르코스의 정치사상은 플라톤과 아리스토텔레스의 결합이다. 극단적인 이성주의를 배격하면서도 철학적 성찰을 통해 정치적 야망이 절제되어야 한다는 입장을 견지했고, 인간의 흠결에 대해 인지하면서도 교육을 통해 덕성이 배양될 수 있다고 믿었던 것이다. '올바른 삶'의 성찰을 통해 탁월함에 이르도록 힘쓰라는 것, 바로 이것이 20년간에 걸쳐 쉰 명의 영웅의 삶을 기록한 철학자가 정치가를 꿈꾸는 젊은이들에게 던지는 메시지다.

플루타르코스는 영웅들의 일대기 쓰는 일을 지도 그리는 작업과 비교한다. 지리학자들이 지도를 그리면서 자신들이 모르는 미지의 땅을 "물 없고 야수들로 가득 찬 모래사막, 보이지 않는 늪지, 스키타이인의 추위, 아니면 얼어붙은 바다"라고 묘사하듯, 자기도 추론이 가능한 시대 이전에 있었던 일들을 "경이롭고 비현실적인 것들로 가득 차 있는, 시인들과 이야기꾼들의 땅, 의구심과 모호함으로 가득 찬 세계"라고 말할 수밖에 없었다고 고백하는 것이다. 그리고 그는 위대한 인물들을 신화로부터 최대한 정화된 상태로 서술하겠지만, 그렇지 못한 경우가 있더라도 너그럽게 용서해 달라고 부탁한다.[1] 자신의 서술에 사실과 허구가 교차하고 있음을 염두에 두고 읽어 달라는 것이다.

플루타르코스가 이렇듯 자신의 서술이 갖는 결함을 밝힌 이유는 '탁월함'에 대한 과장이 젊은이들의 교육에 좋지 않은 영향을 줄 수 있다는 판단에 따른 것이었다. 특히 '좋은 평판' 또는 '만인의 칭찬'이 곧 '탁월함'으로 이해되는 것을 경계한다. 그렇기에 평생 플라톤을 흠모했던 철학자로서 그는 '외적인 좋음'이나 '몸의 좋음'보다 '혼의 좋음'이 더 중요하고, 결과가 동일할지라도 '기예(technē)'가 '탁월함'이 될 수 없음을 거듭 밝힌다.

> 시인들이 경우에 따라 그 의미를 바꾸거나 변화시킬 때 특별한 관심을 기울여야 할 또 다른 단어들이 있다. 예를 들어 탁월함(aretē)이 그렇다. 탁월함이 행동이나 말에서 사람들을 분별 있고 정직하고 강직하게 보이도록 할 뿐만 아니라 종종 그들에게 충분한 명성과 영향력을 가져다주는 만큼, 시인들은 이러한 생각을 따라 좋은 명성과 영향력만 있으면 탁월함으로 말하려 한다. 올리브와 밤의 열매가 곧 그것들을 만들어 낸 나무와 똑같은 올리브와 밤이라는 이름으로 불리듯 그들에게 이런 이름을 부여한다.[2]

그는 젊은이들이 영웅들의 삶에서 무엇보다 우선 '닮은 것'과 '좋은 것'의 차이를 배워야 한다고 생각했다. 그리고 젊은이들이 영웅들의 삶을 모방할 때에도 이 차이를 염두에 두어야 한다고 믿었다.[3] 철학을 통해 절제를 실천한 초기 알렉산더 대왕의 행동이 정복과 권력만 탐닉한 카이사르의 생애와 갖는 차이를 알고 있어야 하고,[4] 이러한 차이를 알기 위해 "철학자들의 가르침"을 배워 진정한 '탁월함'에 이르기 위해 스스로 힘써야 한다는 것이다.[5] 이것이 20년간에 걸쳐 쉰 명의 영웅들의 삶을 기록한 철학자가 미래의 정치가에게 전달한 메시지다.

로마의 평화

플루타르코스는 서기 46년경 보에오티아 섬 북쪽 카이로네이아에서 태어났다. 이곳은 전쟁의 소용돌이가 자주 지나갔던 곳이다. 기원전 447년에 아테네에 복속되었고, 기원전 338년에는 아테네와 테베 연합군이 마케도니아의 필리포스(Philipos) 2세에게 패배한 곳이며, 기원전 146년에는 마케도니아를 상대로 혁혁한 공을 세웠던 메텔루스(Quintus Caecilius Metellus) 장군이 코린토스에서 로마 사절이 당한 모욕에 대한 보복으로 많은 사람들을 죽인 곳이다. 그리고 기원전 86년에는 로마공화정의 가장 용맹스러운 적장들 중 한 사람이던 폰투스의 미트라다테스 4세가 술라와 격전을 벌였던 곳이기도 하다.

이렇듯 역사적으로 전쟁이 잦은 지역이었지만 플루타르코스가 태어난 때에 그의 고향은 로마제국이 가져다준 '로마의 평화(Pax Romana)'를 만끽하고 있었다. 그가 태어나기 훨씬 이전부터 카이로네이아를 둘러싼 전쟁의 기운은 사라졌고, 주민들은 그리스인이라는 뚜렷한 정체성과 함께 구석구석 스며든 로마인의 문화를 공유했다. 당시 클라우디우스 황제는 서기 43년 영국을 로마제국에 편입시킨 이후, 북아프리카 마우레타니아와 발칸반도의 트라스까지 로마제국의 영토를 넓혔다. 그리고 플루타르코스가 죽음을 맞이한 하드리아누스(Hadrianus) 황제 시기에 로마제국은 동으로 유프라테스 강, 서로 대서양, 북으로 브리타니아와 도나우 강까지 팽창했다. 즉 그는 그의 저술들 속에 등장하는 영웅들의 삶과는 매우 동떨어진, 정치와 전쟁을 일상에서 경험할 수 없는 일상 속에 그가 살았던 것이다.

토가를 입은 그리스인

플루타르코스는 저작들 속에서 간헐적으로 자기 가족에 대해 언급한다. 내용들을 종합해 보면 지역을 대표하는 명문가이자 매우 부유했던 그의 집안은 제국이 가져다준 평화를 누구보다 더 향유했으리라 짐작된다. 특히 아버지와 할아버지에 대해서는 적지 않은 이야기를 접할 수 있다.[6] 아버지는 말 기르기를 좋아하고 손님들과 어울리는 것을 즐겼으며, 관후하고 자유로운 사고방식을 갖고 있었다. 할아버지는 풍부한 교양과 뛰어난 언변을 지니고 있었고, 도덕적 삶과 인간 됨됨이를 중시하는 집안의 내력을 만들었다. 어쩌면 그의 자유로운 토론과 도덕적 삶에 대한 확신은 스무 살까지 고향에서 경험한 넉넉하고 귀족적인 교육과 무관하지 않을 것이다.

스무 살에 아테네로 유학을 떠났고, 10년 정도 공부를 한 이후 알렉산드리아와 로마를 비롯해 지중해 여러 도시를 여행한다.[7] 역사학자들은 일반적으로 이때를 기점으로 90년대 초까지 그가 로마에 머물면서 철학과 수사학을 가르쳤다고 추측한다. 잠깐씩 머물렀든 아니면 오랫동안 머물렀든 간에 이때 보여 준 그의 풍부한 학식과 탁월한 언변은 많은 사람들을 불러 모았던 것은 분명한 것 같다. 그의 인기와 명성을 대변하듯 힘 있는 후원자들이 생겼기 때문이다. 후원자들 중에는 유학 시절부터 친분을 쌓아 그가 『테세우스(Theseus)』를 비롯해 여러 책을 헌정한 원로원의 실력자 소시우스(Quintus Sosius Senecio)가 있었고, 그의 시민권 보증인이며 그에게 씨족 성(姓)을 준 베스파니아누스 황제 가문의 메스트리우스(Lucius Mestrius Florus)가 있었으며, 그에게 델포이 신전의 복원을 맡긴 트라야누스(Marcus Ulpius Trajanus) 황제도 있었다. 그렇기에 고향으로 돌아간 서기 92년 이후의 삶도 평탄하다. 지역의 유력 인사로 여러 직책을 맡았고, 96년경에 델포이 신전의 사제가 된다. 그리고 생의 마지막까지 오랜 시간을 교육과 저술에 전념하며 평안하고 행복한 삶을 누린다.

플라톤과 플루타르코스

아테네에서 유학하면서 플루타르코스는 플라톤주의자였던 암모니오스(Ammonios)로부터 철학을 배운다. 아테네에 머문 기간은 여전히 논쟁적이다. 그렇지만 아테네 시민권을 획득한 것으로 볼 때 그의 체류가 고등교육에 국한된 것은 아니었던 듯하다.[8] 따라서 아테네에서 일기 시작한 '소피스트 운동'을 몸으로 체감했을 것이고, 스스로도 필수 교양이던 수사학을 연마했을 것이라는 추측이 가능하다. 다만 플라톤에 심취했던 그에게 당시 유행하던 화려한 수사적 기교와 현란하고 과시적인 연설은 반감만 불러일으켰을 것이다.

전통적으로 플루타르코스는 '절충주의자'로 평가를 받아 왔지만 최근에는 플라톤주의자라고 보는 입장이 대다수다. 아리스토텔레스도 플라톤의 연장선에서 이해하고, 플라톤 철학에 기초해서 '올바름'을 실천하는 도덕적 삶을 역설했다는 것이다. 그러나 이런 해석의 저변에는 여전히 '절충주의자'로서 플루타르코스가 자리를 잡고 있다. 사실 그의 입장을 헤아리기가 쉽지 않은 경우가 많다. 예를 들어 감정이 절제되어야 하는지, 아니면 완전히 제거되어야 하는지에 대해 그는 모호한 태도를 보인다. 스토아 철학자같이 '감정으로부터 자유(apatheia)'를 찬양하는 경우도 있는가 하면, 플라톤과 아리스토텔레스와 같이 '절제'를 강조하기도 하는 것이다.[9] 따라서 플라톤처럼 '철학적인 삶'을 지향했지만 아리스토텔레스처럼 '실천적인 삶'을 포기하지 않았고, 스토아 철학자들처럼 도덕을 중시했지만 인간의 흠결에 대해서는 보다 관대했으며, 에피쿠로스주의자들처럼 감정을 중시했지만 이성에 의해 감정이 안내되는 상태를 선호했다는 주장이 완전히 근거가 없는 것은 아니다.

그럼에도 불구하고 플루타르코스의 정치사상은 플라톤과 아리스토텔레스의 결합이라고 보는 것이 적절하다. 다음 두 가지 질문에서 그가 보여 주는 명확한 태도 때문이다. 첫째, 인간의 심리가 이성적인 것과 비이성적인 것의 조합인지, 아니면 이성적인 것만으로 구성되는지에 관한 것이다. 스토아 학파가 후자를 지지한다면, 플루타르코스는 플라톤의 '이성적인 요소'와 '비이성적인 요소'의 구분을 받아들여 전자의 입장을 취한다. 그리고 감정이 이성적 판단을 도울 수 있다는 아리스토텔레스의 사고에 입각해서 스토아 학파의 극단적 이성주의를 비현실적이며 해로운 입장이라고까지 비난한다.[10] 둘째, 덕성이 교육을 통해 배양될 수 있는지의 문제다. 그는 악인은 절대 선인이 될 수 없다는 스토아 학파의 견해를 배격한다. 악인도 교육을 통해 선한 사람이 될 수 있다고 확신하고, 동일한 맥락에서 아리스토텔레스처럼 습관과 훈련을 통해 '천성(physis)'을 바꿀 수 있다고 믿었다.[11]

플루타르코스의 이상적 정치가

『플루타르코스 영웅전』의 원래 이름은『삶의 비교(Bioi Paralleloi)』다. 현재 우리에게 전해진 것만을 살펴볼 때, 이 책들은 로마의 위대한 인물과 이에 필적하는 그리스의 인물을 두 명씩 스물한 쌍을 다루고, 네 명을 비교한 경우 하나와 짝이 없이 단독으로 다루어진 네 경우를 합쳐 모두 쉰 명을 다룬다. 플루타르코스는 두 명씩 짝을 맞춘 스물한 개에 요약을 달아 어떤 기준에서 둘을 비교했는지 친절하게 설명한다. 그의 설명을 들어야 인물들이 짝을 이룬 이유를 상세히 알게 되지만 테세우스와 로물루스, 알렉산드로스와 카이사르, 데모스테네스와 키케로 등 짝을 지은 이유를 상식으로 알 수 있는 경우가 대부분이다. 즉 대중의 상식에서 출발해서 자기 주장을 전개하는 일련의 수사적 목적이 저술에 내재되었음을 어렵지 않게 알 수 있다.

『영웅전』을 통해 플루타르코스가 어떤 이상적 정치가의 상(象)을 전달하려 했는지는 여전히 논쟁적이다. 새로운 나라를 창건한 인물부터 몰락을 자초한 인물까지, 제국의 황제부터 공화정의 지도자까지, 민주정의 연설가부터 공화정의 웅변가까지, 참으로 다양한 인물들이 독특한 모습과 주제를 가지고 등장하기 때문이다. 아울러 스스로의 표상을 '철학자'로 세웠기에[12] 그가 어떤 철학적 입장에서 누구를 어떻게 묘사했는지에 대해 이견들이 생길 수밖에 없다. 그럼에도 불구하고 한 가지 분명한 것이 있다. 그가 말하는 '철학'은 이론에 머무는 담론이 아니라 행동이라는 범주에서의 실천이었다는 점이다. 즉 그의 『영웅전』은 그리스의 철학적 유산에 로마의 실용적 기질이 융해된 일종의 교본이었던 것이다.

이런 점에서 볼 때 두 가지 비교 사례가 주의를 끈다. 첫째, 알렉산더대왕과 로마의 카이사르의 비교다. 흥미롭게도 플루타르코스는 두 인물을 전혀 다른 인물로 묘사하고, 알렉산드로스 대왕에게는 '철학'을 덧입히고 카이사르에게는 '욕망'만을 부각시킨다. 그는 두 인물 모두가 '야심가(philonikos)'였다는 점을 부인하지 않는다. 그렇지만 알렉산드로스 대왕은 아리스토텔레스의 '교육(paideia)'을 통해 '올바른 삶'에 대해 배웠으며,[13] 바로 이것이 위기 국면에서 '욕망'과 '본성'을 절제하지 못했던 카이사르와 다른 점이라고 강조한다.[14] 이런 비교는 피루스(Pyrrhus)와 마리우스(Marius)의 사례에서도 드러난다.

전자의 덕성과 후자의 욕망이 또 다른 짝을 이루는 것이다. 종합하면 "정치적 야망은 철학적 성찰로 절제되어야 한다."는 소크라테스로부터 지속된 정치철학적 요구가 부각된 것이다.

둘째, 데모스테네스와 키케로의 비교다. 두 인물은 각각 아테네 민주정과 로마공화정을 대표하는 웅변가들이다. 플루타르코스는 이들이 활동하던 당시에는 '설득'이 정치가의 능력이었다고 전제하지만, 전자는 인민을 청중으로 후자는 원로원을 대상으로 연설한 차이가 있었다는 점을 적시한다.[15] 그러나 두 경우 모두 '철학'과 '수사'를 분리하려던 아티카주의자(Atticism)와는 대조적인 입장에서 기술한다. 비록 선동에 대해서는 부정적이지만, 리더십은 곧 설득력이라고 말함으로써 철학과 수사의 간극을 최대한 좁히려고 노력하는 것이다.[16] 즉 설득을 통해 인민이든 원로원이든 절제된 판단으로 유도될 수 있다면, 정치적 수사가 곧 대중적 선동이나 철학적 실패가 아니라는 점을 강조한다. '참주'를 선도하려다가 실패한 플라톤의 고통을 몰랐던 시절이었음에도 정치적 수사의 바람직한 방향에 대한 뛰어난 통찰력을 보여 준 단면이 아닐 수 없다.

17

타키투스 Publius Cornelius Tacitus, 56-117

폭군 아래 도덕적 삶이 가능할까?

타키투스는 한 명이 다스리는 로마제국은 모두의 비겁함을 재연할 수 있는 폭정의 위험이 도사리고 있다는 점을 지적한다. 그러나 그는 로마제국이 제공하는 평화를 시민적 자유와 맞바꾸고 싶지 않았다. 타키투스만의 독특한 제국과 자유에 대한 견해는 시대적 흐름을 따라 다양하게 해석되었다. 도덕적 몰락을 통해 로마제국의 위기를 진단한 역사가로부터 제국과 자유의 또 다른 역설을 보게 되는 것이다.

도미티아누스(Titus Flavius Domitianus) 황제의 폭정에 모두가 숨죽이고 있을 때, 갈리아 속주 출신의 타키투스는 승승장구했다. 혹자는 93년부터 96년까지 타키투스의 행방이 묘연하다는 이유로 황제의 폭정을 피해 은둔했다고 말하지만, 이 시기 그는 황제에게 보궐 통령(consul suffectus)으로 지명될 정도로 변함없는 신임을 받고 있었다.[1]

마침내 정신이 되살아나고 있다. 처음부터, 이 행복한 시대의 최초부터, 네르바 황제는 오랫동안 양립할 수 없었던 제정(principatum)과 자유(libertatem)를 한데 묶었다. 트라야누스는 매일 시절의 행복을 더하고 있다. 공중의 안전(securitas publica)에 대한 기대와 희망을 갖게 되었을 뿐만 아니라, 이러한 기대와 희망이 실현되고 지속되리라는 것을 알게 되었다.[2]

그래서인지 타키투스는 도미티아누스 황제가 암살되고 얼마 지나지 않아 쓰기 시작한 글에서, 자신도 엄청난 도덕적 자괴감에 시달리며 폭정을 견뎌 냈다고 항변하고 있다. 과시하듯 죽음을 선택하는 것이 공중에게 도움이 되지 않았기에[3] 자기의 장인과 같이 '절제(moderatio)'와 '신중함(prudentia)'으로 도덕적 순결함과 공인으로서의 성실함을 지키려고 노력했을 뿐이라는 것이다.[4] 그러나 그는 폭정에 침묵했던 비겁함에 대한 죄책감으로부터 스스로를 해방시키지 않았다. 다시는 그러한 노예 상태가 있어서는 안 된다는 자각, 그리고 도덕성의 회복만이 폭정을 막을 수 있다는 확신이 그를 사로잡았던 것이다.

네르바(Marcus Cocceius Nerva) 황제와 뒤이은 트라야누스(Marcus Ulpius Trajanus) 황제의 선정으로 모두 행복감에 젖어 있었을 때, 타키투스는 한 명이 다스리는 로마제정은 모두의 비겁함을 재연할 수 있는 폭정의 위험이 도사리고 있다는 점을 각인시키려고 노력했다. 공화정의 자유와 제정의 평화를 결합하는 방식, 그래서 도덕적 삶이 가능한 정치사회적 조건을 만드는 방법을 자신이 기술한 역사에 담은 것이다. 한 사람의 뼈아픈 성찰은 우리에게 또 한 명의 뛰어난 역사가이자 문필가를 남겨 주었다.

갈리아 사람 타키투스

타키투스의 생애에 대해서는 자세한 기록이 없다. 이름이 푸블리

도미티아누스 황제

우스(Publius)인지, 아니면 섹스티우스(Sextus)인지도 확실하지 않다. 씨족성(nomen)이 코르넬리우스(Cornelius)라는 것과 갈리아 속주에서만 드물게 발견되는 타키투스라는 가족성(cognomen)을 지녔다는 정도가 확인된다. 그러나 이런 불확실한 점들이 역사가이자 정치가인 타키투스가 로마 제국의 어느 변방에 있는 변변치 않은 가정에서 자랐다는 말은 아니다.

　타키투스는 네로 황제가 즉위한 54년에 태어난 것으로 보인다. 이때 그가 태어난 갈리아 지방은 로마보다도 더 로마였다는 평을 들을 정도로 제국에 편입되어 있었고, 기사 계급의 재무관이던 아버지의 훈육으로 일찍부터 로마인의 교양과 귀족의 품위를 익혔으리라 짐작된다. 특히 속주에 주둔한 군단의 지지로 황제가 만들어진 시점부터, 그리고 베스파시아누스 황제에 의해 많은 속주 출신 인사들이 원로원으로 들어간 시점부터 속주의 다른 귀족 자제들과 마찬가지로 타키투스도 무척 큰 야망과 부푼 기대를 안고 스스로를 연마했으리라 생각된다.

네르바 황제

실제로 타키투스는 장인이었던 아그리콜라(Gnaeus Julius Agricola)가 자신의 진정한 모범이었다고 밝히고 있다. 아그리콜라는 갈리아 출신으로 브리타니아를 점령하는 데 큰 공헌을 한 장군이었고, 로마의 전통 귀족에 편입되어 갈리아와 브리타니아의 총독을 지낸 인물이었다. 그는 아그리콜라로부터 로마인에게서는 찾아볼 수 없는 진정한 귀족적 품위를 발견했고, 한편으로는 로마의 전통 귀족과 다른 한편으로는 자기를 시기하는 평민 출신들과 경쟁하면서 자기의 야망을 달성하는 법을 배웠다.[5] 누구보다 로마인이었지만 속주의 유력 가문 자제로서 갖는 자부심과 고결함이 타키투스의 삶을 규정했던 것이다.

네로 황제가 죽고 벌어진 내전의 시기에 타키투스는 수사와 웅변에 흠뻑 빠져 있었다.[6] 그러나 수사적 기술에만 천착한 것이 아니라 문학과 철학에 대한 깊은 관심을 통해 뛰어난 정치가로 성장했다. 77년 갈리아 출신 권력자인 아그리콜라의 딸과 결혼했고, 이후 그는 출세 가도를 달리게 된다. 79년에 재무관이 되었고, 도미티아누스 황제의 신임을 얻어 법무관이 되었으며, 89년에는 아시아의 로마 군단을 이끌었다. 네르바 황제가 즉위한 직후 통령을 지냈고, 112년에 아

타키투스

시아 속주의 총독이 되었다. 어쩌면 그가 로마의 전통 귀족이 아니라 갈리아 사람이었기에 이렇듯 수모와 격변의 시기를 이겨 냈는지도 모른다.

역사가 타키투스

그리스 역사가들과 달리 타키투스는 '객관적' 역사 기술을 고집하지 않았다. 그럼에도 불구하고 없는 이야기를 왜곡하거나 추악한 소문을 과장해서 관심을 끌 생각은 전혀 없었다. 왜냐하면 그에게도 역사란 즐거움의 대상이 아니라 배움의 교재였기 때문이다. 그는 사소한 일이라도 교훈이 될 사건은 반드시 기록했고, 과거의 선례를 통해 옳고 그름을 분별하는 혜안을 발견할 수 있다고 매번 충고한다.[7] 비록 운명의 여신을 믿는 로마인의 사고를 가졌지만, 과거가 가르쳐 주는 일정한 '논리(ratio)'와 '인과(causa)'의 틀을 이해한다면 미래의 불확실성은 그만큼 줄일 수 있다고 믿었던 것이다.[8]

특히 타키투스는 '도덕의 붕괴'와 '자유의 상실'의 연관성에 역사 기술의 초점을 맞추었다. 그는 정치를 도덕적 기준으로 판단했고, 로마제정의 위기도 로마공화정으로부터 이어받은 전통적인 가치의 상실 때문이라고 생각했다. 그래서 그는 자유롭고 활기찬 로마공화 정과 아첨하고 주눅이 든 로마제정을 비교하기를 즐겼다. "모든 권력이 한 사람의 손아귀에 집중된 이후" 로마제국의 질병이 시작되었다고 틈만 나면 공공연하게 말했다.[9] 견제되지 않으면 언제나 부패하는 황제들의 포악한 본성,[10] 폭정 아래에서 노출된 원로원 귀족들의 노예근성,[11] 검투사의 경기를 보듯 권력 다툼을 관망하는 로마 시민들,[12] 이 모든 것들을 통해 로마를 위대하게 만들었던 자유가 소멸되었다고 말하는 것이다.[13]

한 가지 주의해야 할 것은 타키투스가 말하는 자유는 엄밀하게 말하자면 시민적 자유가 아니었다는 점이다.[14] 첫째, 자유를 이야기할 때 정치체제의 형태와 원칙에 대해 큰 관심을 기울이지 않는다.[15] 따라서 그가 로마공화정에서 향유했던 자유에 대해 언급하는 것은 사실이지만 그가 '공화정의 부활'을 의도했거나 '공화주의자'였다고 단정하기는 어렵다. 귀족과 인민의 공존이라는 전통적인 로마공화정의 제도적 원칙에 대한 침묵도 동일한 맥락에서 이해될 수 있다. 둘째, 동시대 사람들처럼 그는 로마제정이 가져다주는 평화와 로마공화정에서 시민들이 향유했던 자유가 동시에 보장될 수 있다고 생각하지 않았다.[16] 오히려 황제체제가 원로원의 자유로운 심의와 신중한 견제 속에 유지되는 것이 가장 바람직하다고 주장하고, 제국의 팽창에 회의적인 귀족들의 태도를 비난하고 나선다. 참주에 대한 경멸과

제국의 평화에 대한 확신이 그의 독특한 '원로원의 자유'에 대한 견해에 얽혀 있는 것이다.

정치사상사 속의 타키투스

로마제정의 평화를 확신했던 타키투스는 시대의 요청에 따라 여러 각도에서 재해석되었다. 토파닌(Giuseppe Toffanin)이 소위 '타키투스주의(tacitismo)'라고 부른 현상은 타키투스가 정치사회적 맥락에 따라 얼마나 다양하게 받아들여졌는지를 보여 준다.[17] 특히 반(反)기독교 사상에 대한 족쇄가 서서히 풀려 가던 르네상스 시기, 그의 저술들은 한편으로는 참주의 권력 아래 훼손된 시민적 자유에 대한 열망을 대변했고, 다른 한편으로는 외세의 침략을 막고 내부적 분열을 극복하기 위해 군주정이 더 낫다는 입장을 강화했다.[18] 이렇게 상반된 해석들은 절대왕정의 시기에도, 그리고 프랑스 혁명의 시기에도 반복되었다.

마키아벨리도 타키투스의 모순된 입장들을 자기만의 공화주의를 통해 해소시키려 했던 르네상스 사상가들 중 한 사람이다. 그는 타키투스의 참주에 대한 환멸에서 참주 살해의 정당성과 시민적 자유의 불가피성을 찾아낸다.[19] 그리고 타키투스의 평화에 대한 역설로부터 시민적 자유를 위해서는 영토 팽창이 불가피하다는 주장의 근거를 발견한다.[20] 타키투스는 16세기 기독교 이론가들의 신랄한 비판

타키투스의 『연대기』 19세기 판본에 수록된 로마 지도

을 받고, 17세기와 18세기에 마키아벨리처럼 공화정을 열망하는 사람들 사이에서 다시 회자된다. 비교적 많은 부분들이 온전하게 전달되지 못했지만 타키투스의 저술들은 여전히 우리의 신중한 사색을 요구한다.

4부

중세 정치사상

18
아우구스티누스 Aurelius Augustinus Hipponensis, 354-430

왜 로마는 야만족에게 붕괴되었는가?

아우구스티누스의 로마제국 쇠퇴에 대한 기술은 불멸의 지혜를 찾아 오랜 시간을 방황했던 한 정치철학자의 고백이다. 인간의 이기심과 지배욕에 기초한 현실주의, 그리고 신과의 교감을 통해 시민적 헌신을 기대하는 이상주의, 이 둘의 절묘한 결합이 이 고백 속에 담겨 있다.

에드워드 기번(Edward Gibbon)의 『로마제국 쇠망사(The History of the Decline and Fall of the Roman Empire)』는 로마제국의 멸망을 '야만족과 기독교의 승리' 때문이었다고 기술하고 있다. 그러나 서술들을 엄밀히 살펴보면, 그가 기독교를 보다 궁극적인 쇠망의 원인으로 간주했다는 사실을 쉽게 발견할 수 있다. 로마제국의 군대에서 교육을 받았던 야만족들의 지도자들은 로마 문명을 파괴하려 했다기보다 그것을 동경했지만,[1] 세속적 영광을 경멸했던 기독교는 서서히 로마인들의 정신을 사로잡아 마침내 그들의 전투적이고 시민적인 삶의 방식을 도태시켰다고 공공연하게 말하기 때문이다.[2]

아우구스티누스의 로마제국 쇠퇴에 대한 기술들은 기번의 서술과 정반대의 성찰을 전달한다. 그의 설명을 따르면 로마제국은 기독교가 승리했기 때문에 쇠락한 것이 아니라, 기독교가 주창하던 삶의 방식을 온전히 실천하지 못했기 때문에 허물어졌다.[3] 바로 이 지점에

에드워드 기번

서 아우구스티누스의 '지배욕(libido dominandi)'에 대한 통찰력으로부터 적지 않은 영감을 얻었던 마키아벨리가 그와 완전히 결별한다.[4] 어쩌면 마키아벨리의 저술들을 숙독했던 기번의 비난은 로마제국의 심장부를 장악했던 최초의 기독교뿐만 아니라 계몽주의 시기까지 기독교가 유럽에서 지배적 위치를 유지할 수 있도록 만든 아우구스티누스에게로 향했을지도 모를 일이다.

북아프리카 변방의 로마인

아우구스티누스는 354년 오늘날 알제리의 수크아라스인 타가스테에서 태어났다. 로마제국은 콘스탄티우스 2세(Constantius II)에 의해 통치되고 있었는데, 이 무렵까지만 해도 로마제국은 변방의 잦은 침입에 맞설 수 있을 정도로 견고해 보였다. 그리고 황제의 헌신적인 후원으로 로마교회도 제국의 구석구석까지 교세를 떨치고 있었다. 반면 기원전 I세기부터 급속하게 팽창하던 시장을 따라 북아프리카 누미디아 지역에 정착했던 로마인들의 삶은 급격히 침체되고 있었다.[5] 특히 고원지대에서 올리브 경작에 의존했던 타가스테 로마인들의 생활이 참으로 궁핍했다.

아우구스티누스의 집안도 로마인으로서 품위를 지킬 수 없을 정도로 가난했다. 그는 자식의 성공만이 가난을 이겨 낼 길이라고 믿었던 아버지를 "가난한 시민(tenuis municeps)"이었다고 묘사했다.[6] 부유하지 못했지만 로마 시민으로서 자부심이 누구보다 강했던 아버지 파트리키우스(Patricius)의 소시민적 삶을 "가난하지만 당당한(tenuis)"이라는 한마디에 담은 것이다.[7] 실제로 아버지는 자식 교육에 헌신적이었다.[8] 형편을 훨씬 넘어서는 비용을 들여서라도 아우구스티누스를 마다우로스에 있는 대학에 보냈고, 흉년으로 I년 만에 중단된 아들의 대학 교육을 위해 지역의 유지이자 친척인 로마니아누스(Romanianus)에게 아무런 주저함도 없이 머리를 조아릴 정도였다.

아우구스티누스의 내면은 아버지의 교육열보다 어머니 모니카(Monica)의 훈육을 통해 빚어졌다. 기독교적 교육에 관심이 없었던 아버지와 달리, 철저한 북아프리카 기독교 가문에서 자라난 어머니는 확고한 신앙과 엄격한 훈육으로 아들을 전형적인 기독교인으로 키우려 했다. 때로는 가부장적인 남편으로부터 도피하듯 아들에게 집착했고, 때로는 자기가 원하던 신앙의 완성을 아들의 삶을 통해 이루고자 노력했다.[9] 그렇기에 그녀는 아우구스티누스의 젊은 시절의 방황을 "해산의 고통만큼이나" 괴로워했으며,[10] 이런 어머니의 기도를 아우구스티누스는 스스로를 기독교로 돌아오게 만든 가장 큰 힘으로 여겼다.

그러나 아버지의 열정과 어머니의 사랑, 지역 유지의 후원 그 어느 것도 아우구스티누스의 재능이 없었다면 성공을 가져오지 못했을 것이다. 어려서부터 수사학에 능했던 그는 아버지의 기대를 한 몸에 받기에 부족함이 없었고, 뛰어난 암기력과 탁월한 분석력은 언변뿐만 아니라 작문에서도 빛이 났다. 사실 가정 형편 때문에 중단되었던 공부를 카르타고에서 다시 시작할 수 있었던 것도, 북아프리카 출신이라는 홀대와 눈총에도 불구하고 이탈리아 본토에서 수사학을 가르칠 수 있었던 것도 바로 그의 이런 능력 때문이었다. 만약 서른세 살의 나이에 기독교로 회심하면서 교수직을 그만두지 않았다면, 최소한 제국의 변방에서나마 정치적 발언권이 있는 가문을 만들고자 했던 아버지의 꿈은 이룰 수 있었을 것이다.

지혜를 향한 여정

아우구스티누스는 열여덟 살에 키케로의 『호르텐시우스(Hortensius)』를 읽고 불멸의 지혜를 향한 열정에 사로잡혔다고 고백한다.[11] 그러나 그가 키케로에게서 받은 영감은 "진정한 행복은 진정한 지혜를 얻는 것에 달려 있다."는 충고 이외에는 오랫동안 지속되지 못했다. 어

성 아우구스티누스

린 시절 아우구스티누스의 마음을 사로잡았던 키케로의 정치철학은 그에게 철학으로부터 시작해서 신앙으로 종결된 오랜 방황의 계기를 제공했지만, 그가 최초부터 가졌던 불멸의 지혜에 대한 열망을 충족시켜 주지 못했던 것이다.

아우구스티누스는 그 이유를 "신을 아는 지식"만이 불멸의 지혜를 제공할 수 있다는 확신 때문이었다고 결론지었다.[12] 그러나 그가 키케로의 철학과 결별한 실제 이유는 스스로가 가진 질문에 대한 확실한 대답을 선호했던 습관에서 찾아야 한다. 마니교에 심취하게 된 것도 동일한 이유에서였다. 마니교는 매우 단순한 교리와 엄격한 계율을 가진 종교였고, 철학이 이성적 설명의 한계를 이유로 침묵하는 부분까지 거침없이 내지르는 간단명료함을 내세웠다. 늘 확실한 대답을 쫓아다니던 아우구스티누스가 혈기왕성하던 때에 마니교에 도취한 것은 지극히 자연스러운 일이었는지도 모른다.

흥미롭게도 기독교로 개종하면서 아우구스티누스가 완전히 버린 것은 키케로의 철학이 아니라 9년 동안이나 푹 빠져 있던 마니교였다. 최초에 마니교는 그가 가졌던 '절대적으로 선하신 하나님이 만든 세상에 어떻게 악이 존재할 수 있는가?'라는 고민에 대한 해답을 가진 것처럼 보였다. 세상에 존재하는 모든 것이 하나님으로부터 나온 것이 아니며, 악은 선하신 하나님과 독립된 또 다른 힘이 만들어 낸 것이라는 마니교의 '이원론'이 정답처럼 보였던 것이다. 그러나 시간이 갈수록 그는 세상이 선과 악으로 나뉘어 있고, 선과 악의 적대적 갈등이 신의 좋음을 훼손할 수 있다는 마니교의 설명에 의구심

을 갖게 되었다. 악의 힘에 압도될 수 있다면 절대적 선으로서 신의
존재를 최초부터 부정해야 하는 모순에서 헤어날 수 없다는 결론에
이른 것이다.[13]

불멸의 지혜를 향한 오랜 여정은 밀라노에서 끝이 났다. 당시 밀
라노에서 수사학을 가르치고 있던 아우구스티누스는 밀라노 주교였
던 암브로시우스(Ambrosius)의 설교에 매료되었다. 한때 통령까지 지
냈던 독특한 이력의 암브로시우스는 철학과 수사학에 정통했기에 일
차적으로 그의 지적 요구를 충족시켜 주기에 충분했다. 아울러 암브
로시우스의 탁월한 웅변과 올곧은 처신은 그를 괴롭히던 기독교 교
리와 교회에 대한 의구심을 한꺼번에 해소해 주었다.[14] '초월자'와
'지성'의 교감을 강조하는 암브로시우스의 신플라톤주의,[15] 그리고
진정한 지혜는 '신을 아는 것'에서 비롯된다는 성경적 확신이 그를
다시 교회로 이끈 것이다.[16]

자유의지와 악의 실재

아우구스티누스의 『참회록(Confessiones)』(398-399)과 『신국론(De
Civitate Dei contra Paganos)』(413-427)은 중세뿐만 아니라 종교개혁 이후
에도 기독교 도덕 교육의 가장 핵심적인 교재로 사랑을 받았고, 여기
에 기술된 신과 인간의 일대일 교감에 대한 철학적 성찰은 근대 정치
철학자들이 '개인'의 자율성을 찾아가는 과정에서도 주요한 인식론

아우구스티누스의 『신국론』

적 기초를 제공했다.[17] 그러나 아우구스티누스의 인간 내면에 대한 탐구는 근대인들이 갈망했던 독립되고 자율적인 '개인'을 발견하기 위한 여정이 결코 아니었다. 참으로 역설적이지만 그의 저술들은 신의 도움 없이는 잘못된 욕망에 이끌려 갈 수밖에 없는 인간, 그리고 이러한 인간의 무기력함에 눈뜨지 못했던 로마인들의 실패를 지적하고자 의도된 것이었다.

이런 맥락에서 볼 때 우선 아우구스티누스가 두 저술에서 말하는 '악(惡)의 문제'에 주목할 필요가 있다. 그에게 '악'의 문제는 소크라테스 이후 그리스와 로마 정치철학자들이 이해하던 '이성'과 '감정'의 불균형이 초래한 퇴행이 아니었다. 그에게 '악'은 선한 것을 알고 있음에도 불구하고 악을 선택하려는 '의지(voluntas)'의 산물이며, 인간은 신의 은총이 없이는 이러한 의지를 유발하는 욕구를 거부하고 '선'을 선택할 수 있는 능력을 갖지 못한다.[18] 즉 '악'이란 감정에 압도당한 이성이나 무절제한 삶이 가져온 결과가 아니라 신으로부터 벗어난 인간의 본원적 무능력에서 기인한다고 본 것이다.[19]

실제로 아우구스티누스는 '악'을 행하게 되는 이유를 스스로에 대한 '우월감'과 타인에 대한 '지배욕'에서 찾는다. 그의 성경 해석을 따르면, 아담과 이브가 신의 명령을 거스르며 선악과를 따먹은 것도 궁극적으로는 신의 능력까지 차지하려던 의지에서 비롯된 것이고,[20] 카인이 동생 아벨을 죽이고 인간의 도시를 건설하게 된 동기도 스스로에 대한 지나친 사랑과 타인을 마음대로 다루려는 욕구가 가져온 결과다.[21] 동일한 맥락에서 그는 '죄(peccatum)'란 과도한 욕망을 갖도록 만든 자발적 의지에서 기인하는 것일 뿐 추구하는 대상이 본질적으로 악하기 때문이라고 보지 않는다.[22] 신이 부여한 섭리에 따라 살기를 거부하는 것, 즉 행위자의 의지가 그에게는 죄의 본질인 것이다.

이렇게 '악'을 '의지'와 연결시킴으로써 아우구스티누스는 '자유의지(libero arbitrio)'에 대한 신학적 입장을 분명히 하고 로마의 멸망에 대한 정치적 입장을 구체화한다. 첫째, 악은 신이 부여한 자유의지를 신의 뜻대로 '향유(frui)'하기보다 스스로의 욕망을 충족시키는 데 '사용(uti)'함으로써 발생했다고 주장한다.[23] 보다 구체적으로 신은 인간을 자유의지를 가진 선한 존재로 만들었지만, 인간은 '영원한

신'이 아니라 '세속적인 것'을 선택함과 동시에 그러한 충동을 억제하려고 노력하지 않음으로써 악을 행하게 되었다는 것이다.[24] 아울러 개개인의 '열망'과 '사랑'은 각자가 소망하는 바를 반영하기에, 어떤 행위를 선택한 것이 불가항력이 아닌 경우에는 그 누구도 행위가 유발한 결과에 대해 도덕적 책임을 피할 수 없다고 주장한다.[25] 한편으로는 신이 창조한 세상에 악이 존재하는 이유는 신과 무관하다는 신학적 정당화, 다른 한편으로는 공동체 속 개인이 아니라 신과의 일대일 관계를 갖는 개인이 부각되는 계기를 효과적으로 제시한 것이다.

둘째, 로마는 최초부터 로마제국에 이르기까지 단 한 번도 정의롭지 못했다고 주장한다.[26] 물론 본질적인 이유는 "그리스도 예수가 세운 나라에서만 진정한 정의가 실현될 수 있다."는 종교적 확신이다.[27] 이러한 결론에 이르기까지는 로마공화정의 영광을 기억하는 많은 사람들을 대적해야 했다. 그래서 한편으로는 로마의 역사를 무분별한 지배욕과 세속적 열망이 가져온 분열과 몰락의 길로 묘사하고, 다른 한편으로는 초기 공화정이 보여 주었던 시민적 덕성마저도 후기 내란 시기의 부패와 크게 다를 바가 없었음을 증명하려 한다. 예를 들면 로마를 건설한 로물루스는 지배와 영광을 형제와 나누어 가질 수 없었던 열망의 화신으로 묘사되고,[28] 로마공화정을 세운 브루투스가 자기 아들들을 죽인 것도 애국심의 발로라기보다 평판을 위한 행위로 치부된다.[29] 그리고 로마의 지속적인 팽창은 불가피했던 것이 아니라 세속적 영광에 대한 열망이 빚어낸 악일 뿐이다.[30] 그의 견해를 따르면, 로마의 몰락은 로마의 성공만큼이나 기독교와 무관했던 것이다.

아우구스티누스의 정치사상

아우구스티누스는 386년 기독교로 개종하면서부터 저술에 몰입했다. 그리고 387년 부활절 세례를 계기로 스스로가 갖고 있는 생각을 정리하고자 시작한 글쓰기는 점점 그 깊이를 더해 갔다. 잠깐 동안의 수도사 시절에는 철학과 신학의 결합이 시도되었고, 391년 오늘날 알제리의 안나바인 히포레기우스에서 사제 서품을 받은 이후에는 본격적으로 성경에 대한 해설서를 내놓았다. 이때부터 뛰어난 설교와 탁월한 논리로 큰 주목을 받았고, 동시에 그의 이교적 전력에 대한 험담도 뒤따랐다. 395년 고령의 발레리우스(Valerius)가 그와 공동으로 주교직을 수행하려고 할 때에도 반대가 적지 않았고, 396년 주교가 된 지 2년 후부터 『참회록』을 쓰기 시작한 것도 이와 무관하지 않았다. 그럼에도 불구하고 430년에 열병으로 죽기까지 그의 삶이 그의 신앙과 한 치의 어긋남이 없었다는 데에 큰 이견이 없다.

물론 아우구스티누스로부터 세속 정치에 대한 지혜를 전혀 발견할 수 없는 것은 아니다. 최근까지 그의 정치사상은 크게 세 가지 측면에서 여전히 큰 관심을 끌고 있다. 첫째, 정치적 권위에 대한 성찰이다. 엄격하게 말하자면 아우구스티누스는 지배욕과 자기애에 도취된 '인간의 도시'에 어떤 정치체제가 바람직한가에 대해서는 큰 관심

성 아우구스티누스

이 없다. 비록 키케로의 공화정에 대한 논의를 통해 과연 로마공화정이 정의로웠는지를 분석하기도 하지만,[31] 그에게 정치적 권위는 인간의 악한 본성을 제어하기 위해서라도 '강제'에 의존할 수밖에 없는 본질적인 한계를 갖고 있다. 따라서 그는 정치적 권위의 행사를 지배와 복종의 관계로 기술하고, 인간들 상호간의 첨예한 갈등을 종식시키는 데에 그 목적이 있다고 본다.[32] 그리고 신을 믿는 선한 사람들도 이러한 통제가 필요하다고 부언함으로써 이기심과 지배욕에 대한 현실주의 정치철학의 주요한 인식론적 기반을 제공했다.

둘째, 정의로운 전쟁에 대한 언술이다. 전쟁에서 수행되는 집단적인 살인과 폭력은 전통적으로 공동체 구성원의 애국심 또는 '국가이성(Rasion d'État)'이라는 이름으로 정당화되어 왔다. 흥미롭게도 아우구스티누스는 전쟁의 정당성을 '애국심'이나 '국가의 존속'에서 찾지 않는다. 대신 모든 국가들은 평화를 원하지만 국가들 사이의 평화를 유지하기 위해서는 강제가 필수적이라고 말한다.[33] 그리고 평화를 깨는 행위를 막기 위한 전쟁의 경우, 개개인은 '폭력'과 '살인'을 금한 신의 계명으로부터 면책된다고 덧붙인다.[34] 즉 인간의 본성을 앞세워 전쟁의 불가피성을 피력하거나 국제관계에서 도덕적 요청이 불필요하다고 단언하지 않는다. 오히려 그는 전쟁 자체를 정당화하기보다 전쟁이 정당화될 수 있는 도덕적 기준을 제시하려고 노력한다. 그렇기에 "전쟁이 정당화될 수 있는지(jus ad bellum)"의 문제만큼이나 "어떤 수단까지 정당화될 수 있는지(jus in bello)"의 문제에서[35] 아우구스티누스의 정치사상은 여전히 중요한 논점을 제공해주고 있다.

셋째, 기독교적 '사랑(caritas)'이 갖는 정치적 의미다. 최근 아우구스티누스가 말한 기독교인의 의무가 자유주의와 공화주의 양편으로부터 동시에 큰 관심의 대상이 되고 있다. 그는 '신의 도시'에 속한 사람들은 '인간의 도시'의 형제와 자매를 돌봐야 할 의무가 있다고 말하고, 이것은 신의 은총을 경험한 사람들을 이웃에게로 이끄는 '사랑의 강제(necessitas caritatis)' 때문이라고 강조한다.[36] 이러한 언술로부터 자유주의자는 신과의 일대일 교감 속에 내재된 개인의 자율성과 주변에 대한 돌봄으로 표현된 시민적 의무의 균형을 찾아내려 노력하고, 공화주의자는 공동체 구성원에 대한 '애정'으로 표현되는 시민적 덕성에 주목함으로써 시민적 연대를 창출할 수 있는 보다 확고한 정치철학적 저변을 확보하려고 노력한다.[37] 어떤 입장에 서든 아우구스티누스의 정치사상이 공동체 구성원의 윤리적 기초로 '차이의 인정'과 '상호적 애정'을 강조한 것은 부인하기 힘들다.

19

보이티우스 Ancius Manlius Severinus Boethius, 480-526

신이 통치하는 세상에 어떻게 악이 존재할까?

보이티우스는 '왜 하나님이 주관하는 세상에 악이 횡행할 수 있는가?'라는 질문을 통해 신과 인간의 관계에 대한 깊은 성찰을 담는다. 그럼으로써 그는 '참된 것'을 찾으려던 소크라테스의 정치철학적 전통이 어떻게 중세를 관통했는지를 우리에게 보여 준다.

보이티우스는 귀족의 자제로 로마에서 태어났다. 그의 가문은 로마에서 동쪽으로 35킬로미터 정도 떨어진 지금의 팔레스트리나(Palestrina)에 연고를 둔 아니키아 가계에 속했고, 이 가계는 로마공화정 시기부터 제정기에 이르기까지 로마 정치사에서 중요한 역할을 했던 많은 인물들을 배출했다. 특히 그의 집안은 서로마제국이 멸망한 이후에도 화려한 이력을 이어 나갔다. 아버지, 본인, 그리고 그의 두 아들 모두 통령을 지냈을 정도다.

보이티우스는 어린 나이에 부모를 여의었지만, 당시 실력자이자 로마 최대 갑부였던 심마쿠스(Quintitus Aurelius Symmachus)에게 입양되어 체계적인 귀족 교육을 받았다. 이후 그의 장인이 된 심마쿠스는 원로원의 수장을 지낼 정도로 막강한 권세를 갖고 있었고, 문학과 철학에도 조예가 깊었으며, 로마교회에도 큰 영향력을 행사하던 기독교인이었다.[1] 그렇기에 그의 주변은 장인의 후견을 받던 우수한 학자들로 가득 차 있었고, 그는 아테네 유학을 다녀왔다는 소문이 날 정도로 그리스어를 잘했으며, 탁월한 언변과 풍부한 교양은 일찌감치 주변의 시선을 사로잡았다.[2]

그래서인지 갑자기 찾아온 보이티우스의 몰락은 더욱 극적으로 보인다. 그는 스물다섯 살의 어린 나이에 원로원 위원이 되었다. 510년 동(東)고트의 테오도리쿠스(Flavius Theodoricus) 대왕의 총애를 받아 통령이 되었으며, 522년 갓 성인이 된 두 아들이 통령이 되는 기쁨과 함께 최고행정관(Magister Officiorum)으로 임명되는 환희를 맛보았다.[3] 그러나 바로 다음 해에 동로마제국과 내통했다는 모함을 받아 정점에서 추락했고, 파비아에 수감된 뒤 526년 처참하게 처형된다. 그가 옥중에서 쓴 『철학의 위안(De Consolatione Philosophiae)』은 이 시기의 인간적 번뇌를 전달한다. '왜 하나님이 주관하는 세상에 악이 횡행할 수 있는가?'라는 질문 속에 자신의 운명에 대한 성찰을 담은 것이다.

신앙과 철학

역사가들의 자극적인 묘사와 달리, 서로마제국의 멸망은 로마 사회에 큰 변화를 가져오지 않았다. 476년 오도아케르(Flavius Odoacer)에게 서로마 황제가 축출된 이후 이탈리아의 새로운 지배자들은 그들이 로마의 전통을 계승한 것처럼 보이길 원했고, 기존의 통치체제를 바꾸기보다 유지하거나 보다 전통적인 요소를 가미하려고 노력했다.[4]

어린 소년을 가르치고 있는 보이티우스

오히려 달라진 것이 있다면, 황제 권력의 공백으로 거의 200년 만에 원로원이 다시 기능하게 된 것, 그리고 동일한 이유에서 대토지를 소유한 귀족들과 로마교회의 영향력이 커진 것이었다. 그래서 반달족에게 무참하게 짓밟힌 아우구스티누스의 북아프리카와 달리, 보이티우스의 로마는 활발해진 철학적 담론과 왕성해진 신학적 논의로 다시금 고전 연구가 활기를 되찾았다.

이 당시 철학의 주된 흐름은 플라톤과 아리스토텔레스의 결합이었다. 에피쿠로스 학파와 스토아 학파가 자취를 감추고, 그 자리를 플라톤이 중심이 되고 아리스토텔레스가 보완이 되는 철학적 경향이 독차지한 것이다. 바로 3세기에 플로티노스(Plotinos)에 의해 구체화된 '신플라톤주의'가 유행한 것이다. 비록 기독교에 비판적인 태도를 취했지만 그가 주장한 '초월자(epekeina tou ontos)'로부터 발현된 '지성(nous)', 즉 절대적 존재와의 교감을 통해서만 정신과 물질의 세계를

알 수 있다는 견해는 철학과 신학을 결합하려는 많은 기독교인에게 영향을 끼쳤다.[5]

엄밀하게 말해서 플로티노스가 말하는 소위 '흘러내림(aporroia)' 또는 '절대적 존재의 발현'은 기독교인들에게 두 가지 측면으로 이해되었다. 한편으로는 '지성'의 사유 능력을 인정함으로써 경험세계에서 인간의 지적 능력을 제한적이나마 발휘할 수 있는 길을 열었다면, 다른 한편으로는 초월적 존재를 '힐끗 봄(idein)'이 없이는 결코 예지 능력을 가질 수 없다고 말함으로써 신과의 교감이 경험세계에 대한 지식보다 우월하다는 것을 확인시켜 준 것이다.[6] 전자의 측면이 아리스토텔레스의 '지성'에 대한 논의를 일정 부분 받아들인 결과라면,[7] 후자의 측면은 당시 기독교인들의 정신세계에서 플라톤의 영향이 지대했음을 보여 준다.

20대 후반에 보이티우스는 플로티노스의 제자 포르피리오스(Porphyrios)의 『아리스토텔레스의 범주론 입문(Isagoge)』을 시작으로 아리스토텔레스와 관련된 저술들을 라틴어로 번역하고 주석을 다는 데에 많은 시간과 노력을 쏟아붓는다. 그리고 통령으로 재직하던 시기에도 이 작업을 소홀히 하지 않는다. 그 결과 방대한 양의 번역과 주석을 완성했다. 아마도 그에게는 단순히 새로운 철학 사조를 라틴어로 접할 수 있도록 만들겠다는 동기 이상이 있었던 것으로 보인다. 『철학의 위안』의 여러 부분에서 다시 드러나듯 그는 신앙을 철학으로 이해하려는 열망이 매우 컸던 것이다.

필연과 자유의지

이교도인 테오도리쿠스 대왕의 관대한 통치는 동방과 서방으로 나뉜 교회의 분열이 있었기에 가능했다. 그러나 유스티누스 I세 (Flavius Justinus Augustus)가 동로마 황제로 즉위한 518년 이후부터 테오도리쿠스 대왕은 이전과 달리 자신의 입지에 불안을 느끼기 시작했다. 엄밀하게 말하자면, 동과 서로 나뉘었던 교회를 합치려는 움직임이 유스티누스 I세에 의해 본격화되면서부터 테오도리쿠스 대왕은 동로마제국과 로마교회의 움직임을 주시하고 있었다. 특히 유스티누스 I세의 조카이자 실제로 국정을 좌우하고, 이후 동로마제국의 황제가 된 유스티니아누스 I세(Flavius Petrus Sabbatius Justinianus)의 주도하에 519년 동방과 서방의 교회가 재결합하기로 결정한 이후 더욱 그러했다.

이런 상황에서 인생의 절정기를 맛보던 보이티우스에게도 시련이 찾아왔다. 523년 교황 선거에서 요하네스 I세가 선출되었는데, 이전에 동로마제국의 후원을 받아 교황 심마쿠스에 맞선 라우렌티우스 (Laurentius)를 지지했던 전력이 문제가 되었다. 비록 보이티우스가 요하네스 I세의 선출에 관여했는지는 밝혀지지 않았지만, 그가 종교에 대한 몇 개의 글을 후자에게 헌정한 것이 이후 빌미가 된다. 테오도리쿠스 대왕이 요하네스 I세를 의심하는 가운데 보이티우스가 반역 혐의로 기소되자 그를 바로 투옥시켜 버린 것이다.[8]

『철학의 위안』은 이러한 운명의 소용돌이에 대한 보이티우스의

유스티니아누스 1세

깊은 성찰을 담고 있다. 인간이 스스로의 미래를 결정할 수 있는지, 아니면 미리 예정된 경로를 따라갈 수밖에 없는지에 대한 해답을 찾는 것이다. 일차적으로 그는 "절대자에게 가까이 다가갈수록 인간은 더욱 자유로워진다."는 신플라톤주의의 전제를 받아들인다.[9] 그러나 그는 이러한 전제가 "모든 것이 신에 의해 예정되어 인간에게는 자유로운 선택의 여지가 없다."는 결정론으로 귀착된다고 보지는 않는다. 신이 모든 것을 주관하지만 동시에 신은 인간이 이성을 따라 스스로의 미래를 결정할 수 있도록 허용했다는 것이다.[10]

이러한 결론은 최소한 다음과 같은 논리적 추론 과정을 통해 구체화된다. 첫째, 신은 전지전능하며 모든 행동의 결과를 알고 있다. 즉 우주는 '필연(ananke)'과 '지성(nous)'의 결합으로 생성된다는 플라톤의 성찰을 받아들이고,[11] 현상의 본질은 초월자와 지성의 교감을 통해서만 파악될 수 있다는 신플라톤주의의 전제를 수용한다. 둘

16세기 철학의 의인화

째, 그럼에도 불구하고 인간은 자기 이성을 따라 스스로의 행위를 결정할 수 있는 자유를 갖고 있다.[12] 바꾸어 말하면, 신은 인간이 무엇을 선택할지 알고 있지만 이렇듯 신이 미리 예견하고 있다는 사실이 개별적인 선택의 직접적인 원인이 될 수는 없다는 것이다. 셋째, 신은 인간과 달리 시간적 제한에 얽매이지 않는다. 즉 변화무쌍한 '운명의 여신(Fortuna)' 때문에 신음하는 인간과 달리, 초월적 신의 예견은 우연적이고 일시적인 사건이 초래하는 '개연성(eikos)'에 방해받지 않는다는 것이다.[13] 여기에서 인간의 제한된 능력으로는 신의 섭리 아래 악이 실재하는 이유를 모두 헤아릴 수 없다는 결론이 도출된다.

보이티우스는 옥중에서 성경에 나오는 욥(Job)처럼 신의 은총을 기다린다. 그는 절망의 나락으로 떨어져 억울하게 가혹한 형벌을 감수하면서도 주어진 고통에 신의 섭리가 있으리라는 기대를 버리지 않는다.[14] 설사 죽음을 면치 못할지라도 세상이 주는 즐거움보다 신과의 교감이 주는 행복에 만족할 것이라고 말한다.[15] 그리고 신이 다스리는 세상에 왜 악이 득세하는지에 대한 최초의 한탄을 결코 누구도 알 수 없는 신의 섭리에 대한 무한한 경외심으로 대체한다. 그럼으로써 보이티우스는 '개연적인 것(to eikota)'보다 '참된 것(ta alēthē)'을 찾으려던 소크라테스의 정치철학적 전통으로부터 한 발자국도 벗어나지 않았다.

28

알파라비 | Abū Nasr Muhammad ibn Muhammad al-Fārābi, 870-950

계시와 이성은 타협할 수 있는가?

알파라비는 이슬람의 정치철학이 서양 중세에 어떤 영향을 끼쳤는지를 가늠할 수 있는 매우 중요한 사상가다. 단순히 그가 복원한 플라톤과 아리스토텔레스의 문헌들이 광범위하게 읽혔기 때문만은 아니다. 그의 정치철학이 '계시'와 '이성'의 관계를 고민하던 중세 철학자들에게 때맞은 혜안을 제공했기 때문이다.

움베르토 에코(Umberto Eco)의 『장미의 이름(Il Nome della Rosa)』(1980)은 중세의 종교적 굴레 아래에서도 결코 숨죽일 수 없었던 인간의 열망을 다룬다. 금지된 서적을 몰래 읽으려던 수도사들과 이를 막으려는 사람들 사이의 긴장, 이러한 긴장을 의문의 살인사건으로 이끈 종교적 광기, 이 모두는 인간의 열망과 연관된다. 특히 저자는 중세의 균열을 촉발시킨 열망들 중 하나가 바로 고대 그리스와 로마의 철학에 대한 지적 호기심이었음을 강조한다. 아마도 알파라비와 같은 이슬람 세계의 정치철학자가 없었다면 이런 호기심조차 가질 수 없었을지도 모른다.

알파라비를 비롯한 이슬람 세계의 정치철학자들은 서양의 중세 정치철학을 이해하는 데 매우 중요한 인물들이다. 그들이 주석을 달고 복원한 플라톤과 아리스토텔레스의 문헌들이 지식사회에서 광범위하게 읽혔기 때문만은 아니다. 그들의 정치철학이 '계시'와 '이성'

의 바람직한 관계를 고민하던 서양의 중세 철학자들에게 때맞은 혜안을 제공했기 때문이다. 기독교 사회보다도 '신의 계시' 또는 '신의 법'이 더 일상을 압도했던 이슬람교 사회에서 '이성을 통해 바람직한 정치체제를 구성할 수 있을까?'라는 질문의 해답을 찾는다는 것 자체만으로도 중세 철학자들의 잠자던 지적 호기심을 일깨우기에 충분했던 것이다.

이슬람 세계의 기독교

알파라비는 지금의 중앙아시아 카자흐스탄에 위치했던 '트란스옥사니아(Transoxania)'의 파랍(Fārāb)에서 태어났다. 트란스옥사니아는 중앙아시아에서 가장 긴 아무다리야 강 주변을 말하는데, 이 강의 옛 그리스 명칭인 '옥소스(Ōxos)'를 따라 '그 강 너머의 땅'이라는 뜻을 가졌다. 처음 서양인의 관심을 끌었을 때 이 지역은 페르시아 제국의 땅이었다. 그러나 기원전 4세기 알렉산더 대왕의 동방원정으로 그리스 문명이 들어왔고, 서기 7세기 무렵 아랍인들에게 점령당해 이슬람 세계에 편입되었다. 중세 아랍 사람들은 이곳을 종종 중국이라고도 불렀는데 그만큼 동서양의 문명이 교차하는 지역이었다.

알파라비의 생애에 대한 이야기들은 과장된 일화와 신화적 윤색으로 가득 차 있다. 그래서 문명의 교차지에서 태어난 알파라비의 교육에 대한 자세한 기록이 없다는 점이 참으로 아쉽다. 아버지가 터키계의 사만(Sāmānid) 왕조를 섬기던 장군이었다는 것, 성장한 뒤 바그다드로 가서 기독교 계통의 학자들에게 그리스 고대 정치철학을 배웠다는 것, 942년경 시리아와 북부 이라크를 다스리던 함단(Hamdanid) 왕조의 초청으로 바그다드를 떠나 이듬해부터 시리아의 알레포에 정착했다는 것, 이집트를 여행하고 돌아오는 길에 다마스쿠스에서 여든 살의 나이로 죽었다는 것 정도가 알려져 있을 뿐이다.

그럼에도 불구하고 알파라비에게 철학을 가르쳐 주었다고 알려진 선생들의 면면은 우리의 주목을 끌기에 충분하다. 그들 대부분은 이단으로 내몰렸던 기독교인들이었고, 고대 그리스 정치철학들을 이슬람 세계에 전달해 준 학자들이었다.[1] 마타(Abū Bishr Mattā)는 당대 최고의 논리학자로, 아리스토텔레스의 『시학(Peri Poietikēs)』과 『분석후서(Analytika hystera)』를 번역한 기독교도였다. 하일란(Yuhanna ibn Haylān)은 '인간이 어떻게 신의 어머니가 될 수 있는가?'라는 의문에서 성모마리아에게 '하나님의 어머니'라는 호칭을 쓰는 것을 반대했던 네스토리우스(Nestorius)파 기독교인이었다. 초월적 존재의 실체만큼이나 경험적 이성을 강조했던 아리스토텔레스, 그리고 철학적 이성으로 계시적 신앙을 설명하려 했던 신학적 태도가 알파라비의 정치사상에 상당한 영향을 주었던 것이다.

두 번째 스승

알파라비를 이슬람 세계의 신플라톤주의자로 볼 것인지, 아니면 아리스토텔레스주의자로 볼 것인지는 여전히 논쟁적이다. 전자의 경우라면 신학적으로는 초월자의 계시와 제한된 이성의 교감, 정치적으로는 '철인왕'의 통치를 꿈꾸는 부분이 강조될 것이다.[2] 후자의 경우라면 신학적으로는 신의 계시와 섭리를 이성을 통해 이해하려는 태도, 정치적으로는 민주정과 '덕스러운 공동체'의 격차가 그만큼 줄어들 것이다.[3] 최근에는 알파라비를 신플라톤주의자의 범주에 넣기보다 플라톤과 관련된 그의 서술이 갖는 독특함, 그리고 그의 정치사상에서 플라톤과 아리스토텔레스가 어떻게 조화되는지에 연구의 초점이 맞추어지고 있다.

이런 맥락에서 두 가지 측면을 주의 깊게 볼 필요가 있다. 첫째, 종교와 철학의 만남이다. 계시의 해석을 둘러싸고 벌어지는 신학적 논쟁과 종교집단 내부의 갈등을 해소하기 위해 이슬람 세계에서도 철학에 큰 관심을 갖고 있었다. 특히 '영적인 것'을 '육적인 것'과 분리하는 플라톤의 사상은 모든 것의 근원을 신으로부터 찾는 이슬람의 사유체계와 잘 조화될 수 있었다.[4] 즉 신플라톤주의가 아니라도 이슬람의 '철학(falsafha)'적 전통에서 플라톤의 영향력은 지대했다는 것이다. 따라서 아리스토텔레스 이후 '두 번째 스승'으로 추앙받는 알파라비로부터 특정 철학적 사조의 흔적을 찾기보다 그만의 플라톤 해석이 갖는 정치철학적 의미를 찾는 것이 더 중요하다.

알파라비의 초상(카자흐스탄 지폐)

　둘째, 이슬람 세계에서 알파라비가 당면했던 문제들이다. 당시 이슬람 세계에서 정치 지도자는 곧 신의 대리인이고, 정치체제는 신의 뜻이 발현된 것이어야 했다. 따라서 신의 계시를 설명하는 철학자는 일차적으로는 정치 지도자, 그리고 궁극적으로는 공동체 구성원들에게 자기의 해석을 납득시켜야 했다. 그래서 고대 정치철학의 유산이 여전히 기능했던 사회의 아우구스티누스와 달리 알파라비는 철학이 무엇인지부터 설명해야 했다. 그리고 신과의 교감에 만족했던 보이티우스와 달리 철학으로 이해된 신의 계시를 설득하는 방법까지 고민해야 했다. 이런 맥락에서 그는 논리적으로 '실체(ousia)'와 '본질(to ti ēn einai)'을 구분하면서도 실제에서는 '육체'와 '영혼'을 함께 고려해야 한다는 입장을 가졌던 아리스토텔레스를 수용한다.[5] 그리고 설득에서 철학적 이성만큼이나 육체적 감성의 역할을 강조했던 아리스토텔레스의 『수사학』과 『시학』까지 폭넓게 받아들인다.

알파라비의 정치사상

플라톤과 아리스토텔레스의 접목을 통해 알파라비는 세 가지 주요한 정치사상적 기여를 했다. 첫째, 아리스토텔레스의 수사학을 통해 철학과 종교의 상관관계를 재정립했다. 알파라비는 실체를 이해하기 위해서는 본질을 먼저 파악해야 하고, 다수의 의견과 분리된 진리가 있다는 것을 부인하지 않는다. 그러나 본질에 대한 이해를 종교에 맡기지 않는다. 비록 신의 절대성을 부인하지는 않지만 그에게 종교는 신의 계시를 받은 예언가가 무지한 대중과 소통하는 일종의 '철학의 대중적인 표현'일 뿐이다.[6] 이런 맥락에서 그는 설득과 웅변이 필요한 영역은 철학이 아니라 종교이고, 본질에 대한 앎인 철학이 종교에 우선한다고 주장한다. 이성이 계시를 설명할 수 있는 인식론적 기초를 확보한 것이다.

둘째, 아리스토텔레스의 '능동지성(poietikos nous)'과 플라톤의 '창조자(Dēmiurgos)'의 결합이다. 알파라비는 아리스토텔레스가『영혼에 대하여(Peri Psyches)』에서 밝혔던 지성에 대한 심리학적 분류를 발전시킨다.[7] 지성(nous)을 잠재적, 실체적, 획득적, 능동적인 것으로 분류하고, '모든 것을 만드는(to panta poiein)' 능동지성에게 플라톤의 '만물의 제작자'와 같은 역할을 부여한다.[8] 그리고 '철인왕'을 역설한 플라톤과 유사하게 "진정한 철학자는 자기의 완벽함뿐만 아니라 다른 사람들과 철학을 나누고 덕스러운 정체를 수립하는 데에 기여해야 한다."고 충고한다.[9] 종합하면 세계의 창조 과정에서 '질료'에 '형상'을 부여하는 존재를 인정함으로써 신학을 철학의 영역으로 끌어들이고, 동시에 아리스토텔레스의 능동지성을 플라톤의 창조자로 정치화시킨 것이다. 한마디로 신을 대리하는 정치 지도자 교육에 철학이 비집고 들어갈 자리를 마련하고, 정치체제의 개혁에 철학자가 참여할 수 있는 길을 열었다.

셋째, 철학자와 대중의 관계에 대한 보다 적극적인 자세다. 알파라비는 플라톤의 『국가』와 『법률』을 자기가 구상했던 '덕스러운 공동체'를 구체화하는 데에 사용한다. 일차적으로 그는 플라톤의 '철인왕'을 염두에 둔다. 즉 그에게는 진정한 철학자가 곧 진정한 선지자이며, 진정한 철학자가 곧 이상적인 정치 지도자임을 숨기지 않는다. 동시에 아리스토텔레스처럼 인간은 정치적 동물이며 공동체를 통해 각자의 본성을 실현할 수 있다는 점도 받아들인다. 그렇기에 '진정한 철학자'는 다수의 의사가 지배하는 공동체 내에서 항상 위험에 처해 있을 수밖에 없다는 플라톤의 지적을 받아들이면서도,[10] 그는 철학을 모르는 다수와 열정에 휩싸인 젊은이들을 가르칠 때 철학자는 소크라테스가 아니라 트라시마쿠스와 같은 직접적이고 감정적인 수사가 필요하다고 역설한다.[11] 그래서 플라톤이 다수의 대중이 파악할 수 없는 '비교(秘敎)'적 수사를 통해 철학을 가르친 것과 달리, 자신은 대중이 이해할 수 있는 명확한 언술을 통해 대중도 철학적 지식을 가질 수 있도록 하려 한다고 말한다. 소위 철학의 '비교적(esoteric) 교육'과 '대중적(exoteric) 설득'이 갖는 긴장에 대한 매우 흥미로운 논란거리를 제공한 것이다.

21
이븐 시나 Avicenna, Abū Alī al-Husayn Ibn Sinā, 980-1037

과학과 이성으로 인간의 고통이 치유될 수 있는가?

이븐 시나만큼 중세 정치철학사에서 중요한 인물도 드물
다. 이슬람 세계에서의 공헌은 말할 나위가 없고, 유대교
의 마이모니데스, 그리고 기독교의 아퀴나스도 그로부터
큰 도움을 받았다. 근대 의학의 아버지라는 오랜 명성과
함께 그의 영향력이 도처에 드리워졌던 것이다.

많은 사람들이 서양 정치철학사에서 중세는 신앙적 교리가 이성적 탐구를 가로막았던 '암흑기'에 불과하다는 편견을 갖고 있다. 중세에는 그리스와 로마의 지적 전통이 단지 그 명맥만 유지했다는 생각이 팽배한 것이다. 그래서인지 마치 그리스와 로마의 정치철학에서 르네상스 철학에 이르기까지 그 어떤 새로운 철학적 탐구도 없었던 것처럼 말하는 경우를 쉽게 볼 수 있다. 특히 합리적 이성과 과학적 사고와 관련된 논의에서는 더욱 그러하다.

그러나 르네상스 시기의 이성에 대한 관심과 근대 이후 과학적 사고는 중세 시기에 신학과 자연과학에 몰두했던 학자들에게 큰 빚을 지고 있다. 오랜 기간 동안의 공백을 메울 수 있는 일정 정도의 학문적 진전을 말하는 것이 아니다. 당면한 문제를 다른 각도에서 고민할 수 있는 이론적 혜안, 그리고 정치적 이상을 실현시킬 수 있는 실천적 구상에 이르기까지 이전에 경험하지 못했던 통찰력을 제공했기

ABOALIS AVICENNE, MEDECIN.
Chap. 134.

이븐 시나

때문이다.

이런 맥락에서 볼 때 서양의 중세 정치철학사에서 이븐 시나만큼 중요한 역할을 한 인물도 드물다. 12세기에 번역되어 유럽의 지성사를 뒤흔들어 놓은 광범위한 저술에 덧붙여 그의 사상이 서양의 주요 종교적 전통에 미친 영향은 그야말로 지대하다. 이슬람 전통에서의 공헌은 두말할 나위가 없고 유대교 전통에서 마이모니데스(Maimonides), 기독교 전통에서 아퀴나스가 그의 정치철학으로부터 큰 도움을 받았다. 근대 의학의 아버지라는 오랜 명성과 함께 그의 영향력이 중세 정치철학의 도처에 드리워졌던 것이다.

페르시아 르네상스

이븐 시나는 우즈베키스탄 남단 부하라(Bukhārā) 근방의 아프샤나(Afshana)에서 태어났다. 이 시절 부하라는 예로부터 중앙아시아의

부하라 구시가지 입구

실크로드를 통해 유입된 다양한 문화가 새로운 모습으로 옷을 갈아
입는 곳이었다. 한때는 불교와 산스크리트 문화가 융성했고, 유대인
의 『욥기』와 아랍인의 『쿠란(Qur'an)』에 등장하는 욥(Job, Ayyūb)의 일
화가 실재했던 곳이었다. 특히 그가 살았던 시기에 부하라는 이른바
이슬람 세계의 학문과 종교의 중심지였다. 수많은 이슬람 사원과 학
교(madrasah)가 들어서고 철학뿐만 아니라 과학에서 당대의 가장 뛰
어난 학자들이 찾아왔던 도시였다.

당시 이슬람 제국은 바그다드를 중심으로 했던 아바시드(Abbā sid) 칼리파(khalīfah)가 명목상 주권자로 전락하고, 힘의 공백을 틈타 등장한 여러 군벌과 호족들이 각 지역을 분할해서 지배하고 있는 상황이었다. 이때 부하라는 페르시아 북부 지역을 장악해서 은으로 부를 축적했던 사만 왕조의 통치를 받았는데, 이 왕조의 영토가 코라산(지금의 이란 북동부와 아프가니스탄)까지 걸쳐 있었다. 이러한 정세의 변화는 칼리프 체제의 후견을 받던 아랍 철학에 맞서 페르시아 고유의 문화가 부활하는 계기를 마련했다. 이른바 10세기 부하라는 '페르시아 르네상스'의 중심 거점이었던 것이다.

그러나 부하라의 지식인들도 아랍 철학이 남겨 놓은 숙제를 지속적으로 고민할 수밖에 없었다. 이슬람 제국의 다른 대도시들과 마찬가지로 유력 가문과 부유층의 집에서 벌어지는 지식인들의 난상토론이 부하라의 지적 흐름을 이끌었다. 한편으로는 신앙과 이성의 관계를 둘러싼 기존의 철학적 논쟁이 지속되었고, 다른 한편으로는 『쿠란』에 기록된 '신의 율법(Sharīa)'의 해석을 둘러싸고 벌인 법률가들과 신학자들의 갈등도 그치지 않았다. 전자가 '계시'와 '이성'의 긴장을 해소하려던 서양 정치철학자들에게 중요한 자료가 되었다면, 후자는 세속적 권력에 신적 권위를 부여하려던 정치신학에 지대한 영향을 끼쳤다.

'치유'의 철학자

사만 왕조의 누 이븐 만수르(Nuh ibn Mansur) 아래에서 카르마이탄 지역을 통치했던 이븐 시나의 아버지도 논쟁을 무척이나 즐겼다. 그는 누가 신의 '말씀(kalām)'을 해석해야 하고, '이성'을 통해 『쿠란』을 어느 정도까지 이해할 수 있으며, '신의 율법'에 기록되지 않은 것들은 어떻게 판단해야 하는지를 고민했다. 이런 환경 속에서 자란 이븐 시나는 가정교사로부터 본격적인 교육을 받기 훨씬 전부터 신학적 논쟁에 노출되어 있었다.

이븐 시나가 열 살도 되기 전에 『쿠란』을 모두 암송했다든지, 어려서부터 신학적 입장을 갖고 있었다든지 하는 사실들은 놀랄 일도 아니다.[1] 그러나 포르피리오스(Porphyrios)의 논리학 『입문(Isagoge)』으로부터 시작해서 법학과 의학으로 끝나는 교과과정을 단숨에 마치고, 가정교사였던 안나틸리(Abu Abdallah an-Natili)의 도움 없이도 자연철학과 신학을 통달할 수 있었다는 기록에는 놀라움을 금치 못하게 된다. 이런 맥락에서 보면, 열여덟 살에 그의 의술이 궁정의 인정을 받고, 스물한 살에 그의 지식이 부하라의 자랑거리가 되고, 스물두 살에 그가 행정관으로 발탁되었다는 것이 어렵지 않게 납득된다.

승승장구하던 이븐 시나의 삶은 사만 왕조의 몰락과 함께 나락으로 떨어진다. 행정관이 되고 얼마 후 사만 왕조로부터 독립을 선언한 가즈나의 마무드(Mahmūd ibn Sebuktegin)가 페르시아 북부의 패권을 차지한다. 이때 사만 왕조에 충성했던 그의 가문도 함께 몰락했고, 그

이븐 시나가 제자들에게 약학을 설명하고 있다.

는 스물다섯 살부터 투르크메니스탄 북부의 구르간즈를 거쳐 오랜
망명과 투옥의 고된 여정을 시작한다. 극단을 거부하는 그의 신학은
이성주의 신학을 배격하던 가즈나 왕조로부터 환영받지 못했고, 순
수했던 학문적 열정은 난리 속에서 오히려 그의 형편을 더욱 곤혹스
럽게 만들었다.

실제로 이븐 시나의 시대는 『쿠란』과 무함마드(Muhammad)의 '언

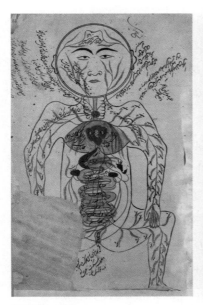

『의학정전』원고

『의학정전』에서 의사가 여성 환자의 맥박을 짚고 있다.

행(sunnah)'을 중시하는 수니파가 득세하기 시작한 시절이었다. 한편
으로는 교리보다 실천이 중시되던 이슬람의 전통이 반영된 것이고,
다른 한편으로는 '신의 율법'을 해석하는 '입법자' 또는 '재판관'이
'신학자'나 '철학자'보다 대접을 받는 관행이 굳어진 것이 이유였다.[2]
동시에 『쿠란』을 이성적으로 해석하려던 무타질라(Mu'tazililites)파가
정치적으로 몰락한 이후 '신의 율법'에 대한 이성적 논증을 거부하는
신학적 입장이 보다 널리 받아들여졌기 때문이었다.[3]

역설적으로 이븐 시나를 고난으로부터 구제해 준 것은 그의 확

고한 신념이 아니라 탁월한 의술이었다. 그의 의술은 이슬람 세계에서 널리 알려져 있었고, 방랑 중에도 그의 의술을 필요로 했던 실력자들의 요청이 끊이지 않았다. 이 중에는 이븐 시나를 고문관으로까지 임명했던 이란 중서부의 지배자 샴스 아드다울라(Shams ad-Dawla)가 있었고, 이후에는 그와 죽기까지 우애를 지켰던 지금 테헤란 남쪽의 에스파한을 다스리던 알라 아드다울라(Alā ad-Dawla)가 있었다.

이들의 후견 아래 이븐 시나가 집필한 책이 바로『치유(Kitab Al-Shifā)』다. 논리학, 자연과학, 수학, 형이상학, 윤리학과 정치학을 아우르는 방대한 책의 제목이 '치유'인 것은 그의 또 다른 역작이『의학정전(al-Qānūn fī al-Tibb)』이라는 사실과 무관하지 않을 것이다. 육체적 또는 정신적 고통 속에 신음하는 사람들에게 필요한 '치유'가 그에게는 무엇보다 중요한 주제였던 것이다. 그렇기에 그는 뒤늦게 찾아온 평안한 삶 속에서도 새벽에 일어나 저술하고, 업무가 끝나자마자 자기가 쓴 글을 제자들과 함께 읽고 토론하는 고된 일상을 버리지 못했다. 그리고 과로에 발병한 복통으로 쉰일곱 살에 세상을 떠났다.

신플라톤주의의 진화

'아리스토텔레스주의자'라는 일반적 평가와 달리 이븐 시나의 정치사상은 당시 이슬람 세계의 신플라톤주의의 한계를 벗어나지 못했다. 비록 알파라비를 통해 아리스토텔레스의 철학을 새롭게 접근

『의학정전』 원고들

할 수 있었겠지만, 그도 아리스토텔레스를 신플라톤주의의 기원 또는 플라톤의 사상을 이해하는 매개로 생각하던 당시 지식인의 편견을 크게 넘어서지 못했던 것이다. 동시에 플라톤의 『국가』에 등장하는 '철인(哲人)'왕이 아리스토텔레스의 『정치학』에 서술된 여러 정체들보다 적용하기가 훨씬 수월했던 이슬람 문화도 그에게는 큰 장애로 작용했다.

사실 이븐 시나는 인간의 '지성'을 '신'으로부터 발현된 것으로 이해하는 플로티노스(Plotinos)의 견해를 수용한다.[4] 예를 들면 그는

'본질(māhiyya)'과 '존재(wugūd)'를 구분하고, 후자를 다시 '필연적 존 재'와 '가능한 존재'로 구분한다.[5] 이 분류는 일차적으로는『쿠란』을 이성적으로 해석할 수 있는지에 대한 이슬람교 내부의 신학적 논쟁 과 관련된다. 즉『쿠란』에 기록된 신의 특성이 신이라는 존재와 일치 하는지, 신은 세상의 악에 어디까지 개입하는지를 두고 벌어진 오랜 논쟁에 대한 자신의 견해를 밝혔다. 그러나 궁극적으로 이 구분들은 신과의 교감을 통해서만 현상의 본질을 파악할 수 있다는 신플라톤 주의의 주장을 보다 논리적으로 발전시킨 것이다.[6]

우선 이 구분들은 무타질라파와 아샤리파의 대립과 관련된다.[7] 전자는『쿠란』이 인간적 판단이 내재된 텍스트이기에 초월적이고 탈 이성적인 신의 언어로 해석해서는 안 된다는 입장을 갖고 있었고, '본질' 또는 '본성'은 실재하지 않거나 관념적인 것도 포함하기에 '존 재'보다 포괄적이라는 입장을 갖고 있었다. 반면 후자는 초월적 존재 를 인간의 이성으로 이해하는 데에는 한계가 있으며, 모든 세상사를 신이 주관하기에『쿠란』에 기록된 것들과 신의 '존재'는 일치할 수밖 에 없다는 주장을 전개했다.

이븐 시나는 두 입장을 절충한다. 무타질라파와 달리 그 무엇 에 의해서도 창조되지 않은 초월적 신에게서 '본질'과 '존재'는 일치 할 수밖에 없다는 견해를 피력하고, 아샤리파와 달리 세상은 조물주 와 같은 '필연적 존재'가 '아무것도 없는 상태'에서 창조된 것이 아 니라 그로부터 발현된 '지성'의 산물이며, 그렇기에 '필연적 존재'조 차도 따라야 할 보편적 법칙이 있다고 주장한다.[8] 이때 '필연적 존재'

라는 개념은 다른 어떤 것으로부터 원인되지 않기에 그 자체로 존재하지만 실체가 없는 '신'과 구별되는 존재로서, 세상에 횡행하는 악이 모두 신으로부터 기인하지 않음을 설명하는 도구다. 한편으로는 '창조'보다 '발현'을 강조함으로써 인간 이성의 일정한 역할을 인정하고, 다른 한편으로는 '신'과의 교감을 통해서만 인간이 올바른 길로 갈 수 있다는 입장을 정당화하려 했던 것이다. 결국 우주는 '필연(ananke)'와 '지성(nous)'의 결합으로 생성된다는 신플라톤주의의 성찰,[9] 세상의 주관자는 오직 '신' 뿐이라는 이슬람교의 신념 이 두 가지가 '보이지 않는 실체'로서 세상을 구성하는 여러 요인들 중 하나로 설명되던 아리스토텔레스의 '신'을 압도했던 것이다.[10]

12세기 이후 유럽의 지식인들은 이븐 시나의 저술들로부터 새로운 철학적 활로를 찾았다. 그의 '악'과 관련된 서술들은 아우구스티누스의 '자유의지'와 함께 세상에 악이 존재하는 이유를 설명하는 중요한 자료로 원용되었고, '본질'과 '존재'에 대한 그의 구분은 아퀴나스의 '이성'을 통한 '신앙'의 보완이라는 명제에 영감을 제공했다. 아울러 그의 '필연적 존재'라는 개념은 라이프니츠(Leibniz)에게는 이성적 추론을 넘어선 경험을 설명할 수 있는 하나의 단초를, 헤겔에게는 실체에 국한된 존재론을 넘어설 수 있는 변증법적 추론의 기초를 제공했다.

22

아베로에스
Abū al-Walīd Muhammad Ibn Ahmad Ibn Rushd al-Hafīd, 1126~1198

이성은 신앙에 적대적인가?

아베로에스는 신학을 이성적으로 논증하고 추론하려던 서양 정치철학의 '이성주의' 전통에 매우 정교한 방법론적 틀을 제공한 이슬람 철학자였다. 철학과 신학은 적대적이지 않다는 전제에서, 철학의 신학에 대한 우위를 주장했던 이슬람 세계의 아리스토텔레스였으며 근대 계몽주의의 인식론적 토대를 제공한 이성주의자였다.

1277년 파리의 탕피에(Tempier) 주교는 아베로에스의 철학을 따르는 라틴 아베로에스주의자들의 주장들을 "두 개의 상반된 진리(duae contrariae veritates)"를 신봉한다는 이유로 219개의 저주받아야 할 명제들 속에 포함시켰다. 소위 '이중진리론', 즉 이성으로 논증된 경험적 지식과 계시에 의해 주어진 진리가 모두 참일 수 있다는 사고가 이단으로 낙인이 찍힌 것이다. 동시에 서양 고대 정치철학자들의 저술에 꼼꼼한 주석을 달고, 아리스토텔레스의 저술들을 라틴어와 희랍어로 번역함으로써, 기독교 세계에서 고대 정치철학이 다시 꽃피울 계기를 제공한 이슬람 철학자 이븐 루시드(Ibn Rushd)도 단죄되었다. 이때부터 그의 라틴어 이름인 '아베로에스'는 '이중진리론'의 대명사처럼 여겨지게 되었다.

　　그러나 아베로에스는 시제 브라방(Sigerius de Brabantia) 같은 13세기 라틴 아베로에스주의자들과 사뭇 다른 생각을 갖고 있었다. 비록 계시의 내용이 이성을 통해 증명될 때에 보다 확실해진다는 입장을 가진 것은 사실이지만, 그가 증명되지 않는 계시는 진리가 될 수 없다는 태도를 견지한 것은 아니었다. 또한 기독교의 창조론이나 종말론과 조응할 수 없는 아리스토텔레스의 명제를 고수했지만, 계시의 내용과 이성적 추론이 상반될 수 있다고 믿었던 것도 아니었다. 오히려 아퀴나스만큼이나 신앙과 이성이 적대이지 않다는 견해를 갖고 있었다. 그래서 계시에 대한 이성적 접근을 반대했던 이슬람의 신앙주의자들처럼 13세기 기독교가 아베로에스를 정죄한 것 그 자체가 이율배반적이었다.

이슬람 궁정의 철학자

아베로에스는 대대로 재판관(Qādī)과 종교지도자(Imām)를 배출한 귀족 가문의 자제로, 남부 스페인의 코르도바에서 태어났다. 당시 코르도바는 이슬람의 직접적인 통치하에 있었지만 종교적 관용 정책 때문에 기독교도와 유대교도들이 함께 공존할 수 있었다. 11세기에는 도시 인구가 백만 명에 이를 정도로 융성했고, 한때 지중해에서 가장 큰 도서관이 있었을 정도로 학문과 교육이 번성했다. 그렇기에 아베로에스가 어린 시절부터 율법과 경전, 신학과 의술에 친숙했을 것이라는 추측은 어렵지 않다. 그러나 그가 누구로부터 철학을 배웠는지는 분명하지 않다. 아리스토텔레스에 해박했던 아벰파체

아베로에스

(Avempace, Ibn Bājja)에게 큰 영향을 받았다는 정도만 알려져 있다.[1]

　1169년 아베로에스는 세비야의 재판관이 된다. 이때부터 그
의 인생은 황금기에 접어든다. 그가 모시게 된 군주는 무와히둔(al-
Muwahhidun) 왕조의 새로운 주인인 아부 야쿠브유수프 I세(Abū Ya'qūb
Yūsuf)였다. 자애롭고 현명했던 것으로 전해지는 야쿠브유수프 I세
의 아버지는 스스로를 예언자(mahdī)라 부르고 종교운동을 일으켰
던 이븐 투마르트(Ibn Tūmart)의 열렬한 추종자이자, 1147년 '대행
자(khalīfah)'가 되어 무와히둔 왕조를 창건한 아브드 알무민(Abd al-

Mu'min)이다. 무라비트(al-Murābit) 왕조의 온갖 핍박을 극복하고 북아
프리카의 모로코부터 스페인의 안달루시아까지 이르는 거대한 제국
을 건설한 아브드 알무민의 엄격한 신앙주의와 달리 새로운 군주는
철학에 대한 보다 우호적인 자세와 신학에 대한 보다 합리적인 태도
를 갖고 있었다. 이성주의자인 아베로에스가 꿈을 펼칠 수 있는 시기
가 도래한 것이다.

아베로에스를 야쿠브유수프의 곁으로 이끈 사람은 군주의 주치
의이자 『각성한 사람의 아들, 살아 있는 사람(Hayy Ibn Yaqzān)』이라는
유명한 철학소설을 쓴 이븐 투파일(Ibn Tufayl)이었다. 일화에 따르면
야쿠브유수프는 아베로에스에게 '세계의 영원성'에 대한 질문을 던
졌고, 대답하기를 주저하던 그를 대신해서 이븐 투파일이 답한 정교
한 논증이 그에게 토론에 참여할 수 있는 용기를 제공했다고 한다.[2]
사실 이 질문은 "만약 만물이 지속적인 변화를 통해 영원할 수 있다
면 논리적으로 어떤 것의 시작과 끝은 없다."는 아리스토텔레스의
『물리학(Physike akroasis)』과 『천상에 대하여(Peri ouravon)』의 명제가 '조
물주에 의한 창조'를 부정하는 것은 아닌지에 대한 것이다.[3] 흥미롭
게도 야쿠브유수프는 그의 철학적 답변에 크게 감동했고, 이후 그에
게 아리스토텔레스의 저술들을 요약해 달라고까지 부탁했다고 한다.
그러나 동일한 이유에서 그는 뒤이어 군주가 된 알만수르(al-Mansur)
에게 미움을 받아 1194년 루세나(Lucena)로 추방된다. 이후 복권되었
지만 보다 엄격한 신앙주의 군주에게는 그의 이성적 태도가 도전이
되었던 것이다.

아리스토텔레스의 계승자

서양의 중세와 르네상스 정치철학사에서 아베로에스를 매우 중요한 인물로 만든 것이 아리스토텔레스의 라틴어 번역본들과 고대 정치철학서들에 대한 그의 빼어난 주석들 때문만은 아니다. 그 이전에도 이븐 시나와 같은 철학자에 의해 고대 그리스 정치철학자들의 저서들이 라틴어로 서양의 기독교 세계에 소개되었다. 그리고 다양한 형태의 주석들도 널리 탐독되었다. 그럼에도 불구하고 아베로에스의 번역과 주석을 돋보이게 한 것은 아리스토텔레스의 텍스트를 가감 없이 전달하려 했던 그만의 태도였다.

아베로에스 이전 이슬람 학자들에 의해 소개되었던 고대 정치철학의 라틴어 번역들과 주석들은 대부분 신플라톤주의의 영향 아래에 있었다. 따라서 아리스토텔레스의 저술을 소개한다기보다 플라톤 정치사상의 보완 또는 연장선에서 그의 저술들을 이용하려는 경향이 강했다. 그러나 아베로에스는 아리스토텔레스의 저술에 담긴 사상적 깊이와 논증적 엄격함을 전달하는 데에 초점을 맞추고, '세계의 지속적인 변화를 통한 영원성'이나 '영혼과 육체의 분리 불가능성에 기초한 영혼의 소멸'과 같은 반(反)신학적 명제들도 가감 없이 전달한다.

실제 아베로에스는 자신이 진정한 철학자이자 합리적 이성의 화신으로 신봉했던 아리스토텔레스를 신플라톤주의자들로부터 구제하는 데에 혼신을 다한다. 비록 그리스어를 읽을 수 없어 신플라톤주의자들의 아랍어 번역에 의지해야만 했지만, 그의 번역들과 주석들

아테네 학당

은 아리스토텔레스의 저술들을 놀랍도록 정확하게 전달하고 있다. 그가 아리스토텔레스의 반신학적 명제들을 실제로 믿었는지는 여전히 논쟁적이지만, 최소한 신학을 이성적으로 논증하고 추론하려던 서양 정치철학의 '이성주의' 전통에 매우 정교한 방법론적 틀을 제공한 이슬람 철학자였음을 부인할 수는 없다.

이성주의 정치철학자

아베로에스의 '이성주의'는 크게 세 가지 주장들과 함께 구체화된다. 첫째는 철학을 신학에 종속되는 것으로 이해하던 아샤리파의 '말씀(kalām)' 중심적인 입장에 대한 도전이다. 『철학자들의 모순(Tahāfut al-Falāsifah)』을 쓴 알가잘리(Al-Ghazali)에 대한 비판이 대표적이다. "지나치게 이성에 치우친 논증은 계시의 내용을 주관적으로 왜곡할 수 있기에 철학은 제한적으로만 사용되어야 한다."는 주장을 반박한 것이다.[4] 아베로에스의 비판을 종합하면, 신의 율법(Sharīa)은 철학적 성찰과 논리적 추론을 허용했을 뿐만 아니라 그렇게 하라고 명령했고,[5] 철학과 신학은 결코 적대적이지 않으며,[6] '수사적 권고'나 '신학적 사변'과 달리 '철학적 논증'만이 신의 뜻을 가장 정확하게 이해할 수 있다는 것이다.[7]

둘째는 플라톤 중심의 형이상학에 대한 도전이다. 특히 신플라톤주의자로 알려진 이븐 시나에 대한 비판을 눈여겨볼 필요가 있다. 이븐 시나는 '실체'를 조물주와 유사한 '필연적인 존재'와 피조물인 '가능한 존재'로 나누고, 후자를 전자의 '발현'으로 설명함으로써 궁극적으로는 육체로부터 영혼의 분리를 주장한다.[8] 반면 아베로에스는 영혼과 육체가 논리적으로는 구분되지만 실제에서는 함께 고려해야 한다는 아리스토텔레스의 견해를 따른다.[9] 그리고 감각으로 느낄 수 없는 신과 감지할 수 있는 세계가 모두 영원할 수 있으며, 인간에게도 신에게 의지하지 않고 잠재된 본성을 실현할 수 있는 능력이 있다는 점을 강조한다.[10] 이런 주장들 때문에 그의 이성주의는 이슬람교와 기독교의 공격 대상이 된다.

셋째는 아리스토텔레스의 '능동지성'의 플라톤적 재구성이다. 아베로에스는 지성을 '능동'과 '수동'으로 나눈 아리스토텔레스의 분류를 따른다. 즉 능동적 지성은 형상을 구축하고, 수동적 지성은 그러한 형상을 부여받는다.[11] 바로 이 지점에서 그의 해석에 플라톤의 창조자(Dēmiurgos)가 접목된다. 마호메트와 같이 신의 법을 공동체에 전해 준 예언자가 철학자와 동일시되고, 입법자와 철학자에게 요구되는 철학적·윤리적 덕성들이 동일시된다.[12] 그리고 철학자들이 덕스러운 공동체를 건설하는 데에 참여하는 방법이 설득의 대상에 따라 구분되어 제시된다. 그는 철학에 무지한 다수에게는 수사적으로 설득하고 시적으로 감동시켜 그들의 잠재성을 실현하도록 유도해야 하지만, 지적 성찰이 가능한 소수에게는 철학적 논증을 통한 증명을 사용해야 한다고 말한다.[13] 그리하여 이슬람의 이성주의가 근대 계몽주의의 실천적 계기를 제공할 수 있는 토대가 구축된 것이다.

23

마이모니데스 Moshe ben Maimon, 1135-1204

이성으로 신을 이해할 수 있을까?

마이모니데스는 계시로부터 이성을 수호하기 위해 해석학적 방법을 사용한다. 경전에 표현된 신에 대한 묘사가 인간의 언어가 갖는 한계를 벗어나지 못했다고 말하는 것이다. 바로 이 지점에서 이성의 한계에 대한 보수적 견해가 경전을 넘어서는 진보적 해석이 가능하게 된다.

레오 스트라우스(Leo Strauss)는 서양의 중세 정치철학을 이해하려 할 때 몇 가지 유념해야 할 것이 있다고 당부한다.[1] 첫째는 과거를 현재의 잣대로 평가하려고 해서는 안 된다는 것이다. 즉 과거보다 현재가 더 월등하다거나 근대인의 시각으로 중세 정치철학을 마음대로 재단하려는 태도를 버리라는 말이다. 둘째는 중세의 철학자들이 찾으려던 항구적인 진리를 함께 고민해야 한다는 것이다. 특정시기에 국한된 논쟁으로 치부하지 말고, 우리가 갖고 있는 아집과 편견으로부터 벗어나서 텍스트 자체를 이해하려고 노력해야 한다는 주문이다.

특히 중세 유대교도들과 이슬람교도들이 쓴 정치철학서들을 읽을 때, 우리는 이러한 충고들에 유념해야 할 필요가 있다. 중세 유대교와 이슬람교의 정치철학서들은 단지 고대 그리스의 정치철학과 중세 기독교 정치철학을 이어주는 '가교' 정도로 간주되는 경우가 허다

하고, 그들의 정치철학이 우리가 갖고 있는 틀에 갇혀 심하게 왜곡되거나 그 자체에 내재하는 풍부한 자산들마저 도외시되어 왔기 때문이다. 실제로 우리는 중세 정치철학을 이해함에 있어 테르툴리아누스(Quintus Tertullianus) 이래 지속된 '아테네와 예루살렘'이라는 구분에 집착하는 경향을 보인다. '이성'을 대변하는 그리스 철학과 '계시'에 기초한 기독교 신앙이 갖는 긴장을 전제한 후, 이러한 긴장을 해결하려는 노력의 결과로 중세 정치철학을 이해하는 것이다.

그러나 중세 유대교와 이슬람교에서도 '이성'과 '신앙'의 긴장이 중요한 철학적 주제였다고 속단하는 것은 곤란하다. 왜냐하면 유대교와 이슬람교에서 성서는 '계시'만이 아니라 '이성적 관찰'도 함께 기술된 것으로 이해하고, 성서를 이해하고자 하는 목적도 '신앙'이나 '교리'가 아니라 '율법'에 맞추어져 있었기 때문이다.[2] 중세 유대교와 이슬람교에서 '성서'를 둘러싼 논쟁은 '철학적'이거나 '교리적'이기보다 '법적'이며 '정치적'이었고, '이성'과 '신앙'의 긴장이 기독교 세계에서와 같은 심각한 철학적 고민을 불러일으켰다고 볼 수 없다.

그럼에도 불구하고 '신의 언어로 기술된 성서를 어떻게 이해하느냐?'는 질문은 유대교와 이슬람교에서도 중요한 문제였다. 이 문제는 한편으로 '율법'을 어떻게 이해하느냐는 종교적 논쟁으로 귀결되었고, 다른 한편으로 바람직한 법체계 또는 정치체제의 근거를 어디에 두어야 하느냐는 정치적 고민과 결부되었다. 동시에 이 문제는 신이 창조한 질서와 인간의 지적 능력의 한계에 대한 철학적 고민을 수반했다. 바로 이것이 중세 유대교와 이슬람교의 정치철학, 특별히 마이모니데스가 여전히 우리의 관심을 끄는 이유다.

디아스포라 속의 유대인

마이모니데스는 스페인 안달루시아의 코르도바에서 학자의 아들로 태어났다. 당시 안달루시아의 유대인들은 기원전 6세기 '바빌론 유수' 이래 유대교의 중심지였던 바빌로니아를 능가하는 지적 풍요를 누리고 있었고, 유대교의 전통과 율법에 정통한 학자들이 몰려와 학교를 세우고 교육에 열을 올리던 지식의 산실이었다. 아버지는 이러한 학자들 중 한 사람이었고, 루세나의 유대교 대학(yeshiva) 지도자였던 알파시(Issac Alfasi)의 해석을 따르는 랍비들 중 하나였다. 그는 이후 재판관(dayyan)으로도 봉직했는데, 그만큼 그는 유대인의 '규례(halakhah)'에 정통한 학자였을 뿐만 아니라 유대인 공동체에서 큰 영향력을 행사하는 지도자였던 것이다.

마이모니데스의 스승으로 알파시와 아버지를 가르쳤던 미가시(Joseph Ibn Migash)가 종종 언급되는데, 이는 그가 자기 아버지를 통해 배운 해석들을 반박할 때 사용한 수사적 표현을 잘못 이해한 것이다. 알파시는 그가 태어나기 훨씬 전에 세상을 떠났고, 미가시도 그가 아주 어릴 때부터 이 세상에 없었기 때문이다. 다만 어려서부터 아버지로부터 유대교의 율법과 전통에 대해 배웠고, 안달루시아의 지적 환경에서 발전된 사상들이 그의 정치철학에 큰 영향을 끼쳤다는 것은

안달루시아 코르도바에 있는 마이모니데스 하우스

부인할 수 없다.[3]

마이모니데스가 생애의 대부분을 북아프리카에서 보냈다는 사실도 그의 지적 배경으로서 안달루시아의 흔적을 배제할 수 없다. 열세 살이 되던 해에 그의 가족은 알모하드(Almohad) 왕조의 종교적 탄압을 피해 망명길에 오르고, 12년 후에 지금의 모로코에 있는 페츠(Fez)에 정착한다. 그러나 그의 마음속에는 여전히 안달루시아가 있었다. 거짓으로 개종한 후 비밀리에 유대교의 율법을 준수했던 가짜 '배교자들(Marranos)'을 옹호하는 편지를 쓸 때, 구전율법 성문집인 『미쉬나(Mishnah)』에 대한 집필을 시작할 때, 안달루시아에서 배양된 유대교에 대한 지식들이 그의 판단에 스며들어 있었던 것이다.

마이모니데스가 다시 강화된 종교적 탄압을 피해 이집트의 푸스타트(지금의 카이로)에 정착한 1165년 이후에도 그의 삶은 안달루시아를 떠나 방황하던 때의 긴장으로부터 한 치도 벗어나지 않았다. 그의 지식이 북아프리카를 넘어 곳곳에 알려졌을 때에도, 1177년 푸스타트 유대인 공동체의 지도자가 된 이후에도, 그리고 1185년부터 당시 이집트를 다스리던 아이유브(Ayyubid) 왕조의 2인자였던 알파딜(Al-Fadil)의 주치의로 편안한 궁정생활을 하면서도 그는 디아스포라에서 몸부림치는 한 명의 유대인이었다.[4] 안락한 삶이 보장될수록 더욱 집필과 연구에 매진했고, 이러한 성실함으로 그는 유대교를 넘어 기독교 세계에까지 큰 영향을 미친 정치철학자로 거듭났다.

『미쉬나 주석』과 이성적 판단

원래 제목이 '빛의 책(Kitab al-Siraj)'이었던 『미쉬나 주석』은 마이모니데스가 1161년부터 1168년 사이에 저술한 구전율법 성문집 『미쉬나』에 대한 해석이다. 일반적으로 '미쉬나'는 크게 세 가지 자료로 구성되어 있다. 모세(Moses)가 저술한 것으로 알려진 다섯 개의 성경(창세기·출애굽기·레위기·민수기·신명기)에 기술된 율법을 설명하는 '미드라시(midrash)', 일상 속에서 준수해야 할 법규와 관습이 주된 내용을 이루는 '할라카(halakhah)', 일반인들에게 율법을 알기 쉽게 전달하기 위해 일화와 전설로 구성한 '아가다(aggadah)'가 그 세 가지다.[5] 따라서 이십 대 초반에 이런 방대한 율법의 해석이 가능했다는 것만으로도 그가 지적 능력뿐만 아니라 지식의 폭에서도 이미 남달랐다는 점을 알 수 있다.

사실 『미쉬나 주석』은 이후 기술된 『토라 재고(再考, Mishneh Torah)』(1180)와 함께 바빌로니아를 중심으로 번성했던 학파(Geonim)에 대한 비판을 담고 있다. 한편으로는 미쉬나에 대한 여러 해석들을 정리한 『탈무드(Talmud)』를 어떻게 이해해야 하는지를 설명하면서, 다른 한편으로는 탈무드에 기록된 여러 모순된 논쟁들 중에 어떤 것이 타당한지를 증명하면서 그는 바빌로니아에서 편집한 『탈무드』에만 집착하는 당시의 지배적 견해에 도전한다. 대신에 보다 타당한 판단이 바빌로니아의 『탈무드』에 기술되지 않은 다른 자료를 통해 증명된다는 점을 입증함으로써 '율법'을 해석할 수 있는 새로운 정당성의 기초를 제시하고자 노력한다.

보다 구체적으로 마이모니데스는 『미쉬나 주석』에서 '규례 (halakhah)'조차 '계시'의 산물로 간주하던 바빌로니아 학파의 입장에 일침을 가한다. 그의 견해에 따르면, 모세가 시나이 산에서 신으로부터 받은 613개의 '계명(mizvot)'과 달리 '규례'는 신의 계시가 아니라 모세가 집필한 경전(Torah)을 현인들이 경우에 맞게 해석하고 집행한 것일 뿐이다.[6] 즉 전자는 '잘못 전승될 수'도 없고 '논쟁거리가 될 수'도 없지만, 후자는 계시가 아니라 연역적 추리와 해석을 통해 축적되는 이성적 판단이기에 논쟁의 대상일 수밖에 없다는 것이다.

좀 더 상술하면, '규례'의 근거로 이성적 판단을 제시함으로써 마이모니데스는 한편으로는 모세의 경전을 둘러싼 논쟁을 해소하고, 다른 한편으로는 랍비들의 입으로 전승된 '규례'가 일관되고 타당한 판단의 근거가 있음을 설득하려 했다. 그리고 모세가 신의 계시를 통해 받은 '계명'에 '예언'이나 '기적'과 다른 배타적 지위를 부여하고, '계명'의 준수와 '계명'에 언급되지 않은 새로운 경우에 적용된 이성적 '추론(qiyas)'과 구전되어 왔던 랍비적 해석에 독립된 법적 근거를 보장하려 했다.

이러한 설명 틀은 이후 저작에서도 지속적으로 나타난다. 마이모니데스는 한편으로는 '계명'에 대한 이성적 '추론'으로 구성된 '규례'의 법적 지위를 보장하고, 다른 한편으로는 구전된 '규례'의 타당성을 '계시'가 아니라 '이성적 판단'으로부터 찾으려 노력한 것이다. 전자는 '예언'이나 '기적'이 '계명'의 준수나 '규례'의 집행에 개입할

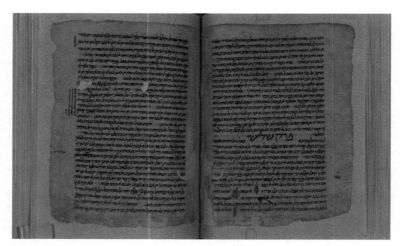

『미쉬나 주석』

수 없다는 정치적 입장으로 체계화되고,[7] 후자는 경전(Torah)의 해석
과 관련해서 '계명'의 원래 뜻을 훼손하지 않는 '연역적 추론'의 해석
학적 원칙으로 귀결된다.[8] 두 가지 입장 모두 제한적이지만 일신교의
환경에서 '이성적 판단'에 일정한 정당성을 부여하는 데에 기여했음
을 부인할 수 없다.

『방황하는 자들을 위한 안내서』의 비교적(秘敎的) 서술

『미쉬나 주석』이 대중적인 저술이라면, 『방황하는 자들을 위한

안내서(Moreh Nevukhim)』(1190, 이후『안내서』)는 철학적 지식을 습득한 사람들 중에 '율법'의 자구적 의미에 혼동이 온 경우나 '율법'의 여러 논쟁과 관련해서 적절한 판단을 하지 못하는 경우에 초점을 맞춘 저술이다. 비록 자신의 저술을 '입문서'처럼 보이려고 노력한 흔적이 없지는 않지만, 결국 마이모니데스가 이 책을 쓴 의도는 대중이라기보다 철학적 훈련을 받았거나 법적 판단을 필요로 하는 특별한 독자들을 염두에 두었다고 보는 것이 적절하다.[9]

마이모니데스의『안내서』에 담긴 이중적 태도, 즉 대중적 입문서와 철학적 전문서 사이에서 노출된 모호한 입장은 여전히 많은 논란을 초래한다. 한쪽에서는 이러한 이중성이 내포하고 있는 전통적인 유대교의 성서 해석과의 충돌에 초점을 두어 마이모니데스 정치철학의 독보적 위치를 강조하려 하고, 다른 쪽에서는 이러한 이중성이 유대교 전통 안에서 충분히 용인될 수 있는 율법적 경계를 벗어나지 않았다는 점을 부각시킨다.[10]

경우에 따라서는 전자와 같은 해석을『안내서』에 기술된 은밀한 가르침을 찾으려 한다는 이유에서 '비교적(esoteric)'인 접근이라 하고, 후자를 명시적으로 노출된 내용을 중심으로 해석하려 한다는 이유에서 '대중적(exoteric)'인 접근이라고까지 부른다. 그러나 특정한 틀에 가두어 텍스트에 내재하는 비밀을 찾아내려는 것 자체도 문제가 있지만, 마이모니데스가 '스스로 파악할 수 없는 사람'에게 '신의 창조'와 '여호와의 실체'에 대한 이야기를 조심스럽게 전달할 수밖에 없다고 토로하는 사실까지 무시할 수는 없다.[11] 즉 마이모니데스의 율법 해석은 곡해될 가능성이 컸기에 자기 스스로를 정치적으로 큰 위험에 빠뜨릴 수 있는 대중적 접근을 피하려는 의도가 있었음은 인정해야 한다는 것이다. 실제로 그의 책은 유대인 공동체 내부의 도전을 감수해야 했고, 동일한 이유에서 '보수적' 해석과 '급진적' 해석이 충돌하는 듯 보일 때에도 수사적인 표현과 논리적인 흐름을 구분해서 그의 주장을 찾아내야 할 부분이 많다.

물론 이중적 수사를 해석에 고려하는 것 자체를 문제 삼아 텍스트 해석의 정연함까지 훼손할 필요는 없다. 이러한 수사적 태도는 동시대를 살았던 아베로에스에게서도 발견되는 것이고, 플라톤 이후 정치철학에서 기술된 책에서 흔히 볼 수 있는 서술 방식이었기 때문이다. 때로는 감정에 치우친 판단을 하는 '다수'와 이성에 기초한 성찰이 가능한 '소수'의 긴장, 때로는 철학에 무관심한 '대중'에게 필요한 '시적 수사'와 철학적 성찰이 가능한 '엘리트'에게 필요한 '철학적 논증'의 차이, 그리고 예상되는 정치적 위험으로부터 스스로를 지키는 문제는 어떤 철학자도 피해 갈 수 없는 숙제였다.[12]

마이모니데스와 아리스토텔레스

이렇게 『안내서』를 이해하고 보면, 크게 두 가지 주제가 부각된다. 첫째는 '창조'와 관련된 논의다.[13] 유대교 전통에서 세상은 특정한 시기에 '아무것도 없는 상태에서(ex nihilo)' 신에 의해 창조되었고,

이때 '창조'의 직접적인 원인은 신의 '의지'로 이해된다. 반면 당시 마이모니데스가 따르고 있던 아리스토텔레스 철학에서는 '첫 번째 원인'으로서 신은 '없던 것'을 창조하려는 '의지'를 가져서는 안 된다. 즉 완전한 존재로서 신은 결핍을 이유로 다른 무엇으로부터 추동될 수 없고, 따라서 신이 세상을 창조할 의지를 가졌다는 말 자체는 신의 완전성을 심각하게 파괴한다고 보는 것이다. 궁극적으로 '신의 의지'가 만물을 주관한다는 유대교 전통에서는 이러한 철학적 논증이 허용될 수 없었다.

이 문제와 관련해서 마이모니데스는 한편으로 유대교 전통의 '창조설'을 받아들이고, 다른 한편으로는 '창조'에 대한 철학적 논증이 가능하다는 것을 증명하려고 한다. 즉 '창조'의 주체로서 신의 존재를 인정하면서도 신이 어떤 결핍에서 초래된 '의지'를 가지지 않았음을 논증하려 했던 것이다.[14] 전자와 같은 '보수적' 독해는 당연히 '우주의 영원성'을 믿는 아리스토텔레스 철학에 배반하는 것이었고, 후자와 같은 '진보적' 해석은 만물의 주권자로서 신의 인간사에 대한 개입을 인정하는 유대인의 전통과 상충하는 것이었다.

사실 마이모니데스의 해법은 철학적 논증이라기보다 해석학적 설득이다. 기록된 자구를 해석하는 데에 어려움이 있다는 점을 전제한 후, 인간의 '의지'와 신의 '의지'가 동일한 언어로 표현되더라도 다른 것이라고 설명한다. 즉 신의 '의지'는 결핍이나 다른 외생적 동인에 의해 만들어지는 것이 아니며, '신'은 인간의 제한된 지식으로 모두 알 수 없는 것이기에 여전히 철학적 성찰의 대상이 될 수 있다.[15]

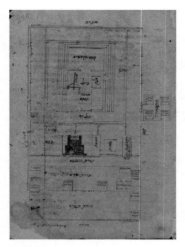

『미쉬나 주석』 필사본

한편으로는 '경전(Torah)'의 무결함을 옹호하고, 다른 한편으로는 신이 창조한 '자연'의 섭리에 대한 이성적 성찰을 부각시킴으로써 율법에 대한 철학적 접근을 방어하고자 한 것이다.[16]

둘째는 '신의 실체'다. 유대교에서는 신의 존재와 그 단일성에 대해 어느 누구도 의심을 갖지 않는다. 매일 반복해서 외우는 구절(shema)도 '신의 존재'와 '신의 단일성'을 주된 내용으로 하고 있다. 그러나 문제는 '경전'에 언급된 다양한 형태의 '신의 속성'에 대한 묘사들이 신이 인간과 같이 '육체'를 갖는 것 같은 느낌을 주고, 그 결과 신의 '단일성'에 대한 내적 모순이 '경전' 내부에 존재하는 것처럼 비쳐진다는 것이다.

마이모니데스에게 이 문제는 단순히 '신의 실체'가 논증이 가능한지에 국한되지 않는다.[17] 그에게 이 문제는 '계명'에 등장하는 '우상숭배 금지'의 실효성과 관련된다. 만약 신에게 인간의 육체와 같은 실체가 있다면, 여호와(Yehovah) 이외의 어떤 사물 또는 형상을 숭배하지 못하도록 막은 '계명' 자체가 성립되지 않는다고 본 것이다. 아울러 신은 육체를 갖지 않는다고 믿었던 아리스토텔레스가 이교도였다는 점으로부터 스스로를 방어해야 할 필요도 있었다. 신의 실체를

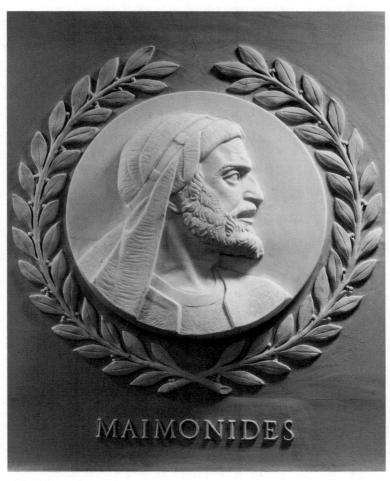

마이모니데스

마음대로 상상하고 그러한 신의 실재를 기대하는 것 자체가 '우상숭배'일 뿐이며, 이러한 상상과 신의 실체에 대한 철학적 논증이 구별된다는 것을 입증해야 했다.

마이모니데스가 선택한 해법은 소위 '소극적 신학(negative theology)'이다.[18] 그는 신의 실체에 대한 논쟁이 인간의 한계를 무시한 지나친 낙관에서 비롯된 것이라고 전제한다. 그 연후에 '경전'에서 신은 여러 특성으로 묘사되고 있지만, 이러한 묘사들은 신이 모세에게 보여준 총체적 본질을 인간의 언어로 옮기는 과정에서 불가피한 한계를 갖게 되었다고 설명한다.[19] 예를 들어 '신이 분노했다.'는 표현은 인간이 분노를 표출할 때와 같은 행동으로 신의 움직임을 이해한 것일 뿐 이것이 곧 신의 본질을 의미하지 않기에, 신의 단일성은 결코 '경전'을 통해 부정되지 않는다는 것이다. 바로 이 지점에서 이성의 한계에 대한 '보수적' 이해로부터 '경전'을 넘어서는 '진보적' 해석이 가능하게 된다.

마이모니데스의 정치철학

마이모니데스가 서양의 정치철학사에 남긴 족적을 고려할 때 세 가지 측면에서 그의 정치철학을 되짚어 볼 필요가 있다. 첫째는 유대교 전통에서 그의 업적이다. 그는 무엇보다 '계시'에 기초한 유대교 전통이 갖는 문제를 해결하려 노력했다. 한편으로는 '이성적 판단'이

축적된 '규례'의 정당성을 확보하려 했고, 다른 한편으로는 '예언'이
나 '기적'을 통한 신의 개입을 정당화하려는 입장에 맞서 신이 창조
한 '자연의 질서'에 대한 이성적 성찰을 통해서도 올바른 판단을 할
수 있다는 점을 입증하려 했다. 이와 같은 노력은 '계시'와 '이성'의
갈등을 해결하는 방법의 하나로 '자연법'적 판단 근거를 제시함으로
써, '신앙'과 '이성'의 긴장을 해소하고자 노력했던 중세 기독교 세계
에 새로운 상상력을 불어넣었다.

　둘째는 아리스토텔레스 정치철학의 변용이다. 전술한 바와 같이
마이모니데스는 필요에 따라 선별적으로 아리스토텔레스를 수용한
다. 그러나 전체적으로 볼 때 그는 신플라톤주의의 그늘을 거의 벗어
난 아리스토텔레스주의자다. 특히 '법'의 목적에 대한 기술들이 그렇
다. 그는 법의 목적을 영혼과 육체를 모두 '최상의 상태'로 이끄는 것
으로 전제하고, 법을 통해 덕을 함양하면 사회의 구성원들이 조화롭
게 살아갈 수 있다고 말한다.[20] 이때 그는 인간은 선과 악의 판단을
할 수는 있지만, 도덕적으로 선하다고 하더라도 신의 섭리에 대한 지
식을 통하지 않으면 '영혼의 행복'에는 이르지 못한다는 말을 덧붙
인다.[21] 한마디로 아리스토텔레스의 '도덕적 삶'에 대한 논의가 '법의
목적'과 연관되어 새로운 형태의 제도적 구상으로까지 진전될 수 있
는 길을 연 것이다.

　셋째는 법 제정자와 관련된 논의다. 언뜻 보기에 플라톤의 '철인
왕'과 유사한 것처럼 보이지만 궁극적으로는 플라톤이 아니라 '경전'
에 입각한 주장들이다.[22] 그는 모세와 같이 '신법'을 제정한 '예언가'

를 '정치가'나 '철학자'와 구분해서 설명한다. 그에게 정치가는 공동체 구성원들의 다양한 의견을 수렴해서 어떤 전망이 가능한지를 대중에게 설득하는 능력을 갖고 있고, 철학자는 이성적 추론을 통해 옳고 그름을 판단할 수는 있지만 그것을 대중의 언어로 설명할 수 있는 능력이 없다. 반면 모세와 같은 예언가는 정치가의 '상상력'과 철학자의 '지성'을 겸비한 완벽한 사람이다.[23] 즉 대중의 '의견'에 휘둘리거나 '기적'을 통해 환심을 사려 하기보다 '법'을 제정함으로써 새로운 공동체를 설립하는 것을 정치가의 우선적인 책임으로 제시하려 했던 것이다. 이러한 논의는 이후 서양 정치사상사에서 '창건자'의 역할과 '헌법'의 기능에 관련된 수많은 논쟁에 밑거름을 제공했다.

24

아퀴나스 Thomas Aquinas, 1224/5-1274

이성에 기초한 질서는 완전한가?

'개별 정치공동체의 경계를 넘어 모두가 예외 없이 동의해야 할 자연법이 있는가?'와 같은 질문은 지금도 의견의 대립을 불러일으키고 있다. 아퀴나스의 정치철학은 우리에게 '신앙'과 '이성'이라는 이분법을 넘어 제도에 대한 진지한 성찰을 요구한다.

"은총은 자연을 파괴하는 것이 아니라 완성한다.(gratia non tollit naturam, sed perficit.)"고 했던 토마스 아퀴나스의 말은 신학과 철학의 긴장을 해소한 하나의 혜안처럼 이야기된다.[1] 그러나 이 문장에서 언급된 '은총(gratia)'과 '자연(natura)'의 관계는 여전히 논쟁적이고, 이러한 논쟁은 아퀴나스의 정치철학을 둘러싼 많은 비판과 반(反)비판의 근거를 제공하고 있다. 만물을 창조한 신이 인간사에 어느 정도까지 개입할 수 있는지, 자연을 이성적으로 성찰함으로써 인간이 신의 섭리를 이해할 수 있는지, 개별 정치공동체의 경계를 넘어 모두가 예외 없이 동의해야 할 자연법이 있는지, 자연법과 실정법은 어떤 관계를 가져야 하는지와 같은 질문들이 지금도 의견의 대립을 불러일으키고 있는 것이다.

사실 이런 논쟁은 1323년 로마 가톨릭 교회로부터 아퀴나스가 성인으로 추대받기 이전에도 존재했다. 그렇기에 아퀴나스가 당시 라틴 아베로에스주의자들을 공개적으로 비판했음에도 불구하고 그 자신도 지나친 이성주의자라는 의심을 받았던 것이 이상할 것도 없다. 유대교나 이슬람교와 달리 기독교에서 신학은 '율법'이 아니라 '교리'에 초점을 맞추었다는 사실을 감안하더라도 마찬가지다. 당시 기독교 세계의 철학자들이 학문을 함에 있어 상대적으로 자유로웠더라도 신학과 철학으로 양분된 토론은 아퀴나스의 절충이 환영받을 수 있는 토양을 제공하지는 못했던 것이다. 동일한 맥락에서, 아퀴나스의 정치철학은 우리에게 '신앙'과 '이성'이라는 잣대를 넘어 정치 공동체의 제도적 구상에 대한 진지한 성찰을 요구한다.

도미니크회 수도사

아퀴나스는 이탈리아 남부 나폴리 근처에 있는 로카세카 성 영주의 막내아들로 태어났다. 아버지 란돌포(Landolfo d'Aquino)는 로마와 나폴리 사이에 있는 아퀴노 지방 출신으로 전통 귀족이 아니었다. 그는 신성로마제국의 황제이자 시칠리아의 왕이었던 프리드리히 2세의 지원을 받아 성을 차지한 기사 출신 봉건영주였다. 아퀴나스의 어머니가 프랑스 노르망 왕족이라는 견해도 있지만, 아퀴나스와 동일한 이름을 가진 윗대 선조의 이야기가 와전된 것이다.

어찌 되었든 신흥 귀족의 자제인 아퀴나스가 1244년에 도미니크회의 수도사가 된 것은 의외였다. 교황 그레고리우스 9세와 프리드리히 2세 사이에 전운이 감돌던 1299년 무렵, 그의 아버지는 몬테카시노에 있던 베네딕트회 수도원으로 아퀴나스를 보내 어릴 적부터 귀족적 교육을 받게 했다. 당시 베네딕트회는 오랜 전통, 보수적 입장, 그리고 부유한 귀족 자제들의 사교장이었기에 중세의 권력구조와 교회 질서에 잘 부합되었다.[2] 반면 도미니크회는 1216년에 교황의 허가를 얻은 새로운 모임인 데다가 거리를 돌아다니며 신앙의 회복을 외쳤기에 귀족들과 로마교회에 적지 않은 경계심을 유발하던 민중적 수도회였다. 따라서 교회의 실력자가 될 수 있는 길을 버리고 고단하고 힘든 길을 선택한 아퀴나스의 결정은 가족들에게 적지 않은 충격을 주었다.

게다가 1244년 아퀴나스의 가문은 교황 그레고리우스 9세와 프리드리히 2세 사이의 전쟁으로 많은 희생을 감수해야 했다. 6차 십자군 원정을 이끌던 프리드리히 2세가 기독교 세계의 요구를 무시한다는 이유로 파문을 당하고, 1229년 아이유브 왕조의 알 카밀(Al Kamil)과 평화조약에 서명함으로써 기독교 세계의 반발을 가져왔다. 아퀴나스 가문은 황제를 지지했다. 그러나 십자군 원정에 따라나섰던 아퀴나스의 첫째 형이 사로잡혔다가 교황의 중재로 풀려난 1233년부터 그의 가문은 교황 쪽으로 기울게 된다. 비록 둘째 형이 1243년에 토스카나의 교황령을 두고 벌어진 전쟁에서 황제 편에 섰지만 1245년부터 가문 전체가 교황을 지지하게 된다.[3] 따라서 아퀴나스가 도미니크회 수사가 되기로 결심했을 때 그의 가문은 베네딕트회의 교육을 받은 막내에게 적지 않은 기대를 걸고 있었던 것이다.

그럼에도 불구하고 아퀴나스는 베네딕트회의 수도사로서 교황과 황제의 궁정에서 중요한 역할을 할 것이라는 가족의 기대에 부응하지 않았다. 열다섯 살부터 나폴리 대학에서 접하게 된 아리스토텔레스 철학과 도미니크회 수도사들과의 만남이 이미 삶을 바꾸어 버린 것이다. 도미니크회의 주선으로 파리 유학을 떠나던 그를 납치한 가족들도 그의 신학적 열정을 꺾지 못했다. 결국 그는 파리를 거쳐 쾰른의 수도회 대학(Studium Generale)에서 당대 최고의 학자인 알베르투스(Albertus Magnus)에게 지도를 받을 수 있었고, 도미니크회 수도사에 대한 일반 교수들의 반감을 이겨 내고 파리 대학의 신학과 교수가 된다. 이후 1274년 나폴리에서 죽기까지 아퀴나스는 한편으로는 도미니크회의 충실한 수도사로서, 다른 한편으로는 진지한 교육자로서의 삶을 지켜냈다.

아퀴나스의 아리스토텔레스

1255년 파리 대학에서 아리스토텔레스 연구가 공식적으로 허용되었다. 이미 아리스토텔레스의 저작 대부분이 라틴어로 번역된 상태였고, 물밑에서 끊임없이 신학적 논쟁을 일으키던 아리스토텔레스의 철학을 교회 지도자들도 더 이상 방기할 수만은 없었다. 동시에 아리스토텔레스에 대한 방대한 주석을 남긴 이슬람 철학자 아베로에스의 해석도 학자들 사이에 첨예한 대립을 가져왔다. 1256년 알베르투스의 『지성의 단일성에 대하여(De unitate intellectus)』를 시작으로, 아베로에스의 철학을 따르는 라틴 아베로에스주의자들의 주장들은 1277년 파리의 탕피에 주교로부터 이단으로 낙인이 찍혔다. '이성으로 논증된 지식과 계시에 의해 주어진 진리가 모두 참일 수 있느냐?'는 논쟁으로부터 누구도 자유롭지 못했던 것이다.

아퀴나스도 당시 아베로에스주의자들에 대한 비판적 견해를 적극적으로 피력했다. 한편으로는 아리스토텔레스 저술에 대한 방대한 주석을 쓰고, 다른 한편으로는 아베로에스의 해석에 대한 날선 비판을 전개한 것이다. 전자에서 아퀴나스는 아리스토텔레스와 같이 '지성(nous/mens)'을 통해 행복에 이를 수 있다는 것을 인정하면서도,[4] 그와 달리 '본질(ousia/essentia)'은 '존재(hypostasis/esse)'와는 근본적으로 다른 지적활동에 의해서만 파악될 수 있다는 입장을 표명한다.[5] 후자에 관해서는 지성이 개개인에게 분리되어 존재하는 것을 깨닫지 못했기에 지성을 모든 인간에게 공통된 실체로 잘못 이해했다고 지적한다.[6] 아리스토텔레스의 철학적 논리는 수용해도 초자연적인 신의 본질에 대한 의구심을 가져올 여지는 배제하고, 아베로에스주의자들의 아리스토텔레스 해석은 개별 영혼의 불멸성과 개개인 행위의 사후 심판을 불가능하게 만든다는 이유에서 정면으로 반박한 것이다.[7]

아퀴나스의 제자였던 톨로메오(Tolomeo da Lucca)에 의해 마무리된 『군주통치에 대하여(De regimine principum)』(1267)는 아리스토텔레스에 대한 그의 '이중적' 잣대를 보다 명확하게 보여 준다. 첫째, 아퀴나스는 아리스토텔레스를 수용해서 기독교 전통에 내재한 정치에

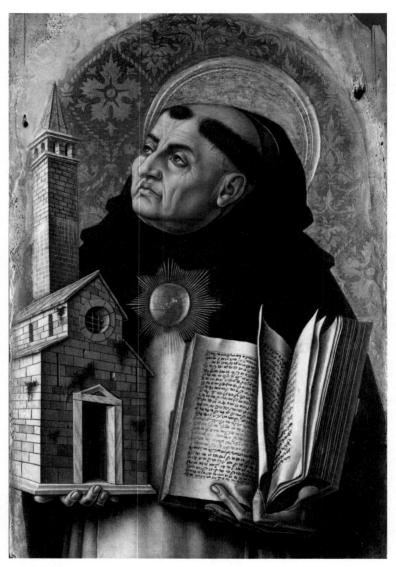

토마스 아퀴나스

대한 부정적 태도를 바꾸려고 시도한다. 아우구스티누스가 정치공동체를 '지배욕(libido dominandi)'의 산물로 정의한 이후,[8] 기독교 전통에서 통치는 사악한 인간 세상에서 필수적인 최소한의 질서를 제공하기 위한 차선일 뿐이었다. 아퀴나스는 이러한 전통을 따르지 않는 대신에 인간은 자연적으로 정치공동체를 구성하는 '정치적 동물(zōion politikon)'이라는 아리스토텔레스의 인식론을 받아들인다.[9] 즉 인간은 "공동체에서 살아가는(in multitudine vivens) 사회적이고 정치적인 동물"이고, 그렇기에 인간은 정치공동체를 통해 최상의 삶을 영위하기 위한 목적을 달성할 수 있으며, 동일한 이유에서 정치는 공공선을 증진시키는 긍정적인 역할을 수행할 수 있다는 것이다.[10]

둘째, 아퀴나스는 아리스토텔레스의 철학을 받아들이지만, '제일원인(prima causa)'인 신(神)의 도움이 없이 자연적으로 구성된 인간의 결사만으로는 최선에 도달할 수 없다고 본다. 실제로 아퀴나스는 신학을 아리스토텔레스의 철학에 도입하려고 하지 않는다. 그는 철학은 신이 창조한 자연적 질서에 대한 이성적인 이해에 불과하지 신의 초자연적 속성까지 파악할 수 있는 방법은 아니라고 생각했다.[11] 이런 태도는 정치와 종교의 관계에 대한 아퀴나스의 견해에서 더욱 분명하게 드러난다. 때때로 그는 세속적인 정치체제도 나름의 정당성을 갖고 있다는 주장을 피력한다.[12] 그러나 전체적으로 볼 때, 아퀴나스는 세속적인 정치공동체의 지도자들은 신의 목적에 헌신하는 교회 지도자에게 종속된다는 입장을 유지한다.[13] 즉 정치권력의 근거를 이성에서 찾을 수 있다는 입장이지만, 교회가 종교적·도덕적인 측면에서만큼은 세속적 정치권력보다 우월하다고 여긴 것이다.

정치적 정당성과 최상의 정체

아퀴나스 정치철학의 보다 체계적인 내용은 『정치학 주석(Sententia Libri politicorum)』(1269~1272)에서 찾아볼 수 있다. 『군주통치에 대하여』가 키프로스 왕의 부탁으로 시작되었기에 '군주의 교본(specula principum)'과 같이 '바람직한 통치'를 각인시키려는 제한적 목적을 갖고 있다면, 『정치학 주석』은 아퀴나스의 다른 주석들과 마찬가지로 대학에서의 강독(legere)과 토론(disputare)을 염두에 둔 강연(praedicare)의 성격을 갖기에 포괄적인 정치적 구상을 담고 있다. 그리고 기독교 신학을 공부하는 학생들이 직면하는 고민들을 중심으로 서술된 『신학대전(Summa Theologiae)』(1266-1273)과 달리 최상의 정치체제에 대한 논의를 찾기 위해 텍스트 전반에 분산된 논의들을 재구성해야 할 필요도 없다.

특히 『정치학 주석』에서 눈여겨 보아야 할 부분은 '정치적 정당성'과 '최상의 정체'에 대한 논의다. 첫째, 아퀴나스는 정당한 통치(principatus)의 판단 근거로 정치공동체 구성원들의 '동의'를 전제하고, '자유롭고 평등한' 시민들이 합의한 '법'의 테두리 안에서 행해지는 통치만이 정당하다고 규정한다.[14] 이때 아퀴나스는 13세기 유럽에서 유일한 통치형태이자 기독교 세계에 가장 적합한 통치체제로 간주되어 오던 '군주정'에 대해 상이한 견해를 드러낸다. 즉 지성의 사용에 있어 인간들 사이의 자연적 불평등을 전제함으로써 신과 인간의 관계를 모방한 위계적 통치를 내세우기보다, 당시 이탈리아의 도시국가에서나 명맥을 이어오던 '공화정'의 전통을 적극적으로 수용하는 태도를 보이는 것이다.

사실 군주정이든 공화정이든 전제정이 아니라면 구성원들에게 통치를 거부할 권리가 있다는 주장은 아퀴나스의 다른 저작에서도 볼 수 있다.[15] 여기에서 '복종' 또는 '통치'를 거부할 수 있는 '권리'는 정치공동체의 공공선을 달성하기 위해 정치권력이 행사되는지와 관련된다. 즉 명시적이지는 않더라도 복종 또는 순응을 요구하는 정치적 권위에 대한 구성원의 동의가 전제된 것이다. 반면 정당한 정치체제의 조건으로 아리스토텔레스가 말하던 '자유롭고 평등한 시민'이 제정 또는 동의한 법을 강조한 것은 『정치학 주석』만이 갖는 하나의 특징이라고 할 수 있다.[16] 근대 '사회계약설'에는 미치지 못하지만, 아퀴나스가 '정치권력의 법적 제한'이라는 근대적 사고의 단초를 제공했음은 부인할 수 없는 것이다.

둘째, 아퀴나스는 왕정, 귀족정, 민주정적 요소가 잘 혼합된 이른바 '혼합정체'를 최상의 정치체제로 제시한다. 『군주통치에 대하여』에서 아퀴나스는 군주정을 최상의 정치체제로 정의한 바 있다. 정치공동체 구성원들의 이견을 조율함으로써 통합(concordia)을 유지하고, 자연의 질서가 그러하듯 가장 탁월한 '한 사람'의 통치가 바람직하다는 견해를 피력한 것이다.[17] 이러한 견해는 비단 『군주통치에 대하

안드레아 다 피렌체, 「성 토마스 아퀴나스의 승리」

여』에서만 등장하는 것은 아니다. 부패하지 않았다는 전제를 충족시킨다면, 노예가 아닌 자유인의 정치공동체에서도 공공선에 가장 잘 부합되는 체제는 '왕정(regnum)'이라는 말을 여러 곳에서 찾아볼 수 있다.[18] 그러나 『정치학 주석』에서 아퀴나스는 '부패하지 않는다면' 이라는 조건에 만족하지 않고, 군주정에 다른 정치체제의 요소를 혼합함으로써 군주정이 참주정으로 전락하는 것을 막을 방도를 보다 적극적으로 제시한다.

사실 『군주통치에 대하여』에서도 아퀴나스는 군주정이 참주정으로 전락하지 않을 방도를 제시한 바 있다. 세습보다 선출이 바람직하고, 참주를 몰아내는 것이 정당화될 근거가 있으며, 왕의 권한을 제한함으로써 참주의 출현을 방지할 수 있다고 주장하기도 했던 것이다.[19] 그러나 『정치학 주석』은 군주에게 권력 남용을 자제하라고 훈계하기보다 군주의 권력을 실질적으로 제한하는 제도를 제시한다는 점에서 차별성이 있다. 즉 "다른 것과의 혼합을 통해 절제된 정체 (unum regimen temperetur ex admixtione aleterius)"가 군주정보다 훨씬 낫다는 견해를 피력하고, 단일한 요소만으로 구성된 정체, 즉 귀족정과 민주정도 혼합을 통해 더 좋아질 수 있다고 주장한 것이다.[20] 비록 아리스토텔레스와 달리 계급적 갈등에 대해서는 침묵하지만,[21] 아퀴나스는 아리스토텔레스가 강조했던 절제의 제도화가 가져오는 정치적 실익을 자기 시대에 맞게 소화했던 것이다.

아퀴나스의 자연법

마지막으로 살펴봐야 할 부분은 아퀴나스의 '자연법' 사상이다. 소위 중세의 스콜라 철학, 즉 '계시와 이성' 또는 '신학과 철학'의 가교를 형성하려는 학문적 노력의 정점에서 아퀴나스의 자연법은 두 가지 상이한 전통을 하나로 통합한다. 한편으로는 '인정법(人定法, lex humana)' 또는 '실정법(實定法)'이 '영원법(永遠法, lex aeterna)' 또는 '상위(上位)의 법'에 종속된다는 스토아적 관점을 수용하고, 다른 한편으로는 '이성으로 만들어지지 않은 질서(ordo quem ratio non facit)'의 원인으로서 초자연적 '신'을 상정하는 기독교 전통을 계승하는 것이다. 이때 스토아 철학에서 신의 섭리로 이해되었던 '영원한 법'은 '신(Deus)'이라는 매우 구체적인 주체가 공포한 법으로 파악되고,[22] 이성을 통해 신이 창조한 질서에 참여함으로써 인간이 자연적으로 알게 되는 '자연법(lex naturalis)'은 기독교 전통에서 계시를 통해서만 확정되는 '신법(神法, lex divina)'과 유사한 지위를 공유하게 된다.[23]

보다 구체적으로 아퀴나스의 '자연법'은 다음과 같은 내용으로 구성된다. 첫째, 자연법은 습관이나 사회의 습속이 아니라 '타고난 양심(synderesis)'으로 정의된다.[24] 아퀴나스는 인간의 이성을 자연적으로 타고난 경향성을 따라 인간에게 좋은 것이 무엇인지 인지할 수 있는 능력으로 규정하고, 이러한 이성의 작용을 통해 인간들이 보편적이며 자명한 원칙에 도달하게 된다고 본다. 이때 그는 스콜라 철학에서 '타고난 양심'이라는 의미로 사용되던 '자연적인 경향성'을 통해

"선은 추구되어야 하고, 악은 회피되어야 한다."는 첫 번째 원칙을 도출한다. 이때 '첫 번째(prima)'라는 말은 다른 목적의 수단이 될 수도 없고 다른 목적으로부터 도출되지도 않는, 그 자체로서 '궁극적인 목적(ultimus finis)'이자 행위의 준칙이다. 즉 여러 행위의 준칙들이 있을 수 있지만, 이렇게 다양한 준칙들도 첫 번째 원칙과의 관계 속에서 모두 하나로 통합된다는 것이다.[25]

둘째, 아퀴나스는 '자연법'적 준칙들을 크게 세 가지 층위로 나누고, 인간에게만 발견되는 특수한 준칙을 '좋은 삶'을 구현하려는 데서 찾는다. 우선 그는 '자연적 경향성(naturalis inclinatio)'에 의해 자연스럽게 형성되는 자연법적 준칙을 모든 피조물에게서 공통적으로 발견되는 것, 인간과 동물만이 갖는 것, 인간에게만 발견되는 것으로 나눈다.[26] 여기에서 첫 번째 부류는 '자기 보존', 두 번째 부류는 '교미와 양육', 마지막 부류는 '신에 대한 진리와 사회적 관계에 대한 열망'을 그 예로 제시한다. 이후 아퀴나스는 인간에게만 발견되는 자연법적 준칙을 통해 한편으로는 '이성에 근거한 선(bonum rationis)'을 통해 인간 행위의 규제가 필요하다는 점을 부각시키고, 다른 한편으로는 인간의 덕성(virtus)을 '사회적 관습'에 대한 '순응'이 아니라 '진정한 선'을 실현할 수 있는 '신중함(prudentia)'에서 찾아야 함을 역설한다.[27] 한마디로 아퀴나스에게 자연법적 준칙은 연역적이거나 경험적이라기보다 다분히 목적론적이었던 것이다.

셋째, 실정법의 법적 타당성을 자연법에서 도출하려 했다. 아퀴나스에게 '인정법'은 모두 실정법이지만, 실정법의 법적 타당성은

성 토마스 아퀴나스

'자연법'에 근거한 '선'에 얼마나 부합되느냐에 달려 있다. 그렇기에 아퀴나스는 크게 두 가지 방법을 제시한다.[28] 하나는 '타고난 양심'과 '자연적 경향성'을 통해 제시한 '첫 번째 원칙'으로부터 연역하는 것이다. 이러한 연역적 방식을 통해서 도출된 법들은 '살인'이나 '절도'와 같이 거의 대부분의 공동체에서 금기시하는 행위의 준칙들이다. 다른 하나는 이른바 '규정(determinatio)'에 의한 것이다. 이때 규정에 의한 법의 구성은 자연법이 실재하더라도 그것 자체만으로는 공동체적 삶에서 발생하는 모든 문제들의 해결책을 제시할 수 없다는 이유에서 정당화된다.[29] 즉 건축가가 의뢰받은 건물의 목적을 주어진 상황에 맞게 설계 도면에서 하나씩 구체화하듯, 실정법은 실제 법이 제정되는 행위만을 통해서도 법적 강제력을 가질 수 있다는 것이다.[30]

이렇듯 실정법의 법적 강제력이 '연역'만이 아니라 '규정'을 통해서도 구비될 수 있다면, 문제의 핵심은 법적 "명령(imperium)이 법의 규제를 받는 대상으로부터 어떻게 자발적인 순응을 확보할 수 있는지"로 전환된다.[31] '첫 번째 원칙'에서 연역된 실정법은 '타고난 양심'에 부합되기에 법적 통제를 받는 대상에게 순응을 요구하기가 용이하다. 반면 규정에 의해 구성된 실정법은 경우에 따라 다른 해법들이 존재할 수 있기에 의견 차이가 촉발시킬 갈등을 예비해야 한다. 개인의 이익이 아니라 공동체의 이익을 위한 것인지, 허락된 권한을 넘어서지 않았는지, 그리고 이러한 판단은 어떻게 정당성을 확보할 수 있는지와 같은 질문이 법적 정당성의 중요한 잣대로 부각되는 것이다. 전술한 바대로, 아퀴나스는 스토아 철학의 '이성'과 기독교 전통의 '계시'의 결합에서 해답을 찾았다. 그러나 이후에 등장한 자연법 사상가들은 신을 대신할 '대리인'을 제시하거나, 아니면 인간의 이성에 신의 섭리에 해당하는 절대적 지위를 부여함으로써 이 문제를 해결하려고 했다.

25

단테 Durante degli Alighieri, 1265-1321

팍스 로마나는 재건될까?

단테는 『신곡』에서 길을 안내하는 시인 베르길리우스와 많은 점을 공유한다. 전쟁의 소용돌이를 경험하고, 제국을 통한 평화를 열망한다. 베르길리우스로부터 시적 영감만을 받은 것이 아니라 보편적 평화에 대한 전망도 공유한 것이다.

단테 알리기에리는 『신곡(Divina commedia)』(1304~1321)의 처음에 자신의 정치적 실패에 대해 쓰고 있다.

우리의 인생 여정의 중간에서,

나는 캄캄한 숲(una selva oscura)에 부닥쳤네.

올바른 길을 잃고서[1]

중세 기독교 사회에서는 성경의 『시편』 90편 10절을 따라 인간의 평균수명을 일흔 살 정도로 보았다. 따라서 그가 말하는 '인생 여정의 중간'은 1300년, 바로 그가 피렌체 정치의 소용돌이 속으로 들어간 때를 말한다. 바로 그해에 단테는 피렌체 공화정을 통치하는 여섯 명의 최고 정무위원 중 한 사람으로 선출되었다.

당시 피렌체 정치는 또다시 불거진 파벌싸움으로 혼란스러웠다.

1289년 교황파(Guelfa)가 신성로마제국의 황제파(Ghibellina)를 누르고 권력을 차지한 후, 교황을 지지하는 흑파(Neri)와 교황을 반대하는 백파(Bianchi)로 다시 분열되어 극심한 긴장을 조성했던 것이다. 급기야 교황 보니파키우스 8세의 요청을 받은 샤를(Charles de Valois)의 군대가 피렌체로 진격하고, 1301년 10월 단테는 교황을 설득하기 위해 다른 두 명과 함께 피렌체의 특사로 로마에 파견되었다.

그러나 단테가 로마에 있던 11월 1일 샤를의 군대는 피렌체로 진격했고, 이것을 기회로 흑파가 모든 최고정무위원을 몰아내고 권력을 장악한다. 1302년 1월 27일 흑파는 백파에 속했던 단테에게 뇌물을 받았다는 혐의를 덮어씌워 엄청난 액수의 벌금, 2년 동안의 추방, 그리고 공직 자격을 영구적으로 박탈하는 칙령을 발표한다. 이후 3월 10일 법적 기한 안에 벌금을 내지 않았다는 이유로 단테는 피렌체로 귀국하는 즉시 사형에 처해질 운명에 놓인다. 인생의 정점에서 그는 다시는 조국으로 돌아올 수 없는 운명에 처한 것이다. 그가 말한 '캄캄한 숲'은 바로 피렌체의 분열과 교황이 초래한 전쟁의 소용돌이였다.

베르길리우스와 단테

그렇기에 『신곡』에서 길을 안내하는 시인 베르길리우스(Vergilius)와 단테는 많은 점을 공유한다. 기원전 70년에 태어난 베르길리우스는 극심한 분열을 통해 수없이 반복되는 전쟁을 경험했고, 이러한 내전을 종식시키고 제정시대를 연 아우구스투스에게 큰 기대를 건다. 혼란으로부터 해방되었다고 믿었을 뿐만 아니라 제국을 통해 보편적 평화가 도래할 수 있다는 희망을 가졌던 것이다. 단테가 평화를 위해서는 신(神)이 세운 신성로마제국에 모든 나라가 종속되어야 한다고 본 것과 일맥상통한다. 즉 단테는 베르길리우스에게 단순히 시적 영감만 받은 것이 아니라 '제국'을 통한 평화에 대한 전망도 공유한 것이다.

한 가지 유념해야 할 것은 베르길리우스나 단테가 말하는 '제국'이 근대 이후 '제국주의' 시대의 것과 사뭇 다르다는 점이다. 후자에서는 주로 '시장의 확보'나 '물질적 자원'이 팽창의 주된 동기를 형성한다.[2] 반면 근대 이전 '제국'에서는 경제적 동기만큼이나 내부에서 유발된 정치적 동기가 중요하다. 아테네 민주정이 보여 주듯 정치 세력들 사이의 긴장이나 개별 정치인의 야망이 팽창의 원인이 되기도 하고,[3] 특정 정치체제와 반드시 일치할 필요는 없지만 하나의 단일한 통치체제로 여러 정치공동체들이 복속되는 형태를 취한다.[4] 그리고 도시국가들 사이의 긴장이 조성한 불안한 상황 속에서 평화를 확보하는 하나의 수단으로서 '제국'은 종종 도덕적 동기까지 부여받았다.[5]

베르길리우스의 작품들은 '제국(imperium)'적 팽창에 대한 고전적 동기를 고스란히 보여 준다. 그는 『목가(牧歌, Eclogae)』(BC 44~38)에서 지난했던 분쟁과 전쟁의 시대가 끝나고 신의 가호를 받은 한 소년을 통해 '황금종족(gens aurea)'의 시대가 다시 올 것이라고 노래한다.[6] 로마의 초대 황제인 아우구스투스에 의해 '황금시대(aurea aetas)'

유젠 들라크루아, 「단테의 배」(1822)

가 열리리라는 희망을 담은 것이다. 물론 그의 기대는 내란의 종식에
그치지 않았다. 그는 로마가 중심이 되어 이탈리아의 대지가 다시 풍
요로워지고, 그 힘을 바탕으로 로마가 세계를 다스리는 '제국'을 열
망한다.[7] 궁극적으로 '로마제국을 통한 평화(Pax Romana)'를 꿈꾼 것
이다.

　단테도 베르길리우스의 '제국'에 대한 기대를 공유한다. 당시
'제국'은 신성로마제국과 로마교회로 양분되어 있었다. 그리고 이탈
리아의 도시들은 안과 밖에서 두 제국을 지지하는 세력들의 전쟁터

게리온 등 위의 단테와 베르길리우스

로 변해 있었다. 피렌체도 마찬가지였다. 1260년 몬타페르티 전투(Battaglia di Montaperti)에서 교황파가 시에나와 결탁한 황제파에 패배했을 때, 아르비아 강 근처의 평원은 전통 귀족에 대항하던 사람들의 피로 물들었다. 1266년 베네벤토 전투(Battaglia di Benevento), 1289년 단테가 직접 참전했던 캄팔디노 전투(Battaglia di Campaldino)에서는 반대로 교황파의 황제파에 대한 살육이 벌어졌다. 그는 이 처참한 상황을 "노예 같은 이탈리아(serva Italia)"라고 한탄한다.[8] 도선사도 없이 전쟁의 소용돌이에 빠진 이탈리아를 구제해 줄 새로운 '제국'을 열망한 것이다.

세계 제국과 근대의 여명

단테는 『향연(Convivio)』(1304~1307)에서 처음 '제국'에 대해 구체적으로 언급한다. 망명 생활이 시작되고 그는 이제 자기가 꿈꾸던 '제국의 권위(la imperiale maiestade)'에 대해 숨김없이 밝히기 시작한 것이다. 그는 일차적으로 아리스토텔레스를 따라 제국의 목적도 '좋은 삶(vita felice)'에 있다고 전제한다.[9] 그리고 개별 도시들 사이의 상호 관계를 위해 '왕국(regno)'이 만들어지지만, 정복욕에 사로잡힌 '인간성(l'animo umano)' 때문에 인간세계는 전쟁과 갈등에 돌입할 수밖에 없다고 부언한다.[10] 그런 연후에 전쟁을 종식시키기 위해서는 전 세계가 '왕정(Monarchia)' 또는 '하나의 군주정(uno solo principato)'을 구성해야 하며, 이러한 형태의 통치체제에서 비로소 개별 국가들은 각자의 영토에 만족하고 서로 평화를 구축할 수 있다고 주장한다.[11]

한 가지 특기할 사항은 단테가 이러한 평화를 구축하는 데에 로마교회를 큰 장애로 인식하고 있었다는 점이다. 그는 비록 백파의 일원으로 반교황의 기치를 높이 들었지만, 1289년 캄팔디노 전투에서 아레쪼(Arezzo)의 황제파를 적대한 것에서 보듯 큰 틀에서는 반황제파이기도 했다. 그러나 보편적 평화를 위한 '단일한 보편적 권위'는 로마인들이 공화정 아래에서 구축한 제국과 같은 것이고, 로마제정의 황제가 계승했던 이러한 역할은 로마교회의 영적인 일과 다르다는 입장을 견지한다.[12] 그리고 제국의 '통치자(imperiatus)'의 권위는 신으로부터 직접 전해지며, 동일한 이유에서 로마교회가 세속의 일에 관여함으로써 오히려 제국의 출현을 방해한다고 주장한다.[13]

단테의 세속적 정치권력이 갖는 자율성에 대한 논의는 선언적 의미에 그치지 않는다. 후반기 저술에 속하는 『제정론(De Monarchia)』(1312~1313)에서 그는 기존의 생각들을 매우 체계적으로 정리한다. 첫째, '제국'은 세계인 모두를 위해 필요하다고 주장한다. '좋은 삶'은 인간의 지성이 최대한 발휘될 수 있는 보편적 평화가 보장될 경우에만 실현되며, 이러한 이유에서 '세계(humana civilitas)'는 보편적 평화를 가져다줄 '한 사람'에 의한 통치가 필요하다는 것이다.[14] 둘째, '신'과의 완전한 합일을 의미하는 '초인간적' 정의를 인간이 이성을 통해 구축한 '인간적' 정의와 구별하고, 후자도 종교적 구원과는 무관하지만 그 나름의 세속적 타당성을 갖는다고 역설한다. 예수 그리스도의 은혜로 말미암아 인간은 인간적 정의를 세속에서 실현할 수 있게 되었으며,[15] 고대 로마가 힘을 통해 구축한 평화는 바로 이러한 정의의

안드레아 델 카스타뇨의 「단테」

실현 가능성을 입증해 준다는 것이다.[16]

결국 『제정론』에서 단테는 로마교회로부터 독립된 세속 정치권력을 그리고 있다. 인간의 지식을 넘어 신과의 완전한 합일을 노래했던 『신곡』과 달리, 『제정론』은 신의 은총을 통한 철학적 계도가 아니라 신으로부터 직접 부여된 통치자의 권위를 이야기하고 있기 때문이다. 물론 두 저술 모두 이성의 잘못된 사용이 가져온 인간적 비극을 전제한다. 『신곡』의 '지옥에서의 신의 정의(giustizia li sdegna)'는 『제정론』에서 '인간 종족(genus humanum)'에 대한 탄식으로 이어진다.[17] 그러나 『제정론』에서는 이러한 비극을 극복하는 방식을 초인간적 정의의 실현이나 계시와 이성의 조화에서 찾지 않는다. 대신 보편적 평화를 향유함으로써 인간적 정의를 실현하는 제국이 르네상스와 함께 찾아온 근대의 여명을 맞이한다.

26

마르실리오 Marsiglio da Padova, 1275-1342

다수의 선택은 현명한가?

마르실리오도 아리스토텔레스 이후 지속된 혼합정체의 논의를 크게 벗어나지 못한다. 그러나 절제와 조화와 같은 도덕적 기준이 아니라 다수의 동의를 좋은 정체의 판단 기준으로 제시한 것만 보더라도 그의 근대적 면모는 충분히 입증된다.

중세와 르네상스를 구분할 때 우리는 주저 없이 '신의 은총에 의지하는 인간'으로부터 '자율적이고 창조적인 인간'으로의 회귀를 언급한다. 르네상스가 추구하던 '고대의 부활(restitutio antiquitatis)'의 핵심을 '인간성(humanitas)'의 회복에서 찾는 견해가 일반적으로 받아들여졌다. 바람직한 삶의 전형(eidos)뿐만 아니라 이러한 전형을 알게 되는 과정에 이르기까지, 신이 아니라 인간이 중심인 고대의 '교육(paideia)'으로 되돌아가려는 움직임을 르네상스의 특징 중 하나로 보는 것이다.

물론 이러한 시대사적 전환은 지난한 과정의 산물이었다. 특히 로마 가톨릭교회와 세속 정치권력 사이의 주도권 투쟁은 당시 대부분의 유럽인들을 잔혹한 살육이 판치는 전쟁으로 몰아넣었다. 정치철학사에서 중세로부터 르네상스로의 전환점을 마련한 것으로 평가받는 마르실리오는 『평화의 수호자(Defensor pacis)』(1324)에서 이렇게 토로한다.

　　이러한 것들에 더해 로마제국을 오랫동안 힘들게 하고 지금도 애
먹이는 특이하고 완전히 감추어진 원인이 있다. 이 원인은 전염성이 크
고 다른 모든 도시들과 국가들을 서서히 잠식하는 경향이 있다. 내재된
탐욕에서 이미 거의 대부분의 도시들을 공략했다. 아리스토텔레스도,
그의 시대 또는 그 이전의 어떤 철학자도 이러한 원인, 그리고 그것의
기원과 종류에 대해 파악하지 못했다.[1]

14세기 초 이탈리아(regnum Italicum), 신성로마제국 황제의 영향력이
잔존하던 이탈리아 북부 도시들은 심각한 분열 속에서 허우적거렸
다. 마르실리오는 이러한 대내외적 갈등의 원인을 파악하기 위해서
는 아리스토텔레스가 『정치학』에서 언급했던 원인들만 살펴보는 것
은 의미가 없다고 말한다. 그리고 그러한 원인을 로마교회의 '통치
(principatus)'에 대한 열망을 대변하는 '잘못된 견해(opinio perversa)'에
서 찾는다.[2] 한마디로 로마교회의 수장인 교황이 세속 정치에 관여함
으로써 이탈리아의 불행이 그치지 않는다는 것이다.

낙인찍힌 정치철학자

　　마르실리오는 후일 베네치아공화국에 편입되었지만 중세 시대

에는 최대 상업도시 중 하나였던 파도바에서 태어났다. 가족은 대대로 법률가를 배출했던 이름난 마이나르디니(Mainardini) 가문에 속했고, 아버지도 공증인(notaria)으로 정치에 깊숙이 관여했던 인물이었다. 비록 마르실리오는 집안의 가업을 잇기보다 의학을 선택했지만 그가 어릴 적부터 정치 토론 속에서 자랐다는 점은 부인하기 힘들다. 왜냐하면 아버지의 친구이자 당시 파도바의 정치지도자였던 무싸토(Albertino Mussato)와의 개인적 친분이 그의 진로와 사상에 큰 영향을 끼쳤기 때문이다.[3]

마르실리오는 최초에는 파도바 대학에서 의학을, 이후 파리 대학에서 신학과 철학을 공부한 것으로 알려져 있다. 이런 학문적 여정은 1312년부터 1313년까지 파리 대학의 학장이었다는 기록에서 유추한 것인데, 그가 대학의 대표로서 당시 프랑스 왕과 아비뇽에 유수되었던 교황청에 쉽게 접근할 수 있었을 것이라는 점에 대해서는 큰 이견이 없다. 성사되지는 않았지만 실제로 1316년 교황이 된 요한 22세(Joannes XXII)로부터 파도바의 교회 직분을 주겠다는 약속을 수차례 받았고, 1319년 밀라노의 맹주 비스콘티(Matteo Visconti)의 부탁으로 이후 프랑스 국왕이 된 샤를 백작을 만나 동맹을 타진했을 정도였다.

흥미로운 점은 마르실리오가 정치에 관여하려는 욕구가 강했다는 것이다. 실제로 교회든 세속 권력이든 정치적 이력을 쌓는 데에 골몰했다. 이런 그가 1319년 비스콘티를 대신해서 샤를 백작을 만났다는 것은 그의 입장이 황제파(Ghibellina)로 기울었음을 의미한다. 당시 밀라노의 비스콘티는 나폴리의 왕이었던 로베르토(Roberto

D'Angio)를 적대한다는 이유에서 요한 22세로부터 파문을 당했다. 황제파임을 대내외적으로 내세우던 군주를 대신해서 교황이 지지하는 왕에게 적대하는 동맹을 만드는 데에 관여하는 것은 교황파(Guelfa)라면 엄두도 낼 수 없는 일이었기 때문이다.

1324년 마르실리오는 『평화의 수호자』를 신성로마제국의 황제였던 바이에른 공작 루트비히 4세에게 바친다. 이때 루트비히 4세는 교황과 신경전을 벌이고 있었다. 엄밀하게 본다면 이 갈등은 1313년 하인리히 7세가 죽고, 두 명이 신성로마제국 황제의 승계를 주장하면서부터 시작되었다. 최초에는 중립을 지켰지만, 교황은 1322년 루트비히가 프리드리히(Friedrich der Schöne)를 전쟁에서 생포하면서부터 적대적인 입장으로 돌아선다. 특히 교황은 루트비히 4세가 자신이 배척한 프란체스코회를 지지하는 것을 못마땅하게 여겼다. 1324년 결국 루트비히 4세는 교황으로부터 파문을 당한다.

마르실리오도 1327년에 교황으로부터 소환 명령을 받는다. 그는 이미 1326년 여름에 파리 대학을 떠나 루트비히 4세에게 몸을 맡긴 상태였다. 그가 소환에 응하지 않자 요한 22세는 10월 23일 그와 그의 저술이 배교라는 교서를 내린다.[4] 마르실리오도 가만히 있지만은 않았다. 1327년 루트비히 4세의 이탈리아 원정 때에 황제를 따라나선 것이다. 바로 이때부터 황제 주변에서 그의 정치적 행보는 두드러진다. 교황에게 '배교자'로 낙인이 찍힌 상태에서 한편으로는 신성로마제국의 황제 편에서 로마교회와 이념적 투쟁을 감행하고, 다른 한편으로는 새로운 정치체제에 대한 자신의 생각을 구체화하는 데에 몰입한 것이다.

아리스토텔레스와 마르실리오

정치공동체의 기원에 대한 마르실리오의 인식은 기본적으로 아리스토텔레스의 전제를 따르고 있다. 즉 인간은 자연적으로 공동체를 구성하고, 공동체를 통해 '생존(zēn)'만이 아니라 '좋은 삶(eu zēn)'을 추구한다고 보는 것이다.[5] 그러나 엄밀하게 말하자면, 아리스토텔레스와는 다른 입장을 갖고 있다. 군집의 동기를 인간의 자연적 친화성이 아니라 자연적 허약함에서 찾고, 인간의 물질에 대한 욕구를 무엇보다 우선시하며, 다양한 욕구들이 초래하는 갈등을 조정할 정치의 기능을 역설한다.[6] 욕구에 바탕을 둔 아우구스티누스의 인간관, 인간의 자기 보존에 대한 키케로의 성찰, 그리고 자신의 정치관이 함께 녹아 들어간 것이다.

실제로 마르실리오는 당시 지배적인 견해였던 아리스토텔레스주의의 주장과는 다른 견해를 피력한다. 첫째, 그는 '가족(domus)'을 '정치적 공동체(civili communitas)'의 하나로 간주하지 않는다. 아리스토텔레스는 정치적 공동체의 기원에 대한 논의에서 가족을 최초의 형태로 제시한다. 가족으로부터 보다 큰 공동체로의 자연적 성장을 정치적 공동체의 기원으로 본 것이다.[7] 반면 마르실리오는 가족이 아니라 '마을(vicus)'을 최초의 정치공동체로 간주한다.[8] 조직 구성과 갈등 조정이라는 측면에서 그는 가족을 구성원들의 수평적인 관계에 기초한 법적 규제가 아니라 '가부장(paterfamilias)'의 위계적 권위로 갈등을 조정하는 비정치적 공동체로 본 것이다.

둘째, 마르실리오는 공동체 구성원의 연대는 '법'을 통해 지속될 수 있다고 본다. 아리스토텔레스도 '정치적 우애(philia politikē)'라는 개념을 통해 구성원 사이의 이해의 일치나 합의(homonoia)를 연대의 기준으로 제시한 바 있다.[9] 그러나 궁극적으로는 시민적 연대의 기초를 입법자의 '정의(dikaiosynē)'보다 우애에서 비롯된 시민적 덕성에서 찾는다.[10] 반면 마르실리오는 '우애'가 아니라 '법'에서 공동체의 결속이 유지된다고 믿는다. 비록 그는 키케로가 제시한 '공화'의 조건과 관련된 서술들을 환기시키지만,[11] 그에게 "정의에 대한 합의(iuris consensu)와 공유된 이익(utilitatis communione)"은 시민들의 상호 관계를 조정하는 수단으로서 '법(ius)'으로 구체화될 때에만 의미를 가진다.[12] 동일한 맥락에서 그는 갈등의 조정 또는 공동체 결속으로부터 도덕적인 요소들을 제거한다.[13]

셋째, 마르실리오는 '법'을 제정하는 과정에서 폭넓은 공동체 구성원의 참여를 염두에 둔다. 그에게는 아리스토텔레스가 말하는 탁월한 '입법자(nomothetēs)'보다 '전체 시민(universitas civicum)'이 우선적이고 적절한 '법 제정자(legislator primus)'다.[14] 종종 시민의 대표인 '유력자(valencior pars)'가 언급되지만, 법 제정에 필요한 '신중함'과 법 자체가 갖는 '강제력'에 대한 논의일 뿐 '명사(honorabilitas)'만 정치에 참여해야 한다거나 '대중(vulgus)'을 배제해야 한다는 생각은 찾아볼 수 없다.[15] 물론 이러한 기술들이 그가 '민주정'에 대해 가졌던 불신을 모두 상쇄시킬 수는 없다. 다만 그가 법 제정 과정에 대한 폭넓은 시민들의 참여가 정치공동체의 안정에 도움이 될 수 있다고 본 점, 그리고 탁월한 개인의 판단보다 다수의 판단을 더욱 신뢰했다는 점은 충분히 입증된다.[16]

정치적 대표와 최상의 정체

1329년 4월 20일 요한 22세는 1327년에 자신이 내린 교서에서 언급되었던 다섯 가지 오류 중 세 번째 항목을 다시금 거론한다.[17] 세 번째 항목은 바로 황제에게 "교황을 세우고, 폐하고, 처벌하는" 권한이 있다고 주장했다는 것이다. 실제로 마르실리오는 『평화의 수호자』에서 교황의 권위에 단도직입적으로 도전한다. 초대 교황으로 추앙받던 베드로만이 천국의 열쇠를 받은 것이 아니라 모든 사도들이 권한을 받았으며,[18] 교회의 권위는 교황이 아니라 '신자들의 공동체(universitas fidelium)'가 가져야 하기에 이러한 권위는 신성로마제국의 황제에게 귀속된다고 주장한다.[19] 여기에 덧붙여 궁극적으로 '이단'을 판단하는 권한은 오직 사후의 심판자인 신에게 있기에, 로마 교회는 '파문'을 통해 어떤 형태의 강제력을 행사할 수 없을 뿐만 아니라 인간의 법이 적용되는 지상의 정치권력에 개입할 수 없다고 말한다.[20] 즉 세속 권력과 로마 교권의 구분에 그친 것이 아니라 전자의 후자에 대한 우위를 정당화한 것이다.

중세로부터의 보다 본격적인 이탈은 마르실리오의 '정치적 대표'와 관련된 논의다. 대부분의 학자들은 그의 정치사상이 당시 이탈리아 도시국가들에서 꽃을 피웠던 '공화주의'의 정신을 계승하고 있다고 본다. 물론 그의 '정치적 대표'에 관련된 논의가 '폭넓은 정치참여'에 대한 기술과 대조된다는 입장도 있다.[21] 그러나 '황제'에 대한 논의는 당시 공화주의 전통에서도 논의되던 주제 중 하나이고,[22] 당시 '군주정'을 주창하던 사람들과 달리 그가 한 명이 아닌 여러 사람이 다스리는 '통치 집단(pars principans)'을 염두에 두고 있다는 사실에 주목할 필요가 있다. '황제'와 '정치참여'가 함께 논의되는 것은 14세기 르네상스 공화주의 전통에서 하등 모순되지 않는다는 것이다.

문제는 마르실리오의 '다수(populus)'의 정치참여에 대한 논의를 근대적 의미의 '인민주권'으로 이해할 수 있느냐는 것이다. 그는 황제를 '통치자들(partes principantes)' 중 하나로 간주했을 뿐만 아니라,[23] 다수 또는 소수의 비전문가가 소수의 전문가보다 더 나은 판단을 할 수 있다고 주장하기까지 했다.[24] 그렇다면 그가 말하는 '정치적 대표' 또는 '통치 집단'은 '다수' 또는 '전체 시민'으로부터 어떻게 권력을 위임받고 어느 정도까지 자율적인 권력의 행사가 가능할까? 이 문제에 대해 여러 해석들이 있는데 대체로 "전체 시민의 동의로 정치적 대표에게 권한이 위임되고, 이러한 권한은 위임 이후에도 법에 따라 전체 시민의 규제를 받는다."는 쪽으로 수렴되고 있다. 왜냐하면 그에게 '정치적 대표'는 권력의 위임보다 법의 집행이라는 기능적인 역할이 더 중요하고, 어떤 경우에도 전체 시민이 입법권의 위임을 철회할 능력을 상실하지 않기 때문이다.[25]

　이렇듯 근대적인 면모를 보여 주는 마르실리오도 이상적인 정치체제에 대해서는 아리스토텔레스 이후 지속된 '혼합정체'의 논의를 크게 벗어나지 못한다. 물론 차이는 있다. 그에게는 '잘 조절된(bene temperate)' 정체와 '잘못된(vitiati)' 정체를 구분하는 척도로 '절제'와 같은 도덕적 기준이 아니라 전체 시민의 '동의'가 등장하는 것이다. 그러나 그는 당시 이탈리아에서 '군중(vulgus)'의 지나친 욕망이 불러온 폐해를 간과하지 않았다. '군중' 또는 '다수'가 다른 집단의 동의를 얻지 않고 통치하는 '민주정'을 나쁜 정체에 포함시킨 것이다.[26] 그는 군주정이 '아마도 더 완벽할 수(fortasse perfeccior)' 있다는 생각을 가졌음에도 '다수'가 참여하는 정치체제에 대한 선호를 끝내 버리지 않는다.[27] 다만 '모든 시민이 통치 또는 심의에 참여하는 정체', 즉 혼합정체를 가능한 최상의 정체로 상정했던 것이다.

주(註)

1부

정치와 도덕

1 Benedetto Croce, *Etica e Politica* (Bari: Laterza, 1967[1930]), 171-183.

2 Hannah Arendt, "Truth and Politics," in *Philosophy, Politics and Society Series 3.*, edited by Peter Laslett and W. G. Runciman (Oxford: Blackwell, 1967), 114-115.

3 Hannah Arendt, *The Promise of Politics*, edited by Jerome Kohn (New York: Schocken Books, 2005), 11-21.

4 Noberto Bobbio, *Etica e Politica*, edited by Marco Revelli (Milano: Mondadori, 2009), 586-588.

5 ibid. 589-591.

6 Plato, *The Republic I*, trans. Paul Shorey (Cambridge: Harvard University Press, 1930), 389c & 414c.

7 Aristotle, *Nicomachean Ethics*, trans. H. Rackham (Cambridge, MA: Harvard University Press, 1926), 1102a5-1102b29.

8   Cicero, *De Officiis*, trans. Walter Miller (Cambridge, MA: Harvard University Press, 2001[1913]), 3.28 & 3.49; Thomas Aquinas, *Summa Theologica*, trans. Fathers of the English Dominican Province (Chicago: Encyclopedia Britannica), 1.2.65.3.

9   Carl Schmitt, *The Concept of the Political*, trans. George Schwab (Chicago: University of Chicago Press, 2007), 26.

10 ibid., 25.

11 Giovanni Botero, *Della Ragione di Stato* (Milano: Nella Stampa del P. Pontio, 1598), I.14.27-30.

12 Jean Bodin, *The Six Bookes of A Commonweale*. trans. Richard Knolles. London: Impenfis G. Bishop, 1606), I.8.84-113.

13 Leo Strauss, *Natural Right and History* (Chicago: University of Chicago, 1953), 165-251.

14 Thomas Hobbes, *De Cive*, edited by Richard Tuck and Michael Silverthorne (New York: Cambridge University Press, 1998), 12.5.

15 Thomas Hobbes, *Leviathan*, edited by Richard Tuck (New York: Cambridge University Press, 1992), 3.42.

16 G. W. F. Hegel, *Philosophy of Right*, trans. T. M. Knox (New York: Oxford University Press, 1967), 337.214-215.

17 Immanuel Kant, *Zum ewigen Frieden, Ein philosophischer Entwurf*, edited by Michael Holzinger (Berlin: Friedrich Nicolovius, 2013[1796]), 372.

18 ibid. 370.

19 ibid. 373.

20 Max Weber, "the Profession and Vocation of Politics," in *Political Writings*, trans. & edited by Peter Lassman & Ronald Speirs (New York: Cambridge University Press, 1994), 359-369.

21 David Estlund, *Democratic Authority, A Philosophical Framework* (Princeton, NJ: Princeton University, 2008), 1-20 & 98-116.

22 Michael Walzer, "Political Action: The Problem of Dirty Hands," in *War and Moral*

Responsibility, edited by Marshall Cohen, Thomas Nagel, and Thomas Scanlon (Princeton, NJ: Princeton University Press, 1974), 62-82.

23 Martha Nussbaum, *Frontiers of Justice, Disability, Nationality, Species Membership* (Cambridge: Harvard University Press, 2007), 273-324.

24 Philip Pettit, *Republicanism* (New York: Oxford University Press, 1997), 97-109.

권력과 지배

1   Cicero, *Philippics*, trans. Walter C. A. Ker (Cambridge: Harvard University Press, 2006[1926]), 13.3-13.7.

2   Aristotle, *The Metaphysics I-IX*, trans. Hugh Tredennick (Cambridge: Harvard University Press, 1947), 1049b4-1050b10.

3   Plato, *The Republic I*, trans. Paul Shorey (Cambridge: Harvard University Press, 1930), 477c1-2.

4   Aristotle, *Politics*, trans. H. Rackham (Cambridge, MA: Harvard University Press, 1932), 1318b39-1319a1.

5   Hobbes, *Leviathan*, edited by Richard Tuck (New York: Cambridge University Press, 1992), 1.11.70.

6   C. Wrights Mill, *The Power Elite* (New York: Oxford University Press, 2000[1956]), 171-172.

7   Bertrand Russell, *Power* (London: Unwin Books, 1975[1938]), 10 & 12-24.

8   Hannah Arendt, *On Violence* (New York: Harcourt Brace & Company, 1970[1969]), 44-45.

9   ibid. 42 & 46.

10 ibid. 51.

11 ibid. 47.

12 ibid. 52.

13 ibid. 52-54.

14 ibid. 56.

15 ibid. 40.

16 ibid. 46.

17 ibid. 38.

18 Hannah Arendt, *On Revolution* (New York: Penguin Books, 1990), 186-187.

19 Walter Benjamin, "Critique of Violence," in *Reflections*, trans. Edumund Jephcott (New York, Schocken Books, 1986), 279-286; Giorgio Agamben, *Homo Sacer* (Torino: Einaudi, 2005[1995]), 46-56.

20 Max Weber, *Wirtschaft und Gesellschaft*, 1.16.28.

21 Steven Lukes, *Power, A Radical View* (New York: Palgrave, 2005[1974]), 33-35.

22 Robert Dahl, "The Concept of Power," *Behavioral Science*, 2:3(1957:July), 202-215.

23 Peter Bachrach & Morton S. Baratz, *Power & Poverty* (New York: Oxford University Press, 1970), 39-51.

24 Steven Lukes, *Power, A Radical View* (New York: Palgrave, 2005[1974]), 25-29.

25 Anthony Giddens, *Central Problems in Social Theory* (London: Macmillan, 1979), 112.

26 Max Weber, *Wirtschaft und Gesellschaft*, 3.2.124.

27 Jürgen Habermas, *Philosophical-Political Profiles* (Cambridge: MIT Press, 1985), 171-187.

28 Michel Foucault, *Power/Knowledge*, edited by Colin Gordon (New York: Pantheon, 1981), 92-108;

29 Max Weber, *Wirtschaft und Gesellschaft*, 1.16.28.

30 Charles Taylor, "Foucault on Freedom and Truth," in *Foucault: A Critical Reader, edited by David Couzens Hoy* (Oxford: Blackwell, 1991), 69-102.

31 Machiavelli, *Il Principe*, 7(27)-(28).

32 곽준혁,『마키아벨리 다시 읽기: 비지배를 꿈꾸는 현실주의자』(서울: 민음사, 2014), 28-31.

정치와 종교

1   Benedictus de Spinoza, *Tractatus theologico-politicus*. Praefatio. 85-86.

2   Maimonides, *The Guide of the Perplexed*, 2.29-2.31; 2.40.

3   Benedictus de Spinoza, *Tractatus theologico-politicus*. Praefatio. 87.

4   Anthony Smith, *Chosen Peoples: Sacred Sources of National Identity* (New York: Oxford University Press, 2003), 9-43.

5   Mark Juergensmeyer, *The New Cold War?: Religious Nationalism Confronts the Secular State* (Berkeley, CA: the University of California Press, 1993).

6   Sophocles, *Antigone*, trans. David Grene (Chicago: University of Chicago Press, 1991), 304, 450-470, 487, 658-659.

7   Leo Strauss, "The Mutual Influence of Theology and Philosophy," *Independent Journal of Philosophy*, 3(1979), 111-118.

8   Maimonides, *Maimonides' Commentary on the Mishnah, Tractate Sanhedrin*, trans. Fred Rosner (New York: Sepher Hermon Publisher, 1981), 10.

9   Hannah Arendt, "Religion and Politics," In *Essays in Understanding, 1930-1945, Formation, Exile, and Totalitarianism*, edited by Jerome Kohn (New York: Schoken Books, 1994), 368-390.

10   Aristotle, *Politics*, 1262a25-32.

11   Augustine. *Political Writings*. Trans. Michael Tkacz and Douglas Kries (Indianapolis, IN: Hackett, 1994), 205.

12   Tocqueville, *Democracy in America*, trans. Harvey Mansfield and Delba Winthrop (Chicago: University of Chicago Press, 2000), 417-424.

13   Machiavelli, *Discorsi*, 2.2.26-41.

14   ibid., 1.11.2-4 & 8-10.

15   Quentin Skinner, "A Genealogy of the Modern State," *Proceedings of the British Academy*, 162(2009), 325-370.

16   Ernst H. Kantorowicz, *The King's Two Bodies, A Study in Medieval Political Theology*

(Princeton, NJ: Princeton University Press, 1981[1957]), 314-450.

17 Carl Schmitt, *Political Theology*, trans. George Schwab (Chicago: University of Chicago Press, 1985), 36-52.

18 Benedict Anderson, *Imagined Community* (New York: Verso, 1991), 9-36.

19 Jacques Derrida, "Faith and Knowledge: the Two Sources of 'Religion' at the Limits of Reason Alone," In *Religion*, edited by Jacques Derrida and Gianni Vattimo (Stanford, CA: Stanford University Press, 1998), 1-78.

20 Martha Nussbaum, *Liberty of Conscience* (New York: Basic Books, 2008), 1-33.

21 Jürgen Habermas, *Between Naturalism and Religion* (Malden, MA: Polity Press, 2008), 114-147.

22 Charles Taylor, "Why We Need a Radical Redefinition of Secularism," In *The Power of Religion in the Public Sphere*, edited by Eduardo Mendieta & Jonathan Vanhantwerpen (New York: Columbia University Press, 2011), 34-59.

개인과 사회

1 Isaiah Berlin, *Isaiah Berlin: Liberty*, edited by Henry Hardy (New York: Oxford University Press, 2008), 166-217.

2 John Dunn, *Interpreting Political Responsibility* (Princeton, NJ: Princeton University Press, 1990), 61-84.

3 Helena Rosenblatt, *Liberal Values, Benjamin Constant and the Politics of Religion* (New York: Cambridge University Press, 2008), 122-154.

4 Benjamin Constant, "The Liberty of the Ancients Compared with that of the Moderns," In *Political Writings*, translated and edited by Biancamaria Fontana (New York: Cambridge University Press, 1988), 316.

5 Raymond Marin & John Barresi, *Naturalization of the Soul* (New York: Routledge, 2000), 80-109.

6   Karl Polanyi, *The Great Transformation: The Political and Economic Origins of Our Time* (Boston, MA: Beacon Press, 1971), 77-79.

7   Orlando Patterson, *Freedom in the Making of Western Culture* (New York: Basic Books, 1991), 3-5.

8   Martin Ostwald, *Nomos and the Beginnings of the Athenian Democracy* (New York: Oxford University Press, 1969), 57-136.

9   Chaim Wirszubski, *Libertas as a Political Idea at Rome During the Late Republic and Early Principate* (New York: Cambridge University Press, 1968), 7-30.

10 Raymond Guess, *Public Goods, Private Goods* (Princeton, NJ: Princeton University, 2001), 75-104.

11 Thucydides, *History of the Peloponnesian War*, trans. Rex Warner (New York: Penguin, 1972), 2.40.

12 Cicero, *De Re Publica*, in *De Re Publica & De Legibus*, trans. Clinton Walker Keyes (Cambridge, MA: Harvard University Prses, 2000[1928]), I.39.

13 Adruab Nicolas Sherwin-White, *The Roman Citizenship* (New York: Oxford University Press, 1973), 221-224.

14 곽준혁, 『경계와 편견을 넘어서』(파주: 한길사, 2010), 25-75.

15 Philip Pettit, *Republicanism* (New York: Oxford University Press, 1997), 50-79.

16 Philip Pettit, *Just Freedom* (New York: Norton, 2014), I-73.

17 John Cooper, "Political Animals and Civic Friendship," in *Aristotle's Politics: Critical Essays*, edited by Richard Kraut and Steven Skultety (Lanham, MD: Rowman & Littlefield, 2005), 65-89.

18 Quentin Skinner, *Liberty before Liberalism* (New York: Cambridge University Press, 1998), I-57.

19 Machiavelli, *Il Principe*. cura. Giorgio Inglese (Torino: Einaudi, 1995), 9.2.

20 곽준혁, 『지배와 비지배: 마키아벨리 군주 읽기』(파주: 민음사, 2013), 181-197.

21 Thomas Hobbes, *Leviathan*, edited by Richard Tucker (New York: Cambridge

University Press, 1996), 14.91-100 & 18.121-129.

22 Richard Sorabji, *Self: Ancient and Modern Insights about Individuality, Life, and Death* (Chicago: University of Chicago Press, 2006), 32-53.

23 John Locke, *An Essay concerning Human Understanding* (New York: Oxford University Press, 1979), 2.27.26.

24 Jerome B. Schneewind, *The Invention of Autonomy* (New York: Cambridge University Press, 1998), 3-13.

25 Immanuel Kant, *Groundwork of the Metaphysics of Morals*, trans. Mary Gregor (New York: Cambridge University Press, 1998), 4:440.

26 Immanuel Kant, *The Metaphysics of Morals*, trans. Mary Gregor (New York: Cambridge University Press, 1991), 226.

27 G. W. F. Hegel, *Phenomenology of Spirit*, trans. Arnold V. Miller (New York: Oxford University Press, 1977), 436-437.

28 Robert Pippin, *Hegel's Practical Philosophy* (New York: Cambridge University Press, 2008), 121-179.

29 Immanuel Kant, *The Metaphysics of Morals*, trans. Mary Gregor (New York: Cambridge University Press, 1991), 452-461.

30 John Stuart Mill, "Utility of Religion," In *Essays on Ethics, Religion and Society* Vol. 10, edited by J. M. Robson (Toronto: University of Toronto Press, 1969), 403-428, esp. 405.

31 Immanuel Kant, "Idea for a Universal History with a Cosmopolitan Aim," In *Kant's Idea for a Universal History with a Cosmopolitan Aim*, edited by Amélie Oksenberg Rorty and James Schmidt (New York: Cambridge University Press, 2009), 9-23.

32 ibid.,13-14.

33 Bernard Williams, *Moral Luck, Philosophical Papers 1973-1980* (New York: Cambridge University Press, 1981), 20-39.

34 Martha Nussbaum, *The fragility of goodness, Luck and ethics in Greek tragedy and philosophy* (New York: Cambridge University Press, 1986), 1-21 & 51-82.

35 Charles Larmore, "Liberal and republican conceptions of freedom," *Critical Review of International Social and Political Philosophy*, 6(2003), 96-119.

국가와 세계

1 Aristotle, *Politics*, trans. H. Rackham (Cambridge, MA: Harvard University Press, 1932), 1287a40-1278b5.

2 Diogenes Laertius, *Lives of Eminent Philosophers*, trans. Robert. D. Hicks (New York: G. P. Putnam's Sons, 1925), 6.63.

3 Aristotle, *Politics*, trans. H. Rackham (Cambridge, MA: Harvard University Press, 1932), 1277b28-29.

4 Diogenes Laertius, *Lives of Eminent Philosophers*, trans. Robert. D. Hicks (New York: G. P. Putnam's Sons, 1925), 6.72.

5 Pierre Manent, *Metamorphoses of the City: On the Western Dynamic*, trans. Marc Lepain (Cambridge, MA: Harvard University Press, 2013), 1-14 & 152-171.

6 Zygmunt Bauman, *Does the Richness of the Few Benefit Us All?* (Malden, MA: Polity, 2013), 27-89.

7 David Boucher, *The Limits of Ethics in International Relations* (New York: Oxford University Press, 2009), 43-68.

8 Jack Donnelly, *Universal Human Rights in Theory and Practice* (Ithaca, NY: Cornell University Press, 2003), 89-106.

9 Martha Nussbaum, *Cultivating Humanity, A Classical Defense of Reform in Liberal Education* (Cambridge, MA: Harvard University Press, 1997), 50-84; Martha Nussbaum, "In Defense of Universal Values," *Idaho Law Review*, 36(2000), 411-426.

10 Jürgen Harbermas, *The Inclusion of the Others: Studies in Political Theory* (Cambridge, MA: MIT Press, 1998), 118 & 141-149.

11 David Held, *Democracy and the Global Order* (Stanford, CA: Stanford University Press,

1995), 267-286.

12 John Rawls, *The Law of Peoples* (Cambridge, MA: Harvard University Press, 2001), 37.

13 John Rawls, *Political Liberalism* (New York: Columbia University Press, 2005), 214.

14 John Rawls, *The Law of Peoples* (Cambridge, MA: Harvard University Press, 2001), 81.

15 곽준혁, 「공화주의」, 『정치학핸드북: 정치사상』, 한국정치학회 편(서울: 법문사, 2008), 171-205.

16 Maurizio Viroli, *Repubblicanesimo* (Bari: Gius. Laterza & Figli Spa, 1999), 75-76.

17 Cicero, *De Officiis*, trans. Walter Miller (Cambridge: Harvard Unviersity Press, 1913, 2001), I.35.

18 Paolo Virno, *A Grammar of the Multitude*, trans. Isabella Bertoletti, James Cascaito and Andrea Casson (Los Angeles, CA: Semiotext, 2004), 21-26.

19 Philip Pettit, "A republican Law of Peoples," *European Journal of Political Theory*, 9/1(2010), 70-94.

2부

1 소포클레스

1 Plato, *Laws Books I-VI*, trans. R. G. Bury (Cambridge: Harvard University Press, 2001), 659a-c & 700-701a

2 Martin Ostwald, *From Popular Sovereignty to the Sovereignty of Law* (Berkeley, CA: University of California Press, 1986), 3-83.

3 Jeffrey Henderson, "Drama and Democracy," in *The Cambridge Companion to the Age of Pericles*, edited by Loren J. Samons II (New York: Cambridge University Press, 2007), 179-214.

4 C. M. Bowra, "Sophocles on His Own Development," *The American Journal of Philology*, 61:4 (1940), 385-401.

5   Ruth Scodel, "Sophocles' Biography," in *A Companion to Sophocles*, edited by Kirk Ormand (Malden, MA: Blackwell Publishing, 2012), 25-37.

6   Michael Hamilton Jameson, "Sophocles and the Four Hundred," *Historia* 20(1971), 541-568.

7   Mogens Herman Hansen, *The Athenian Democracy in the Age of Demosthenes* (Cambridge, MA: Blackwell Publishing, 1991), 246.

8   Thucydides, *History of the Peloponnesian War*, trans. Rex Warner (New York: Penguin, 1972), 8.1; Aristoteles, *The Athenian Constitution*, trans. P. J. Rhodes (New York: Penguin), 29.2.

9   Aristotle, *The Art of Rhetoric*, trans. John Henry Freese (Cambridge, MA: Harvard University Press, 1975), 1419a25-31.

10   Peter Wilson, *The Athenian Institution of the Khoregia* (New York: Cambridge University Press, 2000), 144-197.

11   Kimberly Cowell-Meyers, "Teaching Politics Using Antigone," *PS: Political Science and Politics*, 39:2(2006), 347-349.

12   Sophocles, *Antigone*, trans. David Grene (Chicago: University of Chicago Press, 1991), 1-99.

13   Sophocles, ibid., 100-220.

14   Sophocles, ibid., 502-4 & 692-700.

15   Sophocles, ibid., 1261-1346.

16   Martha Nussbaum, *The fragility of goodness, Luck and ethics in Greek tragedy and philosophy* (New York: Cambridge University Press, 1986), 51-82.

17   Sophocles, ibid., 108-109, 215-219, 662-669, 730-733.

18   Sophocles, ibid., 937-943.

19   Sophocles, ibid., 450-470.

20   Sophocles, ibid., 304, 487, 658-659.

21   Sophocles, ibid., 1270.

2 페리클레스

1   Thucydides, *History of the Peloponnesian War*, trans. Rex Warner (New York: Penguin, 1972), 2.34.

2   Charles Hignett, *A History of the Athenian Constitution* (New York: Oxford University Press, 1958), 124-192.

3   Herodotus, *The History*. trans. David Grene (Chicago: the University of Chicago Press, 1987), 5.66.

4   버나드 마넹, 『선거는 민주적인가』, 곽준혁 옮김(서울: 후마니타스), 23-61.

5   Christian Meier, *The Greek Discovery of Politics*, trans. David McLintock (Cambridge: Harvard University Press, 1990), 29-81.

6   Anthony J. Podlecki, *Perikles and His Circle* (New York: Routledge, 1998), 1-16.

7   Herodotus, ibid., 5.78.

8   Donald Kagan, *Pericles of Athens and the Birth of Democracy* (New York: The Free Press, 1991), 26-45.

9   Plutarch, "Pericles," in *Plutarch's Lives III*, trans. Bernadotte Perrin (Cambridge: Harvard University Press, 1967), 16.6.

10 Platon, *Paedros*, 260b-c; Gorgias 515c, 518-519b.

11 Aristoteles, *Ethica Nicomachea*, 1140b4-9.

12 Aristoteles, *The Athenian Constitution*, trans. P. J. Rhodes (New York: Penguin), 28.1.

13 Thucydides, *History of the Peloponnesian War*, trans. Rex Warner (New York: Penguin, 1984), 저자가 일부 문장을 번역해서 수정함. 2.65.8-9.

14 Arlene W. Saxonhouse, *Athenian Democracy* (Notre Dame, IN: University of Notre Dame Press, 1996), 59-86.

15 William Shakespeare, *Romeo and Juliet*. 2.2.

16 곽준혁, 「정치적 수사와 민주적 리더십: 아리스토텔레스 수사학의 재구성」, 『국가전략』 13:1, 41-65.

17 Thucydides, ibid. 2.36.2, 2.41.5.

18 Thucydides, ibid. 2.40.

19 Thucydides, ibid. 2.37.

20 Kurt A. Raaflaub, "Democracy, Power, and Imperialism," in *Athenian Political Thought and the Reconstruction of American Democracy*, edited by J. Peter Euben, John R. Wallach, and Josiah Ober (Ithaca, NY: Cornell University Press, 1994), 103-146.

21 Thucydides, ibid. 2.42.2.

22 Thucydides, ibid. 2.64.3.

23 Thucydides, ibid. 2.40.1 & 2.43.1.

24 Thucydides, ibid. 2.60.2-5.

25 Thucydides, ibid. 2. 70.3.

26 Thucydides, ibid. 2. 36.2.

3 프로타고라스

1 Plato, *Protagoras,* in *Plato II, Laches, Protagoras, Meno, Euthydemus*, trans. W. R. M. Lamb (Cambridge: Harvard University Press, 1999), 319d.

2 Plato, *Protagoras,* 317b.

3 Plato, *Protagoras,* 318e-319b.

4 Plato, *Protagoras,* 322d.

5 Plato, *Protagoras,* 321d.

6 Plato, *Protagoras,* 323c.

7 Herodotus, *The History*, 6.46-47.

8 Plutarch, "Pericles," in *Plutarch's Lives III*, trans. Bernadotte Perrin (Cambridge: Harvard University Press, 1967), 36.4-5.

9 Xenophon. *Memorabilia.* 11.2.41.

10 Diogenes Laertius, 9.50.

11 Jacqueline de. Romilly, *The Great Sophists in Periclean Athens*, trans. Janet Lloyd (New York:

Oxford University Press, 1998), 214.

12 Plato, *Protagoras*, 328a.

13 Plato, *Protagoras*, 328a-b.

14 Plato, *Protagoras*, 328e.

15 Plato, *Republic*, 368e-369c.

16 Plato, *Republic*, 338c.

17 Plato, *Theaetetus*, 152a.

18 곽준혁. 「공화주의」, 『정치학이해의 길잡이』. 한국정치학회 편(서울: 법문사, 2008), 171-205.

4 투키디데스

1   펠로폰네소스 전쟁이 발발하기 직전, 아테네는 페리클레스의 주도하에 메가라 칙령(BC 432)을 선포하고, 메가라가 케르키라와 코린토스 분쟁에서 후자를 지원한 것에 대한 보복조치를 단행했다. 이 칙령은 메가라와 동맹관계에 있던 스파르타를 비롯한 펠로폰네소스 국가들에게도 큰 타격을 입혔다. 이에 스파르타는 이 칙령을 철회해 줄 것을 요구했고, 이를 아테네가 거부함으로써 펠로폰네소스 전쟁이 시작된다. 페리클레스는 스파르타의 요구를 받아들인다면 아테네가 이전에 있었던 '첫 번째 펠로폰네소스 전쟁'(BC 460-445)에서 획득한 에게 해에 대한 지배권조차 인정받지 못하게 될 것이라고 우려했고, 전쟁을 통해서라도 스파르타와 대등한 지위를 확인받고자 했다. Thucydides, *History of the Peloponnesian War*, trans. Rex Warner (New York: Penguin, 1972), I.139-146.

2   Robert Kagan, "Athenian strategy in the Peloponnesian War," in *The Making of Strategy*, edited by Williamson Murray, MacGregor Knox, and Alvin Bernstein (New York: Cambridge University Press, 1994), 24-55.

3   Plutarch, "Pericles," in *Plutarch's Lives III*, trans. Bernadotte Perrin (Cambridge: Harvard

University Press, 1967), 14.1.

4   Plutarch, "Cimon," in *Plutarch's Lives* II, trans. Bernadotte Perrin (Cambridge: Harvard University Press, 1968), 4.1-2.

5   Thucydides, ibid., 4.105.

6   Plutarch, "Nicias," in *Plutarch's Lives* III, trans. Bernadotte Perrin (Cambridge: Harvard University Press, 1967), 6.5-6.

7   Thomas Hobbes, *The History of the Grecian War*, in *The English Works of Thomas Hobbes* Vol. VIII (London: Bohn, 1843), xv-xvi.

8   Thucydides, ibid., 2.65.9.

9   Thucydides, ibid., 2.20-22.

10   Josiah Ober, *Mass and Elite in Democratic Athens* (Princeton: Princeton University, 1989), 106.

11   Mogens Herman Hansen, *The Athenian Democracy in the Age of Demosthenes* (Cambridge, MA: Blackwell Publishing, 1991), 266.

12   Thucydides, ibid., 1.21.

13   Thucydides, ibid., 1.20.3; 1.22.

14   Leo Strauss, *The City and Man* (Chicago: University of Chicago Press, 1964), 143.

15   Aristotle, *Poetics*, trans. W. Hamilton Fyfe (Cambridge, MA: Harvard University Press, 1965), 1451b4-10.

16   Thomas Hobbes, ibid., xxxii.

17   Hans J. Morgenthau, *Politics among Nations: The Struggle for Power and Peace* (New York: Alfred A. Knopf, 1963).

18   Stephen M. Walt, *The Origins of Alliance* (Ithaca, NJ: Cornell University Press, 1987).

19   John Mearsheimer, *The Tragedy of Great Power Politics* (New York: W. W. Norton, 2003).

20   Thucydides, ibid., 1.23.

21   Thucydides, ibid., 5.89; 5.90-93; 5.105.

22   Thucydides, ibid., 1.75-76.

23   Thucydides, ibid., 1.72-78.

24 Thucydides, ibid., 1.79-85.

25 Thucydides, ibid., 7.86.

26 Thucydides, ibid., 3.82.

27 Thucydides, ibid., 5.84-89.

5 소크라테스

1   Plato, *Gorgias*, in *Lysis, Symposium, Gorgias*, trans. W. R. M. Lamb (Cambridge: Harvard University Press, 1996), 516d.

2   Plato, ibid., 475e-479d.

3   Plato, ibid., 521d.

4   W. K. C. Guthrie, *Socrates* (New York: Cambridge University Press, 1971), 58-59.

5   Plato, *Apology*, in *Euthyphro, Apology, Crito, Phaedo, Phaedrus*. trans. W. R. M. Lamb (Cambridge: Harvard University Press, 2001), 28.d.

6   Plato, *Symposium*, in *Lysis, Symposium, Gorgias*, trans. W. R. M. Lamb (Cambridge: Harvard University Press, 1996), 219e-220e.

7   Plato, *Symposium*, 220e-221c; Plato, *Laches*, in *Laches, Protagoras, Meno, Euthydemus*, trans. W. R. M. Lamb (Cambridge: Harvard University Press, 1999), 181b.

8   Plato, *Apology*, 32a-c.

9   Plato, ibid., 32c-e.

10 Alexander Nehamas, *The Art of Living* (Berkeley, CA: University of California Press, 1998), 19-98.

11 Leo Strauss, *The Rebirth of Classical Political Rationalism*, selected by Thomas L. Pangle (Chicago: The University of Chicago Press, 1989), 103-183.

12 Gregory Vlastos, *Socrates, Ironist and Moral Philosopher* (Ithaca, NY: Cornell University Press, 1991), 45-80.

13 Catherine H. Zuckert, *Plato's Philosophers, The Coherence of the Dialogues* (Chicago: The

University of Chicago, 2009), 1-48; Laurence Lampert, *How Philosophy Became Socratic* (Chicago: The University of Chicago, 2010), 1-16.

14 Hannah Arendt, "Socrates," in *The Promise of Politics*, edited by Jerome Kohn (New York: Shocken Books, 2005), 5-39.

15 Plato, *Apology*, 20c-24a; 28a-34b.

16 Martha Nussbaum, *Cultivating Humanity, A Classical Defense of Reform in Liberal Education* (Cambridge, MA: Harvard University Press, 1997), 15-49.

17 Plato, *Gorgias*, 464b-466a.

18 Plato, ibid., 516a-d.

19 Plato, ibid., 521d-522e.

20 Plato, *Crito*, in *Euthyphro, Apology, Crito, Phaedo, Phaedrus*. trans. W. R. M. Lamb (Cambridge: Harvard University Press, 2001), 44b-c; 49a-e.

21 Hegel, *Lectures on the History of Philosophy* Vol. I, trans. E. S. Haldane (Lincoln, NV: University of Nebraska Press, 1995), 440-445.

22 Nietzsche, "The Problems of Socrates," in *Twilight of the Idols and the Anti-Christ*. trans. R. J. Hollingdale (New York: Penguin, 1990), 39-44.

23 Plato, *Apology*, 31d-e.

24 Dana Villa, *Socratic Citizenship* (Princeton, NJ: Princeton University Press, 2001), 1-58.

25 Plato, *Crito*, 50a-51c.

26 Plato, *Apology*, 29d; Thomas C. Brickhouse & Nicholas D. Smith, *Plato's Socrates* (New York: Oxford University Press, 1994), 143-146.

27 Richard Kraut, *Socrates and the State* (Princeton, NJ: Princeton University Press, 1984), 54-90.

28 Peter Euben, "Philosophy and Politics in Plato's Crito," *Political Theory*, 6:2 (1978), 149-172.

6 이소크라테스

1   Plato, *Gorgias*, in *Lysis, Symposium, Gorgias*, trans. W. R. M. Lamb (Cambridge: Harvard University Press, 1996), 460e-461a.

2   Isocrates, *Against the Sophists*, in *Isocrates* Vol. II, tans. George Norlin (London: Wiliam Heinemann, 1928), 291.1.

3   Plato, *Paedrus*, in *Euthyphro, Apology, Crito, Phaedo, Phaedrus*. trans. W. R. M. Lamb (Cambridge, MA: Harvard University Press, 2001), 271a-272b.

4   Aristotle, *The Art of Rhetoric*, trans. John Henry Freese (Cambridge, MA: Harvard University Press, 1975), 1402a23.

5   Plutarch, *Lives of the Ten Orators*, in *Plutarch's Moralia* Vol. X, trans. Harold North Fowler (Cambridge: Harvard University Press, 1960), 836e-f.

6   Plutarch, ibid., 837a.

7   Plato, *Paedrus*, 278b-279b.

8   Laurent Pernot, *Rhetoric in Antiquity*, trans. W. E. Higgins (Washington D.C.: The Catholic University of America Press, 2005), 1-56.

9   Aristotle, *Rhetoric*, 2.1402a18.

10   Isocrates, *Antidosis*, in *Isocrates* Vol. II, tans. George Norlin (London: Wiliam Heinemann, 1928), 39-41.

11   Plutarch, *Lives of the Ten Orators*, 837

12   Isocrates, *Areopagiticus, Isocrates* Vol. II, tans. George Norlin (London: Wiliam Heinemann, 1928), 40.

13   Dionysius of Halicarnassus, *De Isocrate*, in *The Critical Essays in Two Volumes*, Vol. I, trans. Stephen Usher (Cambridge, MA: Harvard University Press, 1974), 105.

14   Isocrates, *Against the Sophists*, 294.16-18; *Antidosis*, 256-259.

15   George A. Kennedy, *A New History of Classical Rhetoric* (Princeton, NJ: Princeton University Press, 1994), 30-63.

16   Isocrates, *To Demonicus*, in *Isocrates* Vol. I, trans. George Norlin (London: Wiliam

Heinemann, 1928), 42.

17 Isocrates, *Antidosis*, 260-264, 276-277.

18 Werner Jaeger, *Paideia, The Ideals of Greek Culture* Vol. III, trans. Gilbert Highet (New York: Oxford University Press, 1986), 84-105.

19 Isocrates, *Areopagiticus*, in *Isocrates* Vol. 2, tans. George Norlin (London: Wiliam Heinemann, 1928), 37-40.

20 Isocrates, ibid., 22 & 70.

21 Isocrates, *To Demonicus*, 1-12; *To Nicoles*, in *Isocrates* Vol. I, trans. George Norlin (London: Wiliam Heinemann, 1928), 9; *Panegyricus*, in *Isocrates* Vol. I, trans. George Norlin (London: Wiliam Heinemann, 1928), 26-27.

22 Takis Poulakos, *Speaking for the Polis, Isocrates' Rhetorical Education* (Columbia, SC: University of South Carolina Press, 1997), 9-45.

23 Takis Poulakos, ibid., 56-57.

7 플라톤

1 Plato, "Epistle 7," *Epistles in Timaeus, Critas, Cleitophon, Menexenus, Epistles*, trans. R. G. Bury (Cambridge: Harvard University Press, 1989), 328c.

2 Plato, *Crito*, in *Euthyphro, Apology, Crito, Phaedo, Phaedrus.* trans. W. R. M. Lamb (Cambridge: Harvard University Press, 2001), 44b-e; Plato, *Republic II*, trans. Paul Shorey (Cambridge: Harvard University Press, 1942), 608b.

3 Plato, "Epistle 7," *Epistles in Timaeus, Critas, Cleitophon, Menexenus, Epistles*, trans. R. G. Bury (Cambridge: Harvard University Press, 1989), 330a-b.

4 Plato, ibid., 338d-341a.

5 Plato, ibid., 324d.

6 Plato, ibid., 325b-c.

7 Plato, ibid., 326b.

8   Julia Annas, *An Introduction to Plato's Republic* (New York: Oxford University Press, 1981), 1-15.

9   George Klosko, *The Development of Plato's Political Theory* (New York: Oxford University Press, 2006), 14-29.

10 Stanley Rosen, *Plato's Republic, A Study* (New Heaven: Yale University Press, 2005), 1-15.

11 Plato, *The Republic I,* trans. Paul Shorey (Cambridge: Harvard University Press, 1930), 327a.

12 Leo Strauss, *The City and Man* (Chicago: The University of Chicago Press, 1964), 61-73.

13 Plato, *The Republic I,* trans. Paul Shorey (Cambridge: Harvard University Press, 1930), 328b-331d.

14 Plato, ibid., 336b-354c.

15 Plato, ibid., 339b7-8.

16 Plato, ibid., 341a-343c.

17 Karl Popper, *The Open Society and Its Enemies,* Vol. 1 (London; Routledge, 1947), 138-148.

18 Plato, *The Republic I,* trans. Paul Shorey (Cambridge: Harvard University Press, 1930), 424c-427a.

19 Plato, ibid., 436a-440d.

20 Plato, ibid., 518b-519d.

21 Plato, ibid., 422a-435e.

22 Plato, ibid., 520a.

23 Mogens Herman Hansen, *The Athenian Democracy in the Age of Demosthenes,* trans. J. A. Crook (Cambridge: Blackwell Publishers, 1991), 266-287.

24 Cornelius Castoriadis, *On Plato's Statesman,* trans. David Ames Curtis (Stanford: Stanford University Press, 2002), 1-28.

25 Plato, *Statesman,* in *Plato: Statesman, Philebus, Ion,* trans. Harold North Fowler &

W.R.M.Lamb (Cambridge: Harvard University Press, 1925), 279a-280e.

26   Plato, ibid., 258e-259d.

27   Plato, ibid., 296e-297e.

28   Plato, ibid., 292b-300e.

29   Plato, *Laws*, in *Laws I*, trans. R. G. Bury (Cambridge: Harvard University Press, 1926), 713c-714b.

30   Plato, ibid., 739a-e.

31   Plato, *Laws*, in *Laws II*, trans. R. G. Bury (Cambridge: Harvard University Press, 1926), 874e-875d.

32   Plato, *Laws*, in *Laws I*, 691c-713c; Plato, Laws, in Laws II, 875c-d.

8 크세노폰

1   Xenophon, *Memorabilia*, in *Memorabilia, Oeconomicus, Symposium, Apology*, trans. E. C. Marchant & O. J. Todd (Cambridge, MA: Harvard University Press, 1923), 4.6.12.

2   Xenophon, *Hiero*, in *Scripta Minora*, trans. E. C. Marchant (Cambridge, MA: Harvard University Press, 1925), 11.7.

3   Bertrand Russell, *A History of Western Philosophy* (New York: Simon and Schuster, 1967), 82-83.

4   E. C. Marchant, "Introduction," in *Scripta Minora*, trans. E. C. Marchant (Cambridge, MA: Harvard University Press, 1925), x.

5   Brian Jeffrey Maxon, "Kings and tyrants: Leonardo Bruni's translation of Xenophon's Hiero," *Renaissance Studies* 24:2(2009), 188-206.

6   Leo Strauss, *On Tyranny*, edited by Victor Gourevitrch and Michael S. Roth (Chicago: the University of Chicago Press, 2000), 56.

7   John Kinlich Anderson, *Xenophon* (London: Gerald Duckworth, 2001), 14.

8   Diogenes Laertius, *Xenophon*, in *Lives of Eminent Philosophers* Vol. I, trans. R. D. Hickes

(New York: G.P.Putnam's Sons, 1925), 1-2.

9 Diogenes Laertius, *Xenophon*, 5.

10 Arrian, *Anabasis of Alexander, Anabasis Alexandri* Vol. I, trans, E. Iliff Robson (Cambridge, MA: Harvard University Press, 1967), 2.7.8-9.

11 Xenophon, *Anabasis*, in *Hellenica, Books VI & VII, Anabasis, Books I-III*, trans. Carleton L. Brownson (Cambridge, MA: Harvard University Press, 1950), 3.1.4.

12 Xenophon, *Hellenica*, in *Hellenica, Books VI & VII, Anabasis, Books I-III*, trans. Carleton L. Brownson (Cambridge, MA: Harvard University Press, 1950), 6.1.4-19.

13 Leo Strauss, *Xenophon's Socrates* (South Bend, IN: St. Augustine's Press, 1998), 3-126.

14 Xenophon, *Memorabilia*, 3.9.

15 Xenophon, ibid. 4.4.1.

16 Xenophon, *Symposium*, in *Memorabilia, Oeconomicus, Symposium, Apology*, trans. E. C. Marchant & O. J. Todd (Cambridge, MA: Harvard University Press, 1923), 9.1.

17 Xenophon, *Cyropaedia* Vol. I, trans. Walter Miller (New York: The Macmillan Co., 1914), I.3.1-I.4.28.

18 Leo Strauss, *On Tyranny*, edited by Victor Gourevitrch and Michael S. Roth (Chicago: the University of Chicago Press, 2000), 78-91.

19 Xenophon, *Hiero*, 7.1-4, 8.1-7.

20 Xenophon, ibid., 11.1-15.

9 아리스토텔레스

1 Diogenes Laertius, *Lives of Eminent Philosophers* Vol. I, trans. R. D. Hicks (Cambridge: Harvard University Press, 1925), 5.1.

2 Jonathan Barnes, "Life and Work," in *The Cambridge Companion to Aristotle*, edited by Jonathan Barnes (New York: Cambridge University Press, 1995), 1-26.

3 Claudius Aelianus, *Varia Historia*, trans. Thomas Stanley (Ann Arbor, MI: EEBO

Editions, Proquest, 2010), 3.36.

4   Aristotle, *Nicomachean Ethics*, trans. H. Rackham (Cambridge, MA: Harvard University Press, 1926), 1141b24-1142a30.

5   Thomas Pangle, *Aristotle's Teaching in the Politics* (Chicago: The University of Chicago Press, 2013), 1-24.

6   Aristotle, *Nicomachean Ethics*, trans. H. Rackham (Cambridge, MA: Harvard University Press, 1926), 1096a6-14.

7   Aristotle, *Politics*, trans. H. Rackham (Cambridge, MA: Harvard University Press, 1932), 1288b10-1289a25.

8   Plato, *The Republic I*, trans. Paul Shorey (Cambridge: Harvard University Press, 1930), 499e-500a.

9   Aristotle, *Metaphysics*, trans. Hugh Tredennick (Cambridge: Harvard University Press, 1933), 930a22.

10   Aristotle, *Nicomachean Ethics*, trans. H. Rackham (Cambridge, MA: Harvard University Press, 1926), 1138b5-18.

11   Aristotle, ibid., 1281a42-b10.

12   Aristotle. *The Art of Rhetoric*, trans. John Henry Freese (Cambridge: Harvard University Press, 1926), 1378a21 & 1382a-1384a36.

13   곽준혁, 「정치적 수사와 민주적 리더십: 아리스토텔레스 수사학의 재구성」, 『국가전략』 13권 1호(2006), 41-65.

14   Plato, *Gorgias*, in *Lysis, Symposium, Gorgias*, trans. W. R. M. Lamb (Cambridge: Harvard University Press, 1996), 460e-461a.

15   Plato, *Phaedrus*, in *Euthyphro, Apology, Crito, Phaedo, Phaedrus*. trans. W. R. M. Lamb (Cambridge: Harvard University Press, 2001), 271a-272b.

16   Aristotle. *The Art of Rhetoric*, trans. John Henry Freese (Cambridge: Harvard University Press, 1926), 1355a29-35 & 1354a3-11.

17   Josiah Ober, *Political Dissent in Democratic Athens: Intellectual Critics of Popular Rule* (Princeton, NJ: Princeton University Press, 1988), 290-351.

18 Aristotle, *Politics*, trans. H. Rackham (Cambridge, MA: Harvard University Press, 1932), 1295b1.

19 Aristotle, ibid., 1278b-1279a.

20 Aristotle, ibid., 1276b16-1276b34.

21 Aristotle, ibid., 1277a

22 Aristotle, ibid., 1277b25-1277b32.

23 Aristotle, *Nicomachean Ethics*, trans. H. Rackham (Cambridge, MA: Harvard University Press, 1926), 1144b14-21.

24 Aristotle, *Politics*, trans. H. Rackham (Cambridge, MA: Harvard University Press, 1932), 1293b33-34.

25 Aristotle, ibid., 1279a32-1279b3.

26 Aristotle, ibid., 1295b1-1295b12.

27 Leo Strauss, *The City and Man* (Chicago: The University of Chicago Press, 1978), 36-37.

28 Aristotle, *Politics*, trans. H. Rackham (Cambridge, MA: Harvard University Press, 1932), 1323a14-15.

29 Aristotle, ibid., 1289a26-1289b26.

30 Aristotle, ibid., 1289a3-7.

31 Aristotle, ibid., 1302a31-33 & 1307a26-27.

32 Mary Nichols, *Citizens and Statesmen* (Savage, Maryland: Rowman & Littlefield, 1992), 85-123.

33 곽준혁, 「공화주의」, 『정치학 이해의 길잡이: 정치이론』, 한국정치학회 편 (서울: 법문사, 2008), 171-204.

10 폴리비우스

1 Polybius, *The Histories* Vol. III, trans. W. R. Paton (Cambridge, MA: Harvard

University Press, 1923), 9.10.

2   Polybius, *The Histories* Vol. I, trans. W. R. Paton (Cambridge, MA: Harvard Unviersity Press, 1922), 1.1.

3   Frank William Walbank, *Polybius I, A Historical Commentary on Polybius* (New York: Oxford University Press, 1970), 16-26.

4   Plutarch, *Philopoimen,* in *Plutarch's Lives* Vol. X, trans. Bernadotte Perrin (New York: G.P.Putnam's Sons, 1921), 5-9.

5   Frank William Walbank, *Polybius* (Berkeley, CA: University of California Press, 1972), 1-31.

6   Polybius, *The Histories* Vol. II, trans. W. R. Paton (Cambridge, MA: Harvard University Press, 1922), 3.4.

7   Polybius, *The Histories*, 6.5.8-9.

8   Polybius, ibid., 6.5.10.

9   Polybius, ibid., 6.4.1-12.

10   Polybius, ibid., 6.4.13.

11   Garry W. Trompf, *The Idea of Historical Recurrence in Western Thought* (Berkeley, CA: University of California Press, 1979), 4-59.

12   Aristotle, *Politics*, trans. H. Rackham (Cambridge, MA: Harvard University Press, 1932), 1316a18-1316b40.

13   Plato, *Republic,* in *The Rpublic* Vol. II, trans. Paul Shorey (Cambridge, MA: Harvard Unviersity Press, 1935), 544a-569b.

14   Kurt von Fritz, *The Theory of the Mixed Constitution in Antiquity* (New York: Columbia University Press, 1954), 184-219.

15   Polybius, 6.43.5-6.44.2.

16   Polybius, 6.50.5-6.

3부

11 키케로

1 William Shakespeare, *Julius Caesar*, edited by David Benvington (New York: Bantam Books), I.3.33-35.

2 ibid., I.2.278; 2.1.141-153; 4.3.178.

3 Plutarch, *Demosthenes and Cicero*, in *Plutarch's Lives* 7, trans. Bernadotte Perrin (Cambridge, MA: Harvard University Press, 1967[1919]), 4.3.

4 Plutarch, *Cicero*, in *Plutarch's Lives* 7, trans. Bernadotte Perrin (Cambridge, MA: Harvard University Press, 1967[1919]), 49.2.

5 Plutarch, *Demosthenes and Cicero*, in *Plutarch's Lives* 7, trans. Bernadotte Perrin (Cambridge, MA: Harvard University Press, 1967[1919]), 3.3.

6 Plutarch, *Cicero*, in *Plutarch's Lives* 7, trans. Bernadotte Perrin (Cambridge, MA: Harvard University Press, 1967[1919]), 49.5.

7 Plutarch, *Demosthenes and Cicero*, in *Plutarch's Lives* 7, trans. Bernadotte Perrin (Cambridge, MA: Harvard University Press, 1967[1919]), 3.4.

8 Cicero, *De Legibus*, in *De Re Publica & De Legibus*, trans. Clinton Walker Keyes (Cambridge, MA: Harvard University Press, 2000[1928]), 2.2.5.

9 Thomas N. Mitchell, *Cicero, the Senior Statesman* (New Haven: Yale University Press, 1991), 9-62.

10 Cicero, *Brutus*, in *Brutus, Orator*, trans. G. L. Hendrickson and H. M. Hubbell (Cambridge, MA: Harvard University Press, 1939), 306 & 307.

11 Fergus Millar, *The Crowd in Rome in the Late Republic* (Ann Arbor: the University of Michigan Press, 2002), 94-165.

12 Cicero, *Epistulae ad Familiares* Vol. 1, edited by D. R. Shackleton Bailey (New York: Cambridge University Press, 2004[1977]), 4.13.2.

13 Cicero, *De Officiis*, trans. Walter Miller (Cambridge, MA: Harvard University Press,

2001 [1913]), 3.23.

14   Cicero, *De Legibus,* in *De Re Publica & De Legibus,* trans. Clinton Walker Keyes (Cambridge, MA: Harvard University Press, 2000[1928]), 2.8.

15   Cicero, *De Re Publica,* in *De Re Publica & De Legibus,* trans. Clinton Walker Keyes (Cambridge, MA: Harvard University Prses, 2000[1928]), 3.33.

16   Cicero, ibid., 3.7.

17   Cicero, *De Inventione,* trans. E. W. Sutton & H. Rackham (Cambridge, MA: Harvard University Press, 1942), 2.160; Cicero, *De Officiis,* trans. Walter Miller (Cambridge, MA: Harvard University Press, 2001[1913]), 1.15 & 1.153.

18   Cicero, *Tusculanae disputationes,* trans. J. E. King (Cambridge, MA: Harvard University Press, 1927), 3.3-4.

19   Cicero, *De Officiis,* trans. Walter Miller (Cambridge, MA: Harvard University Press, 2001[1913]), 2.73, 2. 76-87, 3.21-23.

20   Neal Wood, *Cicero's Social and Political Thought* (Berkeley, CA: University of California Press, 1988), 105-119.

21   Cicero, *De Domo Sua,* in *Oratones* Vol. 5, edited by W. Peterson (New York: Oxford University Press, 1922), 146.

22   Cicero, *De Re Publica,* in *De Re Publica & De Legibus,* trans. Clinton Walker Keyes (Cambridge, MA: Harvard University Prses, 2000[1928]), 1.1.

23   Cicero, ibid., 1.39.

24   Cicero, ibid., 3.43.

25   Cicero, ibid., 1.51.

26   Cicero, ibid., 1.7.

27   Cicero, ibid., 1.45.

12 살루스티우스

1   Sallust, *Bellum Catilinae,* in *Sallust,* trans. John C. Rolfe (New York: G. P. Putnam's Sons, 1921), 4.1-2.

2   Sallust, ibid., 3.3.

3   Ronald Syme, *The Roman Revolution* (New York: Oxford University Press, 2002[1939]), 10-27.

4   Sallust, *Bellum Jugurthium,* in *Sallust,* trans. John C. Rolfe (New York: G. P. Putnam's Sons, 1921), 14.3.

5   Sallust, ibid., 31.8.

6   Sallust, ibid., 42.1.

7   Sallust, ibid., 42.2.

8   Dio Cassius, *Dio's Roman History* Vol. 3, trans. Earnest Cary (New York: The MacMillan Co. 1914), 40.63.4.

9   Dio Cassius, *Dio's Roman History* Vol. 4, trans. Earnest Cary (New York: G. P. Putnam's Sons, 1916), 43.9.2-3.

10   Sallust, *Bellum Jugurthium,* in *Sallust,* trans. John C. Rolfe (New York: G. P. Putnam's Sons, 1921), 17.1-19.8; 41.1-42.5; 79.1-10.

11   Sallust, *Bellum Catilinae,* in *Sallust,* trans. John C. Rolfe (New York: G. P. Putnam's Sons, 1921), 7.1-9.5.

12   Sallust, ibid., 10.1-2.

13   Sallust, ibid., 10.6.

14   Sallust, ibid., 10.3.

13 세네카

1   Tacitus, *Annals,* in *Tacitus: The Annals, Books XIII-XVI,* trans. John Jackson (Cambridge,

MA: Harvard University Press, 1937), 15.63.

2　Seneca, *Epistles 1-65*, trans. Richard M. Gummere (Cambridge, MA: Harvard University Press, 1996[1917]), 13.14.

3　Acts, 18:12-18, *The Interlinear Bible: Hebrew-Greek-English*, edited by Jay Green (Peabody, MA: Hendrickson Publisher, 2005)

4　Seneca, *De Clementia*, in *Seneca, Moral Essays*, trans. John W. Basore (New York: G. P. Putnam's Sons, 1928), 1.13.4.

5　Seneca, *De Ira*, in *Seneca, Moral Essays*, trans. John W. Basore (New York: G. P. Putnam's Sons, 1928), 1.10.2.

6　Seneca, *De beneficiis*, in *Moral Essays* Vol. 3, trans. John W. Basore (Cambridge, MA: Harvard University Press, 1935), 4.8.3.

7　Erich S. Gruen, "Augustus and the Making of the Principate," in *Age of Augustus*, edited by Karl Galinsky (New York: Cambridge University Press, 2005), 33-51.

8　Dio Cassius, *Dio's Roman History* Vol. 4, trans. Earnest Cary (New York: G. P. Putnam's Sons, 1916), 53.1.5.

9　Seneca, *De Clementia*, in *Seneca, Moral Essays*, trans. John W. Basore (New York: G. P. Putnam's Sons, 1928), 1.2.3.

10　Seneca, ibid., 1.11.4-13; 2.7.3.

11　Seneca, ibid., 1.12.1; 1.19.1; 2.34.1-5; 3.14.1-3.15.3.

12　Seneca, ibid., 1.13.4; 1.12.13; 1.19.3.

13　Seneca, ibid., 1.12.4.

14 리비우스

1　Patrick G. Walsh, *Livy: His Historical Aims and Methods* (New York: Cambridge University Press, 1961), 2.

2　Livy, *Ab Urbe Condita*, in *Livy* Vol. 1, edited by Benjamin O. Foster (Cambridge, MA:

Harvard University Press, 1976[1919]), I.I.

3   Torrey J. Luce, *Livy, The Composition of His History* (Princeton, NJ: Princeton University Press, 1977), 185-229.

4   Livy, *Ab Urbe Condita*, in *Livy* Vol. 1, edited by Benjamin O. Foster (Cambridge, MA: Harvard University Press, 1976[1919]), Praef. 2.

5   Gary Miles, *Livy, Reconstructing Early Rome* (Ithaca, NY: Cornell University Press, 1995), 8-74.

6   Ronald Syme, "Livy and Augustus," *Harvard Studies in Classical Philology*, 64(1959), 27-82, esp. 74-75.

7   Hans Petersen, "Livy and Augustus," *Transactions and Proceedings of the American Philological Association*, 92(1961), 440-452.

8   Livy, *Ab Urbe Condita*, in *Livy* Vol. 1, edited by Benjamin O. Foster (Cambridge, MA: Harvard University Press, 1976[1919]), Praef. 12.

9   Livy, ibid. Praef. 9.

10   Patrick G. Walsh, *Livy: His Historical Aims and Methods* (New York: Cambridge University Press, 1961), 46-81.

11   Livy, *Ab Urbe Condita*, in *Livy* Vol. 1, edited by Benjamin O. Foster (Cambridge, MA: Harvard University Press, 1976[1919]), 2.4-6.

12   Livy, *Ab Urbe Condita*, in *Livy* Vol. 3, edited by Benjamin O. Foster (Cambridge, MA: Harvard University Press, 1924), 5.20-39.

13   Gary Miles, *Livy, Reconstructing Early Rome* (Ithaca, NY: Cornell University Press, 1995), 110-136.

14   Livy, *Ab Urbe Condita*, in *Livy* Vol. 1, edited by Benjamin O. Foster (Cambridge, MA: Harvard University Press, 1976[1919]), 1.15, 1.19, 1.49, 2.1, 2.23, 2.42; Livy, *Ab Urbe Condita*, in *Livy* Vol. 2, edited by Benjamin O. Foster (Cambridge, MA: Harvard University Press, 1997[1922]), 3.26, 4.2; Livy, *Ab Urbe Condita*, in *Livy* Vol. 3, edited by Benjamin O. Foster (Cambridge, MA: Harvard University Press, 1924), 5.17, 6.6, 7.25, 7.32.

15 쿠인틸리아누스

1   Plato, *Gorgias,* in *Lysis, Symposium, Gorgias,* trans. W. R. M. Lamb (Cambridge: Harvard University Press, 1996), 460e-461a.

2   Tacitus, *Dialogus.* in *Dialogus, Agricola, Germania,* trans. Maurice Hutton and William Peterson (New York: Macmillan Co., 1914), 13 & 36.

3   Aristotle, *Rhetoric,* trans. John H. Freese (Cambridge, MA: Harvard University Press, 1975[1926]), 1354a1.

4   Tacitus, *Dialogus.* in *Dialogus, Agricola, Germania,* trans. Maurice Hutton and William Peterson (New York: Macmillan Co., 1914), 1.

5   George Kennedy, *A New History of Classical Rhetoric* (Princeton, NJ: Princeton University Press, 1994), pp. 173-200.

6   Tacitus, *Annals,* in *Tacitus: The Annals, Books IV-VI, XI-XII,* trans. John Jackson (Cambridge, MA: Harvard University Press, 1937), 4.52-66.

7   Quintilian, *Institutionis Oratoriae,* in *Quintilian* Vol. 4, trans. Harold E. Butler (New York: G. P. Putnam's Sons, 1922), 10.1.118; 12.10.11.

8   Quintilian, *Institutionis Oratoriae,* in *Quintilian* Vol. 2. trans. Harold E. Butler (New York: G. P. Putnam's Sons, 1921), 4.2.86.

9   Suetonius, *De Vita Caesarum,* in *Suetonius* Vol. 2, trans. John C. Rolfe (New York: G. P. Putnam's Sons, 1920), 8.18.

10 Quintilian, *Institutionis Oratoriae,* in *Quintilian* Vol. 1, trans. Harold E. Butler (New York: G. P. Putnam's Sons, 1920), 2.15.34.

11 Quintilian, ibid., 2.15.33-38.

12 Quintilian, ibid., 1.pr.9.

13 Quintilian, *Institutionis Oratoriae,* in *Quintilian* Vol. 4, trans. Harold E. Butler (New York: G. P. Putnam's Sons, 1920), 12.1.1.

14 Cicero, *De Oratore,* in *Cicero, De Oratore,* Vol. 1, trans. Harris Rackahm (Cambridge, MA: Harvard University Press, 1942), 1.20; 1.42; 1.84-88; 1.128.

15   Quintilian, *Institutionis Oratoriae*, in *Quintilian* Vol. 1, trans. Harold E. Butler (New York: G. P. Putnam's Sons, 1920), I.pr.15; Quintilian, *Institutionis Oratoriae*, in *Quintilian* Vol. 4, trans. Harold E. Butler (New York: G. P. Putnam's Sons, 1920), 12.2.6-7.

16   Quintilian, *Institutionis Oratoriae*, in *Quintilian* Vol. 4, trans. Harold E. Butler (New York: G. P. Putnam's Sons, 1920), 12.3.12.

17   Aristotle, *Rhetoric*, trans. John H. Freese (Cambridge, MA: Harvard University Press, 1975[1926]), 1378a21; 1382a; 1384a22-36.

18   Cicero, *De Oratore*, in *On the Orator Book 3, On Fate, Stoic Paradoxes, Divisions of Oratory*, trans. Harris Rackahm (Cambridge, MA: Harvard University Press, 1942), 3.65.

19   Quintilian, *Institutionis Oratoriae*, in *Quintilian* Vol. 4, trans. Harold E. Butler (New York: G. P. Putnam's Sons, 1920), 12.1.1-12.2.31.

20   Quintilian, *Institutionis Oratoriae*, in *Quintilian* Vol. 2, trans. Harold E. Butler (New York: G. P. Putnam's Sons, 1921), 6.2.4-6.

21   Quintilian, ibid., 6.1.7.

22   Quintilian, *Institutionis Oratoriae*, in *Quintilian* Vol. 1, trans. Harold E. Butler (New York: G. P. Putnam's Sons, 1920), 2.17.27.

23   George Kennedy, *Classical Rhetoric & Its Christian and Secular Tradition from Ancient to Modern Times* (Chapel Hill, NC: The University of North Carolina Press, 1999), 98-126.

24   Quintilian, *Institutionis Oratoriae*, in *Quintilian* Vol. 4, trans. Harold E. Butler (New York: G. P. Putnam's Sons, 1920), 10.1.92.

25   Quintilian, *Institutionis Oratoriae*, in *Quintilian* Vol. 1, trans. Harold E. Butler (New York: G. P. Putnam's Sons, 1920), 2.13.1-2.

26   Quintilian, *Institutionis Oratoriae*, in *Quintilian* Vol. 4, trans. Harold E. Butler (New York: G. P. Putnam's Sons, 1920), 10.1.112.

27   Quintilian, ibid., 12.11.1-31; Quintilian, *Institutionis Oratoriae*, in *Quintilian* Vol. 2, trans. Harold E. Butler (New York: G. P. Putnam's Sons, 1921), 6.2.3-4.

28   Quentin Skinner, *The Foundations of Modern Political Thought*, Vol. 1 (New York: Cambridge University Press, 1978), 23-48 & 70-112; Quentin Skinner, *Vision of Politics* Vol. 2

(New York: Cambridge University Press, 2002), 264-285; Quentin Skinner, *Visions of Politics* Vol. 3 (New York: Cambridge University Press, 2002), 66-86.

16 플루타르코스

1 Plutarch, *Theseus*, in *Plutarch's Lives*, Vol. I, trans. Bernadotte Perrin (Cambridge, MA: Harvard University Press, 1914), I.1-3.

2 Plutarch, *Quomodo Adolescens Poetas Audire Debeat*, in *Plutarch: Moralia* Vol. I, trans. Frank Cole Babbitt (Cambridge, MA: Harvard University Press, 1927), 6.

3 Plutarch, ibid., 3.

4 Plutarch, *Alexander*, in *Plutarch's Lives*, Vol. 7, trans. Bernadotte Perrin (Cambridge, MA: Harvard University Press, 1967[1919]), 8.1-3; Plutarch, *Caesar*, in *Plutarch Lives*, Vol. 7, trans. Bernadotte Perrin (Cambridge, MA: Harvard University Press, 1967[1919]), 58.4-5.

5 Plutarch, *Philopoemen*, in *Plutarch's Lives*, Vol. 10, trans. Bernadotte Perrin (Cambridge, MA: Harvard University Press, 1921), 4.3.

6 Plutarch, *Antonio*, in *Plutarch's Lives*, Vol. 9, trans. Bernadotte Perrin (Cambridge, MA: Harvard University Press, 1968[1920]), 28.3; Plutarch, *Quaestiones Convivales*, in *Plutarch: Moralia* Vol. 8, trans. Paul A. Clement (Cambridge, MA: Harvard University Press, 1969), 615e-616b, 622e, 642a, 656c-d, 669c, 678e-679a, 684a, 738b.

7 Plutarch, *Quaestiones Convivales*, 678a.

8 Plutarch, ibid., 628a.

9 Plutarch, *De tranquillitate animi*, in *Plutarch: Moralia* Vol. 6, trans. William C. Helmbold (Cambridge, MA: Harvard University Press, 1939), 465b-c, 467a-b, 477d.

10 Plutarch, *De virtute morali*, ibid., 443c-d; 452c-d.

11 Plutarch, *De liberis educandis*, in *Plutarch: Moralia* Vol. I, trans. Frank C. Babbitt (Cambridge, MA: Harvard University Press, 1986[1927]), 2b-d.

12 Plutarch, *Quaestiones Convivales*, in *Plutarch: Moralia* Vol. 8, trans. Paul A. Clement (Cambridge, MA: Harvard University Press, 1969), 617.

13 Plutarch, *Alexandros*, in *Plutarch's Lives* Vol. 7, trans. Bernadotte Perrin (Cambridge, MA: Harvard University Press, 1967[1919]), 7.2-9, 8.4-5.

14 Plutarch, *Caesar*, ibid., 32.8, 57.4-58.5.

15 Plutarch, *Demosthenes*, ibid., 8.6, 13.2, 14.3, 21.1-4; Plutarch, *Cicero*, ibid., 10.1, 13.1-13.4, 16.1-16.6.

16 Plutarch, *Praecepta gerendae reipublicae*, in *Plutarch: Moralia* Vol. 10, trans. Bernadotte Perrin (Cambridge, MA: Harvard University Press, 1936), 801e.

17 타키투스

1 Ronald Syme, *Tacitus* Vol. 1 (New York: Oxford University Press, 1980), 70.

2 Tacitus, *Agricola*, in *Dialogus, Agricola, Germania*, trans. Maurice Hutton and William Peterson (New York: Macmillan Co., 1914), 3.

3 Tacitus, ibid. 42,

4 Tacitus, ibid. 6 & 8.

5 Ronald Syme, *Tacitus* Vol. 1 (New York: Oxford University Press, 1980), 29.

6 Tacitus, *Dialogus*. in *Dialogus, Agricola, Germania*, trans. Maurice Hutton and William Peterson (New York: Macmillan Co., 1914), 2.

7 Tacitus, *Annals*, in *Tacitus: The Annals, Books IV-VI, XI-XII*, trans. John Jackson (Cambridge, MA: Harvard University Press, 1937), 4.32-33.

8 Tacitus, *Histories*, in *Tacitus I: The Histories I-III*, trans. Clifford H. Moore (Cambridge, MA: Harvard University Press, 1925), 1.4.

9 Tacitus, ibid. 1.1; 2.38.

10 Tacitus, *Annals*, in *Tacitus: The Annals, Books XIII-XVI*, trans. John Jackson (Cambridge, MA: Harvard University Press, 1937), 16.19-20.

11 Tacitus, *Agricola*, in *Dialogus, Agricola, Germania*, trans. Maurice Hutton and William Peterson (New York: Macmillan Co., 1914), 45.

12 Tacitus, *Histories*, in *Tacitus I: The Histories I-III*, trans. Clifford H. Moore (Cambridge, MA: Harvard University Press, 1925), 2.1; 3.83.

13 Tacitus, *Annals*, in *Tacitus: The Annals, Books IV-VI, XI-XII*, trans. John Jackson (Cambridge, MA: Harvard University Press, 1937), 4.3-4.

14 Chaim Wirszubski, *Libertas as a Political Idea at Rome During the Late Republic and Early Principate* (New York: Cambridge University Press, 1950), 124-171.

15 Tacitus, *Dialogus.* in *Dialogus, Agricola, Germania*, trans. Maurice Hutton and William Peterson (New York: Macmillan Co., 1914), 40-41.

16 Tacitus, ibid., 38.

17 Giuseppe Toffanin, *Machiavelli e il "Tacitismo," la "politica storica" al tempo della Controriforma* (Padua: A. Draghi, 1921).

18 Kenneth C. Schellhase, *Tacitus in Renaissance Political Thought* (Chicago: University of Chicago Press, 1976), 66-126.

19 Niccolò Machiavelli, *Discorsi sopra La Prima Deca di Tito Livio.* intro. Gennaro Sasso, note. Giorgio Ingeles (Milano: Biblioteca Universale Rizzoli, 1984), 1.29.(5); 3.6.(6).

20 Niccolò Machiavelli, ibid., 3.19.

4부

18 아우구스티누스

1 Edward Gibbon, *The History of the Decline and Fall of the Roman Empire* Vol. 7 (London: Oxford University Press, 1906), 7.71.2.

2 Edward Gibbon, *The History of the Decline and Fall of the Roman Empire* Vol. 2 (London: Oxford University Press, 1903), 2.15.

3   Augustine, *De civitate Dei*, 2.2.

4   Niccolò Machiavelli, *Discorsi sopra La Prima Deca di Tito Livio.* intro. Gennaro Sasso, note. Giorgio Ingeles (Milano: Biblioteca Universale Rizzoli.Discorsi, 1984), 2.2.(26)-(27).

5   Peter Brown, *Through the Eye of a Needle* (Princeton: Princeton University Press, 2012), 3-30.

6   Augustine, *Confessiones*, 2.3.5.

7   Peter Brown, *Through the Eye of a Needle* (Princeton: Princeton University Press, 2012), 151-152.

8   Augustine, *Confessiones*, 2.3.

9   Peter Brown, *Augustine of Hippo* (Berkeley, CA: University of California Press. 2000[1967]), 16-22.

10 ibid. 5.9.16.

11 Augustine, *Confessiones*, 3.4.

12 ibid., 3.4 & 8.9-10.

13 ibid., 7.2.

14 ibid., 5.14.

15 ibid., 5.10, 7.1-2; Augustine, *De civitate Dei*, 8.1.

16 Proverbs 1:7 & 9:10, in *The Interlinear Bible: Hebrew-Greek-English*, edited by Jay Green (Peabody, MA: Hendrickson Publisher, 2005).

17 Charles Taylor, *Sources of The Self, The Making of the Modern Identity* (Cambridge: Harvard University Press, 1989), 127-142.

18 Augustine, *De civitate Dei*, 14.3-5.

19 Augustine, *Confessiones*, 1.1.

20 Augustine, *De civitate Dei*, 14.28.

21 ibid., 15.2.

22 ibid., 12.8.

23 ibid., 8.8; Augustine, *Confessiones*, 10.33.

24   Augustine, *De libero arbitrio*, 1.5-6.

25   ibid. 1.15; Augustine, *De civitate Dei*, 14.7 & 19.5-8.

26   ibid., 2.21.

27   ibid., 2.21.

28   ibid., 15.5.

29   ibid., 3.16.

30   ibid., 3.14.

31   ibid., 2.21.

32   ibid., 19.14-17.

33   ibid., 19.12.

34   ibid., 1.21;

35   Michael Walzer, *Just and Unjust Wars* (New York: Basic Books, 1977), 135-137.

36   Augustine, *De civitate Dei*, 19.10 & 19.19.

37   Eric Gregory, *Politics and the Order of Love* (Chicago: University of Chicago Press, 2008), 1-29 & 149-196.

19 보이티우스

1   Thomas Hodgkin, "Symmachus," in *The Letters of Cassiodorus* (London: Henry Frowde, 1886), 77-79.

2   Cassiodorus, *Variae*, edited by Theodor Mommsen (Munich: MGH Auctores Antiquissimi 12, 1894), 1.10.2; 2.40.17.

3   Boethius, *De Consolatione Philosophiae*, in *Boethius Tractes, De Consolatione Philosophiae*, trans. Hugh Fraser Stewart & Edward Kennard Rand (Cambridge: Harvard University Press, 1968[1926]), 2.3.8.

4   John Moorhead, "Boethius' life and the world of late antique philosophy," in *The Cambridge Companion to Boethius*, edited by John Marenbon (New York: Cambridge

University Press, 2009), 13-33.

5　Plotinus, *Enneads V.* trans. A. H. Armstrong (Cambridge: Harvard University Press, 1984), 5.2.1 & 5.5.6.

6　ibid., 5.5.6.26-33.

7　Aristotle, *Metaphysics, in Metaphysics, Books 10-14, Oeconomica, Magna moralia.* trans. Hugh Tredennick & G. Cyril Armstrong (Cambridge: Harvard University Press, 1935), 1074b33-1075a; *De anima, in On the Soul, Parva Naturalia, On Breath,* trans. Walter Stanley Hett (Cambridge: Harvard University, 2000[1936]), 3.4.429b-430a.

8　Boethius, *De Consolatione Philosophiae,* 1.4.

9　ibid., 4.6.14-17.

10　ibid., 5.2.

11　Plato, *Timaeus, in Plato: Timaeus, Critias, Cleitophon, Menexnus, Epistles,* trans. Robert Gregg Bury (Cambridge: Harvard University Press, 1999[1029]), 42e-48a, 86d-87b, 91e.

12　Boethius, *De Consolatione Philosophiae,* 5.3-6.

13　ibid., 5.6.1-14, 37-41, 103-109.

14　Job 9:1-10:22, *The Interlinear Bible: Hebrew-Greek-English,* edited by Jay Green (Peabody: MA: Hendrickson Publisher, 2005).

15　Boethius, *De Consolatione Philosophiae,* 2.23-29.

20 알파라비

1　Mushin S. Mahdi, *Alfarabi and the Foundation of Islamic Political Philosophy* (Chicago: University of Chicago Press, 2010), 1-11.

2　Majid Fakhry, *Al-Farabi, Founder of Islamic Neoplatonism* (Oxford: Oneworld Publication, 2002), 10-39.

3　Muhammad Ali Khalidi, "Al-Farabi on the Democratic City," *British Journal for the History of Philosophy,* 11(3) 2003: 379-394.

4   Plato, *Timaeus*, in *Plato: Timaeus, Critias, Cleitophon, Menexnus, Epistles*, trans. Robert Gregg Bury (Cambridge: Harvard University Press, 1999[1029]), 85e.

5   Aristotle, *De anima*, in *On the Soul, Parva Naturalia, On Breath*, trans. Walter Stanley Hett (Cambridge: Harvard University, 2000[1936]), 412a6-19.

6   Deborah Black, "Alfarabi," in *A Companion to Philosophy in the Middle Ages*, edited by Jorge J. E. Gracia & Timothy B. Noone (Malden, MA: Blackwell Publishing, 2002), 109-117.

7   Aristotle, *De anima*, in *On the Soul, Parva Naturalia, On Breath*, trans. Walter Stanley Hett (Cambridge: Harvard University, 2000[1936]), 430a1-25.

8   Plato, *Timaeus*, in *Plato: Timaeus, Critias, Cleitophon, Menexnus, Epistles*, trans. Robert Gregg Bury (Cambridge: Harvard University Press, 1999[1029]), 31b & 76c.

9   Alfarabi, "The Attainment of Happiness," in *Alfarabi's Philosohpy of Plato and Aristotle*, trans. Muhin Mahdi (New York: The Free Press, 1962), 4.54.

10   Alfarabi, "The Philosophy of Plato," in *Alfarabi's Philosohpy of Plato and Aristotle*, trans. Muhin Mahdi (New York: The Free Press, 1962), 10.38.

11   ibid., 10.36.

21 이븐 시나

1   Jon McGinnis, *Avicenna* (New York: Oxford, 2010), 17-20.

2   Soheil M. Afnan, *Avicenna, His Life and Works* (New York: Macmillan, 1958), 39-57.

3   ibid., 13-17.

4   Plotinus, *Enneads V.* trans. A. H. Armstrong (Cambridge: Harvard Unviersity Press, 1984), 5.2.1 & 5.5.6.

5   Avicenna, *The Metaphysics of The Healing*. 1.1.5; 1.1.6; 1.32.4-34.6.

6   Parviz Morewedge, "The Logic of Emanationsm and Sūfism in the Philosophy of Ibn Sīnā(Avicenna), Part II," *Journal of the American Oriental Society*, 92:1(1972), 1-18.

7　Robert Wisnovsky, "Essence and Existence in the Eleventh-and Twelfth-Century Islamic East: A Sketch," *The Arabic, Hebrew and Latin Reception of Avicenna's Metaphysics*, edited by Dag Nikolaus Hasse and Amos bertolacci (Boston: Walter de Gruter GmbH & Co. KG, 2012), 27-50.

8　Avicenna, *The Metaphysics of The Healing*, 2.8.4; 4.8.4; 5.1.1; 4.7.34.

9　Plato, *Timaeus*, in *Plato: Timaeus, Critias, Cleitophon, Menexnus, Epistles*, trans. Robert Gregg Bury (Cambridge: Harvard University Press, 1999[1029]), 42e-48a, 86d-87b, 91e.

10　Aristotle, *On the Heavens*, trans. William Keith Chambers Guthrie (Cambridge: Harvard Unviersity Press, 1960[1939]), 2.1.273b27-29; Aristotle, *Metaphysics*, trans. Hugh Tredennick (Cambridge: Harvard University Press, 1933), 10.1070a15.

22 아베로에스

1　Majid Fakhry, *Averroes, His Life, Works and Influence* (Oxford: Oneworld, 2001), 1-4.

2　Richard C. Taylor, "Averroes," in *A Companion to Philosophy in the Middle Ages*, edited by Jorge J. E. Gracia & Timothy B. Noone (Malden, MA: Blackwell Publishing, 2002), 182-195.

3　Aristotle, *The Physics 2*, trans. Philip H. Wicksteed & Francis M. Cornford (Cambridge: Harvard University Press, 1968[1934]), 8.1.250b11-252b6; *On the Heavens*, trans. Wiliam Keith Chambers Guthrie (Cambridge: Harvard University Press, 1960[1939]), 2.1.273b27-29.

4　Al-Gazālī, *The Incoherence of the Philosophers*, trans. Michael E. Marmura (Provo, Utah: Bringham Young University Press, 2000), the Religious Preface.1-7 & 18.1-12.

5　Averroes, *Decisive Treatise*, in *Decisive Treatise Determining the Connection between the Law and Wisdom & Epistle Dedicatory*, trans. Charles E. Butterworth (Provo, Utah: Bringham Young University Press, 2001), 1-2.

6　ibid., 10 & 12.

7   ibid. 4 & II.

8   Parviz Morewedge, "The Logic of Emanationsm and Sūfism in the Philosophy of Ibn Sīnā(Avicenna), Part II," *Journal of the American Oriental Society*, 92:1 (1972), 1-18.

9   Aristotle, *De anima*, in *On the Soul, Parva Naturalia, On Breath*, trans. Walter Stanley Hett (Cambridge: Harvard University, 2000[1936]), 412a6-19.

10   Averroes, *Commentarium Manum in Aristotelis De Anima Libros*, edited by F. Stvart Crawford (Cambridge, MA: The Medieval Academy of America, 1953), 3.4.429a18-3.5.429a23.

11   Aristotle, *De anima*, in *On the Soul, Parva Naturalia, On Breath*, trans. Walter Stanley Hett (Cambridge: Harvard University, 2000[1936]), 430a1-25.

12   Averroes, *On Plato's Republic*, trans. Ralph Lerner (Ithaca, NY: Cornell University Press, 1974), 60.22-61.14.

13   ibid., 25.14-26.18.

23 마이모니데스

1   Leo Strauss, "How to Begin to Study Medieval Philosophy," in *The Rebirth of Classical Rationalism*, selected by Thomas Pangle (Chicago: the University of Chicago Press, 1989), 207-226.

2   Yoram Hazony, *The Philosophy of Hebrew Scripture* (New York: Cambridge University Press, 2012), 219-256.

3   Moshe Halbertal, *Maimonides, Life and Thought*, trans. Joel Linsider (Princeton: Princeton University Press, 2014), 16-23.

4   Moshe Halbertal, ibid. 56-91.

5   Paul Johnson, *A History of the Jews* (New York: HarperPerennial, 1999), 152.

6   Maimonides, *Commentary to the Mishnah: Introduction to Seder Zeraim*, trans. Fred Rosner (New York: Feldheim Publishers, 1975), 74-83.

7   Maimonides, *Mishneh Torah: Laws of the Foundation of the Torah*, trans. Eliyahu Touger (New York: Moznaim Publishing Corporation, 2010), 7.1-3 & 9.1-2.

8   Maimonides, *Maimonides' Commentary on the Mishnah, Tractate Sanhedrin*, trans. Fred Rosner (New York: Sepher Hermon Publisher, 1981), 10; Maimonides, "Mishneh Torah, Introduction and 'Book of Knowledge'," in *Maimonides' Empire of Light*, trans. Ralph Lerner (Chicago: University of Chicago Press, 2000), 113-153.

9   Leo Strauss, "How to begin to study The Guide of the Perplexed," in *The Guide of the Perplexed* Vol.I, trans. Shlomo Pines (Chicago: University of Chicago Press, 1963), xi-lvi, esp. xviii-xx.

10 Daniel H. Frank, "Maimonides and medieval Jewish Aristotelianism," in *The Cambridge Companion to Medieval Jewish Philosophy* (New York: Cambridge University Press, 2003), 138-142.

11 Maimonides, "Introduction to the First Part," in *The Guide of the Perplexed* Vol.I, trans. Shlomo Pines (Chicago: University of Chicago Press, 1963), 7-10.

12 Arthur M. Melzer, *Philosophy Between the Lines: The Lost History of Esoteric Writing* (Chicago: University of Chicago Press, 2014), 127-284.

13 Maimonides, *The Guide of the Perplexed*, 2.32-48.

14 Maimonides, ibid., 1.71-2.31.

15 Maimonides, ibid., 1.31-34.

16 Maimonides, ibid., 2.29-2.31; 2.40.

17 Maimonides, ibid., 1.36.

18 Maimonides, ibid., 1.50-60; Tarma Rudavsky, *Maimonides* (Malden, MA: John Wiley & Sons Ltd., 2010), 46-48.

19 Maimonides, ibid., 1.3-5; 1.63; 2.13-39; 3.27-28.

20 Maimonides, ibid., 3.27; 3.51-54.

21 Maimonides, ibid., 3.22-23.

22 Haim Kriesel, "Maimonides' Political Philosophy," in *The Cambridge Companion to Maimonides*, edited by Kenneth Seeskin (New York: Cambridge University Press,

2005), 200-206.

23   Maimonides, *The Guide of the Perplexed*, 2.36-37.

24 아퀴나스

1   Aquinas, *Summa Theologiae*. Ia.I.8.ad2.

2   Denys Turner, *Thomas Aquinas, A Portrait* (New Heaven: Yale University Press, 2013), 8-46.

3   John Finnis, *Aquinas* (New York: Oxford University Press, 1998), 1-3.

4   Aristotle, *Metaphysics*, 6.1.1025a17-18.

5   Aquinas, *Scriptum super libros Sententiarum*, 1.38.1.

6   Aquinas, *De Unitate Intellectus Contra Averroistas*, prooemium.1-2; 1.3-26.

7   Joseph Owens, "Aristotle and Aquinas," in *The Cambridge Companion to Aquinas*, edited by Norman Kretzmann and Eleonore Stump (New York: Cambridge University Press, 1993), 38-59.

8   Augustine, *De civitate Dei*, 15.2.

9   Aristotle, *Politics*, I.2.1253a3.

10   Aquinas, *De regimine principum*, I.I.

11   Edward Grant, *God and Reason in the Middle Ages* (New York: Cambridge University Press, 2001), 184-206.

12   Aquinas, *Summa Theologiae*. 2a2ae.60.1-6; 2a2ae.58.1-12.

13   Aquinas, *De regimine principum*, I.15.

14   Aquinas, *Sententia Libri politicorum*, I.I.4-7, 17, 19 & I.10.2.

15   Aquinas, *Summa Theologiae*, Ia2ae.58 & 96.5; Aquinas, *De regimine principum*, I.2 & I.11; Aquinas, *Sententia Libri politicorum*, I.5.1 & I.5.C1-7.

16   Aquinas, *Sententia Libri politicorum*, 3.6.3 & 3.6.C1-8; Aristotle, *Politics*, I.5.1254a21-I.5.1255a1.

17 Aquinas, *De regimine principum*, I.3.

18 Aquinas, *Summa Theologiae*, Ia2ae.105.ad2; Aquinas, *De regimine principum*, I.2.

19 Aquinas, *De regimine principum*, I.6-7.

20 Aquinas, *Sententia Libri politicorum*, 2.7.

21 James M. Blythe, *Ideal Government and the Mixed Constitution in the Middle Ages* (Princeton, NJ: Princeton University Press, 1992), 39-59.

22 Aquinas, *Summa Theologiae*, Ia2ae.91.2.

23 ibid., Ia2ae.91.3.

24 ibid., Ia2ae.94.1.

25 ibid., Ia2ae.94.2.

26 ibid., Ia2ae.94.2.

27 ibid., Ia2ae.94.3; 2a2ae.53.

28 John Finnis, *Aquinas* (New York: Oxford University Press, 1998), 266-274.

29 John Finnis, *Natural Law and Natural Rights* (New York: Oxford University Press, 2011[1980]), 281-291.

30 Aquinas, *Summa Theologiae*, Ia2ae.104.1.

31 Jeffrey Stout, "Truth, Natural Law, and Ethical Theory," in *Natural Law Theory, Contemporary Essays*, edited by Robert P. George (New York: Oxford University Press, 1992), 71-102.

25 단테

1 Dante Alighieri, *Divine Comedy of Dante Alighieri*, Vol. I. Inferno, edit. & trans. Robert M. Durling (New York: Oxford University, 1996), I.1-3.

2 John A. Hobson, *Imperialism: A Study* (New York: Cosimo Inc., 2005), v-vi.

3 Thucydides, *History of the Peloponnesian War*, trans. Rex Warner (New York: Penguin, 1984), 2.65.8-9, 6.18.

4   Livy, *Ab Urbe Condita, 22.13*, in *Livy* Vol. 5, edited by Benjamin O. Foster (Cambridge, MA: Harvard University Press, 1929); Pierre Manent, *Metamorphoses of the City: On the Western Dynamic*, trans. Marc LePain (Cambridge, MA: Harvard University Press, 2013), 5-6 & 105-151.

5   Cicero, *De Re Publica*, in *De Re Publica & De Legibus*, trans. Clinton Walker Keyes (Cambridge, MA: Harvard University Press, 2000[1928]), 5.1.

6   Vergilius, *Eclogae*, 4-10.

7   Vergilius, *Georgica*, 1.498-514; Vergilius, *Aeneid*, 1.254-296.

8   Dante Alighieri, *Divine Comedy of Dante Alighieri*, Vol. 2. Purgatorio, edit. & trans. Robert M. Durling (New York: Oxford University Press, 1996), 6.76-151.

9   Dante Alighieri, *Convivio*, 4.4.1; 4.6.17.

10   ibid., 4.4.2-3.

11   ibid., 4.4.4.

12   Dante Alighieri, *De Monarchia*, 3.10.18-20.

13   ibid., 3.2.1-7; 3.13.1-2; 4.6.17; Charles Till Davis, "Dante and the empire," in *The Cambridge Companion to Dante*, edited by Rachel Jacoff (New York: Cambridge University Press, 2007), 257-269.

14   Dante Alighieri, *De Monarchia*, 1.4. & 14.

15   ibid., 2.11.

16   ibid., 2.6 & 2.9; Ernst H. Kantorowicz, *The King's Two Bodies, A Study in Medieval Politicla Theology* (Princeton, NJ: Princeton University Press. 1981[1957]), 451-495.

17   Dante Alighieri, *Divine Comedy of Dante Alighieri*, Vol. 1. Inferno, edit. & trans. Robert M. Durling (New York: Oxford University, 1996), 3.50; Dante Alighieri, *De Monarchia*, 1.16.4.

26 마르실리오

1   Marsiglio da padova, *Defensor pacis*, I.I.3.

2   ibid., I.19.12.

3   Vasileios Syros, *Marsilius of Padua* (Toronto: University of Toronto Press, 2012), 15-21.

4   George Garnett, *Marsilius of Padua & 'The Truth of History'* (New York: Oxford University Press, 2006), 14-48.

5   Aristotle, *Politics*, 1252b29-30.

6   Marsiglio da padova, *Defensor pacis*, I.4.2-5; Augustine, *Confessiones*, I.I; Cicero, *De Officiis*, I.4.11.

7   Aristotle, *Politics*, 1252b15-16.

8   Marsiglio da padova, *Defensor pacis*, I.3.4-5.

9   Aristotle, *Nicomachean Ethics*, 1167b2.

10   Aristotle, *Politics*, 1262b8-10.

11   Cicero, *De Re Publica*, I.39.

12   Marsiglio da padova, *Defensor pacis*, I.17.I-12.

13   ibid., I.11.I-8; Vasileios Syros, *Marsilius of Padua* (Toronto: University of Toronto Press, 2012), 80-99.

14   Marsiglio da padova, *Defensor pacis*, I.12.3.

15   ibid., I.5.I-14; *Defensor minor*, I.5, 2.7, 5.17.

16   ibid., I.13.4.

17   George Garnett, *Marsilius of Padua & 'The Truth of History'* (New York: Oxford University Press, 2006), 20-21.

18   Marsiglio da padova, *Defensor pacis*, 2.6.3.

19   ibid., 2.17 & 2.20-22; *Defensor minor*, 11.I & 16.I-4.

20   ibid., 2.9. & 2.10.I-12; *Defensor minor*, 10.3.

21   Cary Nederman, *Community and Consent, The Secular Political Theory of Marsiglio of Padua's Defensor Pacis* (Lanham, MD: Rowman & Littlefield Publishers, 1995), 143-147.

22   Quentin Skinner, *The Foundations of Modern Political Thought*, Vol. I (New York: Cambridge University Press, 1978), 60-65.

23   Marsiglio da padova, *Defensor pacis*, I.4.5; *Defensor minor*, 13.9; *De trasnlatione Imperii* I.

24   Marsiglio da padova, *Defensor pacis*, I.13.4.

25   ibid., I.12.3; *Defensor minor* 12.I.

26   ibid., I.8.3.

27   ibid., I.9.5.

참고 문헌

1부

정치와 도덕

Arendt, Hannah. 1967. "Truth and Politics," in *Philosophy, Politics and Society Series* 3. edited by Peter Laslett and W. G. Runciman. Oxford: Blackwell. 104-133.

Arendt, Hannah. 2005. *The Promise of Politics*, edited by Jerome Kohn. New York: Schocken Books.

Aristotle. 1926. *Nicomachean Ethics*. trans. H. Rackham. Cambridge, MA: Harvard University Press.

Aquinas, Thomas. 1952. *The Summa Theologica* Vol. I. trans. Fathers of the English Dominican Province. Revised by Daniel J. Sullivan. Chicago: Encyclopedia Britannica.

Bobbio, Norberto. 2009. *Etica e Politica*, edited by Marco Revelli. Milano: Mondadori.

Bodin, Jean. 1606. *The Six Bookes of A Commonweale*. trans. Richard Knolles. London: Impenfis G. Bishop.

Botero, Giovanni. 1598. *Della Ragione di Stato*. Milano: Nella Stampa del P. Pontio.

Cicero. 2001[1913]. *De Officiis.* trans. Walter Miller. Cambridge, MA: Harvard University Press.

Croce, Benedetto. 1967[1930]. *Etica e Politica.* Bari: Laterza.

Estlund, David. 2008. *Democratic Authority, A Philosophical Framework.* Princeton, NJ: Princeton University.

Hegel, G. W. F. 1967. *Philosophy of Right.* trans. T. M. Knox. New York: Oxford University Press.

Hobbes, Thomas. 1998. *On the Citizen,* edited by Richard Tuck and Michael Silverthorne. New York: Cambridge University Press.

Hobbes, Thomas. 1992. *Leviathan,* edited by Richard Tuck. New York: Cambridge University.

Kant, Immanuel. 2013[1796]. *Zum ewigen Frieden, Ein philosophischer Entwurf,* edited by Michael Holzinger. Berlin: Friedrich Nicolovius.

Nussbaum, Martha. 2007. *Frontiers of Justice, Disability, Nationality, Species Membership.* Cambridge: Harvard University Press.

Pettit, Philip. 1997. *Republicanism.* New York: Oxford University Press.

Plato. 1930. *Republic I,* trans. Paul Shorey. Cambridge: Harvard University Press.

Strauss, Leo. 1953. *Natural Right and History.* Chicago: University of Chicago Press.

Walzer, Michael. 1974. "Political Action: The Problem of Dirty Hands," in *War and Moral Responsibility.* edited by Marshall Cohen, Thomas Nagel, and Thomas Scanlon. Princeton, NJ: Princeton University Press.

Weber, Max. 1994. *Political Writings,* trans. & edited by Peter Lassman & Ronald Speirs. New York: Cambridge University Press.

권력과 지배

곽준혁. 2014. 『마키아벨리 다시 읽기: 비지배를 꿈꾸는 현실주의자』. 서울: 민음사.

Agamben, Giorgio. 2005[1995]. *Homo Sacer, Il Potere sovrano e la nuda vita.* Torino: Einaudi.

Arendt, Hannah. 1990. *On Revolution.* New York: Penguin Books.

Arendt, Hannah. 1970[1969]. *On Violence.* New York: Harcourt Brace & Company.

Aristotle. 1947. *The Metaphysics I-IX.* trans. Hugh Tredennick. Cambridge: Harvard University Press.

Aristotle. 1932. *Politics.* trans. H. Rackham. Cambridge, MA: Harvard University Press.

Bachrach, Peter & Morton S. Baratz. 1970. *Power & Poverty, Theory & Practice.* New York: Oxford University Press.

Benjamin, Walter. 1986. *Reflections: Essays, Aphorisms, Autobiographical Writings.* trans. Edmund Jephcott & edited by Peter Demetz. New York, Schocken Books.

Cicero. 2006[1926]. *Philippics.* trans. Walter C. A. Ker. Cambridge: Harvard University Press.

Dahl, Robert. 1957. "The Concept of Power." *Behavioral Science.* 2:3, 202-215.

Habermas, Jürgen. 1985. *Philosophical-Political Profiles.* Cambridge: MIT Press.

Hobbes. 1992. *Leviathan.* edited by Richard Tuck. New York: Cambridge University Press.

Lukes, Steven. 2005[1974]. *Power, A Radical View.* New York: Palgrave.

Machiavelli, Niccolò. 1995. *Il Principe.* cura. Giorgio Inglese. Torino: Einaudi.

Plato. 1930. *Republic I,* trans. Paul Shorey. Cambridge: Harvard University Press.

Russell, Bertrand. 1975[1938]. *Power.* London: Unwin Books.

Taylor, Charles. 1991. "Foucault on Freedom and Truth," in *Foucault: A Critical Reader,* edited by David Couzens Hoy. Oxford: Blackwell, 69-102.

Weber, Max. 1956. *Wirtschaft und Gesellschaft: Grundriss der verstehenden Soziologie I.* edited by Johannes Winckelmann. Tübingen: J.C.B.Mohr(Paul Siebeck).

정치와 종교

Anderson, Benedict. 1991. *Imagined Community.* New York: Verso.

Arendt, Hannah. 1994. "Religion and Politics," In *Essays in Understanding, 1930-1945,*

Formation, Exile, and Totalitarianism, edited by Jerome Kohn. New

Aristotle. 1932. *Politics*. trans. H. Rackham. Cambridge, MA: Harvard University Press. New York: Schoken Books.

Augustine. 1994. *Political Writings*. trans. Michael Tkacz and Douglas Kries. Indianapolis, IN: Hackett.

Derrida, Jacques and Gianni Vattimo. 1998. *Religion*. Stanford, CA: Stanford University Press.

Habermas, Jürgen. 2008. *Between Naturalism and Religion*. Malden, MA: Polity Press.

Juergensmeyer, Mark. 1993. *The New Cold War?: Religious Nationalism Confronts the Secular State*. Berkeley, CA: the University of California Press.

Kantorowicz, Ernst H. 1981 [1957]. *The King's Two Bodies, A Study in Medieval Political Theology*. Princeton, NJ: Princeton University Press.

Machiavelli, Niccolò. 1996. *Discorsi sopra la prima deca di Tito Livio*, intro. Gennaro Sasso, note. Giorgio Inglese. Milano: Rizzoli Editore.

Maimonides. 1981. *Maimonides' Commentary on the Mishnah, Tractate Sanhedrin*, trans. Fred Rosner. New York: Sepher Hermon Publisher.

Maimonides. 1963. *The Guide of the Perplexed* Vol.1 & 2, trans. Shlomo Pines. Chicago: University of Chicago Press.

Nussbaum, Martha. 2008. *Liberty of Conscience*. New York: Basic Books.

Schmitt, Carl. 1985. *Political Theology*, trans. George Schwab. Chicago: University of Chicago Press.

Skinner, Quentin. 2009. "A Genealogy of the Modern State." *Proceedings of the British Academy*. 162, 325-370.

Smith, Anthony. 2003. *Chosen Peoples: Sacred Sources of National Identity*. New York: Oxford University Press.

Sophocles, 1991. *Antigone*, trans. David Grene. Chicago: University of Chicago Press.

Spinoza, Benedictus de. 1830. *Tractatus theologico-politicus*. In *Benedicti de Spinoza, Opera Philosophica Omnia*, edited by August Friedrich Gfrörer. Stuttgart; J. B. Metzler.

Strauss, Leo. 1979. "The Mutual Influence of Theology and Philosophy." *Independent Journal of Philosophy*. 3, 111-118.

Taylor, Charles. 2011. "Why We Need a Radical Redefinition of Secularism." In *The Power of Religion in the Public Sphere*. edited by Eduardo Mendieta & Jonathan Vanhantwerpen. New York: Columbia University Press, 34-59.

Tocqueville, Alexis de. 2000. *Democracy in America*. trans. Harvey Mansfield and Delba Winthrop. Chicago: University of Chicago Press.

개인과 사회

곽준혁. 2013. 『지배와 비지배: 마키아벨리 군주 읽기』. 파주: 민음사.

곽준혁. 2010. 『경계와 편견을 넘어서』. 파주: 한길사.

Berlin, Isaiah. 2008. *Isaiah Berlin: Liberty*, edited by Henry Hardy. New York: Oxford University Press.

Cicero. 2000[1928]. *De Re Publica & De Legibus*, trans. Clinton Walker Keyes. Cambridge, MA: Harvard University Press.

Cooper, John. 2005. "Political Animals and Civic Friendship." In *Aristotle's Politics: Critical Essays*. edited by Richard Kraut and Steven Skultety. Lanham, MD: Rowman & Littlefield.

Dunn, John, 1990. *Interpreting Political Responsibility*. Princeton, NJ: Princeton University Press.

Hegel, G. W. F. 1977. *Phenomenology of Spirit*. trans. Arnold V. Miller. New York: Oxford University Press.

Hobbes, Thomas. 1996. *Leviathan*. edited by Richard Tucker. New York: Cambridge University Press.

Kant, Immanuel. 2009. "Idea for a Universal History with a Cosmopolitan Aim." In *Kant's Idea for a Universal History with a Cosmopolitan Aim*. edited by Amélie Oksenberg Rorty and James Schmidt. New York: Cambridge University Press, 9-23.

Kant, Immanuel. 1998. *Groundwork of the Metaphysics of Morals.* trans. Mary Gregor. New York: Cambridge University Press,

Kant, Immanuel. 1991. *The Metaphysics of Morals.* trans. Mary Gregor. New York: Cambridge University Press.

Larmore, Charles. 2003. "Liberal and republican conceptions of freedom." *Critical Review of International Social and Political Philosophy.* 6: 96-119.

Locke, John. 1979. *An Essay concerning Human Understanding.* New York: Oxford University Press.

Machiavelli, Niccolò. 1995. *Il Principe.* cura. Giorgio Inglese. Torino: Einaudi.

Marin, Raymond & John Barresi. 2000. *Naturalization of the Soul.* New York: Routledge.

Mill, John Stuart. 1969. *Essays on Ethics, Religion and Society* Vol. 10, edited by J. M. Robson. Toronto: University of Toronto Press.

Nussbaum, Martha. 1986. *The fragility of goodness, Luck and ethics in Greek tragedy and philosophy.* New York: Cambridge University Press.

Ostwald, Martin. 1969. *Nomos and the Beginnings of the Athenian Democracy.* New York: Oxford University Press.

Patterson, Orlando. 1991. *Freedom in the Making of Western Culture.* New York: Basic Books.

Pettit, Philip. 2014. *Just Freedom.* New York: Norton.

Pettit, Philip. 1997. *Republicanism.* New York: Oxford University Press.

Pippin, Robert. 2008. *Hegel's Practical Philosophy.* New York: Cambridge University Press.

Polanyi, Karl. 1971. *The Great Transformation: The Political and Economic Origins of Our Time.* Boston, MA: Beacon Press.

Rosenblatt, Helena. 2008. *Liberal Values, Benjamin Constant and the Politics of Religion.* New York: Cambridge University Press.

Schneewind, Jerome B. 1998. *The Invention of Autonomy.* New York: Cambridge University Press.

Sherwin-White, Adruab Nicolas. 1973. *The Roman Citizenship.* New York: Oxford University Press.

Skinner, Quentin. 1998. *Liberty before Liberalism*. New York: Cambridge University Press.

Sorabji, Richard. 2006. *Self: Ancient and Modern Insights about Individuality, Life, and Death*. Chicago: University of Chicago Press.

Thucydides. 1972. *History of the Peloponnesian War*, trans. Rex Warner. New York: Penguin.

Williams, Bernard. 1981. *Moral Luck, Philosophical Papers 1973-1980*. New York: Cambridge University Press.

Wirszubski, Chaim. 1968. *Libertas as a Political Idea at Rome During the Late Republic and Early Principate*. New York: Cambridge University Press.

국가와 세계

곽준혁. 2008. 「공화주의」, 『정치학핸드북: 정치사상』. 한국정치학회 편. 서울: 법문사, 171-205.

Aristotle. 1932. *Politics*. trans. H. Rackham. Cambridge, MA: Harvard University Press.

Bauman, Zygmunt. 2013. *Does the Richness of the Few Benefit Us All?* Malden, MA: Polity.

Boucher, David. 2009. *The Limits of Ethics in International Relations*. New York: Oxford University Press.

Cicero. 2001 [1913]. *De Officiis*. trans. Walter Miller. Cambridge: Harvard University Press.

Diogenes. 1925. *Lives of Eminent Philosophers*. trans. Robert. D. Hicks. New York: G. P. Putnam's Sons.

Donnelly, Jack. 2003. *Universal Human Rights in Theory and Practice*. Ithaca, NY: Cornell University Press.

Harbermas, Jürgen. 1998. *The Inclusion of the Others: Studies in Political Theory*. Cambridge, MA: MIT Press.

Held, David. 1995. *Democracy and the Global Order*. Stanford, CA: Stanford University Press.

Manent, Pierre. 2013. *Metamorphoses of the City: On the Western Dynamic*. trans. Marc Lepain. Cambridge, MA: Harvard University Press.

Nussbaum, Martha. 2000. "In Defense of Universal Values." *Idaho Law Review*. 36: 411-426.

Nussbaum, Martha. 1997. *Cultivating Humanity, A Classical Defense of Reform in Liberal Education*. Cambridge, MA: Harvard University Press.

Pettit, Philip. 2010. "A republican Law of Peoples." *European Journal of Political Theory*. 9(1), 70-94.

Rawls, John. 2005. *Political Liberalism*. New York: Columbia University Press.

Rawls, John. 2001. *The Law of Peoples*. Cambridge, MA: Harvard University Press.

Virno, Paolo. 2004. *A Grammar of the Multitude*, trans. Isabella Bertoletti, James Cascaito and Andrea Casson. Los Angeles, CA: Semiotext.

Viroli, Maurizio. 1999. *Repubblicanesimo*. Bari: Gius. Laterza & Figli Spa.

2부

1 소포클레스

Aristotle, 1975. *The Art of Rhetoric*, trans. John Henry Freese. Cambridge, MA: Harvard University Press.

Aristoteles, 1984. *The Athenian Constitution*, trans. P. J. Rhodes. New York: Penguin.

Bowra, C. M. 1940. "Sophocles on His Own Development," *The American Journal of Philology*, 61:4, 385-401.

Cowell-Meyers, Kimberly. 2006. "Teaching Politics Using Antigone," *PS: Political Science and Politics*, 39:2, 347-349.

Hansen, Mogens Herman. 1991. *The Athenian Democracy in the Age of Demosthenes*. Cambridge, MA: Blackwell Publishing.

Henderson, Jeffrey. 2007. "Drama and Democracy," in *The Cambridge Companion to the Age of Pericles*, edited by Loren J. Samons II. New York: Cambridge University Press, 179-214.

Jameson, Michael Hamilton. 1971. "Sophocles and the Four Hundred," *Historia* 20, 541-

Nussbaum, Martha. 1986. *The fragility of goodness, Luck and ethics in Greek tragedy and philosophy*. New York: Cambridge University Press.

Ostwald, Martin. 1986. *From Popular Sovereignty to the Sovereignty of Law*. Berkeley, CA: University of California Press.

Plato. 2001. *Laws Books I-VI*, trans. R. G. Bury. Cambridge: Harvard University Press.

Scodel, Ruth. 2010. "Sophocles' Biography," in *A Companion to Sophocles*, edited by Kirk Ormand. Malden, MA: Blackwell Publishing, 25-37.

Sophocles, 1991. *Antigone*, trans. David Grene. Chicago: University of Chicago Press.

Thucydides, 1972. *History of the Peloponnesian War*, trans. Rex Warner. New York: Penguin.

Wilson, Peter. 2000. *The Athenian Institution of the Khoregia*. New York: Cambridge University Press.

2 페리클레스

곽준혁, 「정치적 수사와 민주적 리더십: 아리스토텔레스 수사학의 재구성」, 『국가전략』 13:1, 41-65.

버나드 마넹, 『선거는 민주적인가』, 곽준혁 역(서울: 후마니타스), 23-61.

Aristotle, 1962. *Ethica Nicomachea*, trans. H. Rackham. Cambridge: Harvard University Press.

Aristotle. 1984. *The Athenian Constitution*, trans. P. J. Rhodes. New York: Penguin.

Herodotus. 1987. *The History*. trans. David Grene. Chicago: the University of Chicago Press.

Hignett, Charles. 1958. *A History of the Athenian Constitution* (New York: Oxford University Press), 124-192.

Kagan, Donald. 1991. *Pericles of Athens and the Birth of Democracy*. New York: The Free Press.

Meier, Christian. 1990. *The Greek Discovery of Politics*, trans. David McLintock. Cambridge: Harvard University Press.

Plato. 2001. *Euthyphro, Apology, Crito, Paedo, Paedrus*, trans. Harold N. Fowler. Cambridge:

Harvard University Press.

Plutarch. 1967. *Plutarch's Lives III*, trans. Bernadotte Perrin. Cambridge: Harvard University Press.

Podlecki, Anthony J. 1998. *Perikles and His Circle.* New York: Routledge.

Raaflaub, Kurt A. 1994. "Democracy, Power, and Imperialism," in *Athenian Political Thought and the Reconstruction of American Democracy*, edited by J. Peter Euben, John R. Wallach, and Josiah Ober. Ithaca, NY: Cornell University Press, 103-146.

Saxonhouse, Arlene W. 1996. *Athenian Democracy*. Notre Dame, IN: University of Notre Dame Press.

Shakespeare, William. 1996. *Romeo and Juliet.* New York: Penguin.

Thucydides. 1972. *History of the Peloponnesian War*, trans. Rex Warner. New York: Penguin.

3 프로타고라스

곽준혁. 2008.「공화주의」,『정치학이해의 길잡이』. 한국정치학회 편. 서울: 법문사, 171-205.

Diogenes Laertius, 1925. *Lives of Eminent Philosophers*, Vol. 2. trans. R. D. Hicks. Cambridge: Harvard University Press.

Herodotus. 1987. *The History.* trans. David Grene. Chicago: the University of Chicago Press.

소포클레스

Plato. 1996. *Plato VII, Theaetetus, Sophist*, trans. Harold North Fowler. Cambridge: Harvard University Press.

Plutarch. 1967. *Plutarch's Lives III*, trans. Bernadotte Perrin. Cambridge: Harvard University Press.

Romilly, Jacqueline de. 1998. *The Great Sophists in Periclean Athens, Perikles and His Circle*, trans. Janet Lloyd. New York: Oxford University Press.

Xenophon. 1997. *Memorabilia, Oeconomicus, Symposium, Apology.* trans. E. C. Marchant & O. J.

Todd. Cambridge: Harvard University Press.

4 투키디데스

Aristotle. 1965. *Poetics*, trans. W. Hamilton Fyfe. Cambridge, MA: Harvard University Press.

Hansen, Mogens Herman. 1991. *The Athenian Democracy in the Age of Demosthenes*. Cambridge, MA: Blackwell Publishing.

Hobbes, Thomas. 1843. *The History of the Grecian War*, in *The English Works of Thomas Hobbes* Vol. VIII. London: Bohn.

Kagan, Robert. 1994. "Athenian strategy in the Peloponnesian War." in *The Making Strategy*, edited by Williamson Murray, MacGregor Knox, and Alvin Bernstein. New York: Cambridge University Press, 24-55.

Ober, Josiah. 1986. *Mass and Elite in Democratic Athens*. Princeton: Princeton University.

Plutarch, 1967. *Plutarch's Lives III*, trans. Bernadotte Perrin. Cambridge: Harvard University Press.

Plutarch, 1968. *Plutarch's Lives II*, trans. Bernadotte Perrin. Cambridge: Harvard University Press.

Mearsheimer, John. 2003. *The Tragedy of Great Power Politics.* New York: W.W.Norton.

Morgenthau, Hans J. 1963. *Politics among Nations: The Struggle for Power and Peace*. New York: Alfred A. Knopf.

Stephen M. Walt. 1987. *The Origins of Alliance*. Ithaca, NJ: Cornell University Press.

Strauss, Leo. 1964. *The City and Man*. Chicago: University of Chicago Press.

Thucydides. 1972. *History of the Peloponnesian War*, trans. Rex Warner. New York: Penguin.

5 소크라테스

Arendt, Hannah. 2005. *The Promise of Politics*, edited by Jerome Kohn. New York: Shocken Books.

Brickhouse, Thomas C. & Nicholas D. Smith, 1994. *Plato's Socrates*. New York: Oxford University Press.

Euben, Peter. 1978. "Philosophy and Politics in Plato's Crito," *Political Theory*, 6:2, 149-172.

Guthrie, W. K. C. 1971. *Socrates*. New York: Cambridge University Press.

Hegel, 1995. *Lectures on the History of Philosophy* Vol. I, trans. E. S. Haldane. Lincoln, NV: University of Nebraska Press.

Kraut, Richard. 1984. *Socrates and the State*. Princeton, NJ: Princeton University Press.

Lampert, Laurence. 2010. *How Philosophy Became Socratic*. Chicago: The University of Chicago.

Nehamas, Alexander. 1998. *The Art of Living*. Berkeley, CA: University of California Press.

Nietzsche, 1990. *Twilight of the Idols and the Anti-Christ*. trans. R.J.Hollingdale. New York: Penguin.

Nussbaum, Martha. 1997. *Cultivating Humanity, A Classical Defense of Reform in Liberal Education*. Cambridge, MA: Harvard University Press.

Plato, 1996. *Lysis, Symposium, Gorgias*, trans. W. R. M. Lamb. Cambridge: Harvard University Press.

Plato, 2001. *Euthyphro, Apology, Crito, Phaedo, Phaedrus*. trans. W. R. M. Lamb. Cambridge: Harvard University Press.

Strauss, Leo. 1989. *The Rebirth of Classical Political Rationalism*, selected by Thomas L. Pangle. Chicago: The University of Chicago Press.

Villa, Dana. 2001. *Socratic Citizenship*. Princeton, NJ: Princeton University Press.

Vlastos, Gregory. 1991. *Socrates, Ironist and Moral Philosopher*. Ithaca, NY: Cornell University Press.

Zuckert, Catherine H. 2009. *Plato's Philosophers, The Coherence of the Dialogues*. Chicago: The University of Chicago.

6 이소크라테스

Aristotle, 1975. *The Art of Rhetoric*, trans. John Henry Freese. Cambridge, MA: Harvard University Press.

Dionysius of Halicarnassus, 1974. *The Critical Essays in Two Volumes*, Vol. I, trans. Stephen Usher. Cambridge, MA: Harvard University Press.

Isocrates, 1928. *Isocrates* Vol. I, trans. George Norlin. London: Wiliam Heinemann.

Isocrates, 1928. *Isocrates* Vol. II, tans. George Norlin. London: Wiliam Heinemann.

Jaeger, Werner. 1986. *Paideia, The Ideals of Greek Culture* Vol. III, trans. Gilbert Highet. New York: Oxford University Press.

Kennedy, George. 1994. *A New History of Classical Rhetoric*. Princeton, NJ: Princeton University Press.

Pernot, Laurent. 2005. *Rhetoric in Antiquity*, trans. W. E. Higgins. Washington D.C.: The Catholic University of America Press.

Plato, 1996. *Lysis, Symposium, Gorgias*, trans. W. R. M. Lamb. Cambridge: Harvard University Press.

Plato, 2001. *Euthyphro, Apology, Crito, Phaedo, Phaedrus*. trans. W. R. M. Lamb. Cambridge, MA: Harvard University Press.

Plutarch, 1960. *Plutarch's Moralia* Vol. X, trans. Harold North Fowler. Cambridge: Harvard University Press.

Poulakos, Takis. 1997. *Speaking for the Polis, Isocrates' Rhetorical Education*. Columbia, SC: University of South Carolina Press.

7 플라톤

Annas, Julia. 1981. *An Introduction to Plato's Republic*. New York: Oxford University Press.

Hansen, Mogens Herman. 1991. *The Athenian Democracy in the Age of Demosthenes*, trans. J. A.

Crook. Cambridge: Blackwell Publishers.

Klosko, George. 2006. *The Development of Plato's Political Theory*. New York: Oxford University Press.

Plato. 2001. *Euthyphro, Apology, Crito, Phaedo, Phaedrus*. trans. W. R. M. Lamb. Cambridge: Harvard University Press.

Plato. 1926. *Laws I*, trans. R. G. Bury. Cambridge: Harvard University Press.

Plato. 1926. *Laws II*, trans. R. G. Bury. Cambridge: Harvard University Press.

Plato. 1930. *Republic I*, trans. Paul Shorey. Cambridge: Harvard University Press.

Plato. 1942. *Republic II*. trans. Paul Shorey. Cambridge: Harvard University Press.

Plato. 1925. *Statesman, Philebus, Ion*, trans. Harold North Fowler & W. R. M. Lamb. Cambridge: Harvard University Press.

Plato. 1989. *Timaeus, Critas, Cleitophon, Menexenus, Epistles*. trans. R. G. Bury. Cambridge: Harvard University Press.

Popper, Karl. 1947. *The Open Society and Its Enemies*, Vol. 1. London: Routledge.

Rosen, Stanley. 2005. *Plato's Republic, A Study*. New Heaven: Yale University Press.

Strauss, Leo. 1964. *The City and Man*. Chicago: The University of Chicago Press.

8 크세노폰

Anderson, John Kinlich. 2001. *Xenophon*. London: Gerald Duckworth.

Arrian, 1967. *Anabasis Alexandri* Vol. I, trans, E. Iliff Robson. Cambridge, MA: Harvard University Press.

Diogenes Laertius, 1925. *Lives of Eminent Philosophers* Vol. I, trans. R. D. Hickes. New York: G. P. Putnam's Sons.

Maxon, Brian Jeffrey. 2009. "Kings and tyrants: Leonardo Bruni's translation of Xenophon's Hiero," *Renaissance Studies* 24:2, 188-206.

Russell, Bertrand. 1967. *A History of Western Philosophy*. New York: Simon and Schuster.

Strauss, Leo. 2000. *On Tyranny*, edited by Victor Gourevitrch and Michael S. Roth. Chicago: the University of Chicago Press.

Strauss, Leo. 1998. *Xenophon's Socrates*. South Bend, IN: St. Augustine's Press.

Xenophon, 1950. *Hellenica, Books VI & VII, Anabasis, Books I-III*, trans. Carleton L. Brownson. Cambridge, MA: Harvard University Press.

Xenophon, 1925. *Scripta Minora*, trans. E. C. Marchant. Cambridge, MA: Harvard University Press.

Xenophon, 1923. *Memorabilia, Oeconomicus, Symposium, Apology*, trans. E. C. Marchant & O. J. Todd. Cambridge, MA: Harvard University Press.

Xenophon, 1914. *Cyropaedia* Vol. I, trans. Walter Miller. New York: The Macmillan Co.

9 아리스토텔레스

곽준혁. 2008. 「공화주의」, 『정치학 이해의 길잡이: 정치이론』, 한국정치학회 편. 서울: 법문사. 171-204.

곽준혁. 2006. 「정치적 수사와 민주적 리더십: 아리스토텔레스 수사학의 재구성」, 『국가전략』 13권 I호, 41-65.

Aelianus, Claudius. 2010. *Varia Historia*, trans. Thomas Stanley. Ann Arbor, MI: EEBO Editions, Proquest.

Aristotle. 1933. *Metaphysics*, trans. Hugh Tredennick. Cambridge: Harvard University Press,

Aristotle. 1926. *Nicomachean Ethics*. trans. H. Rackham. Cambridge, MA: Harvard University Press.

Aristotle. 1932. *Politics*. trans. H. Rackham. Cambridge, MA: Harvard University Press.

Aristotle. 1926. *The Art of Rhetoric*, trans. John Henry Freese. Cambridge: Harvard University Press.

Barnes, Jonathan. 1995. "Life and Work," in *The Cambridge Companion to Aristotle*, edited by Jonathan Barnes. New York: Cambridge University Press. 1-26.

Laertius, Diogenes. 1925. *Lives of Eminent Philosophers* Vol. I, trans. R. D. Hicks. Cambridge: Harvard University Press.

Ober, Josiah. 1988. *Political Dissent in Democratic Athens: Intellectual Critics of Popular Rule.* Princeton, NJ: Princeton University Press.

Nichols, Mary. 1992. *Citizens and Statesmen.* Savage, Maryland: Rowman & Littlefield.

Pangle, Thomas. 2013. *Aristotle's Teaching in the Politics.* Chicago: The University of Chicago Press.

Plato, 2001. *Euthyphro, Apology, Crito, Phaedo, Phaedrus.* trans. W. R. M. Lamb. Cambridge: Harvard University Press.

Plato, 1996. *Lysis, Symposium, Gorgias,* trans. W. R. M. Lamb. Cambridge: Harvard University Press.

Strauss, Leo. 1978. *The City and Man.* Chicago: The University of Chicago Press.

10 폴리비오스

Aristotle, 1932. *Politics,* trans. H. Rackham. Cambridge, MA: Harvard University Press.

Fritz, Kurt von. 1954. *The Theory of the Mixed Constitution in Antiquity.* New York: Columbia University Press.

Plato, 1935. *Republic* Vol. II, trans. Paul Shorley. Cambridge, MA: Harvard University Press.

Plutarch, 1921. *Plutarch's Lives* Vol. X, trans. Bernadotte Perrin. New York: G.P.Putnam's Sons.

Polybius, 1922. *The Histories* Vol. I, trans. W. R. Paton. Cambridge, MA: Harvard Unviersity Press.

Polybius, 1922. *The Histories* Vol. II, trans. W. R. Paton. Cambridge, MA: Harvard University Press.

Polybius, 1923. *The Histories* Vol. III, trans. W. R. Paton. Cambridge, MA: Harvard University Press.

Trompf, Garry W. 1979. *The Idea of Historical Recurrence in Western Thought.* Berkeley, CA: University of California Press.

Walbank, Frank William. 1972. *Polybius.* Berkeley, CA: University of California Press.

Walbank, Frank William. 1970. *Polybius I, A Historical Commentary on Polybius.* New York: Oxford University Press.

3부

11 키케로

Cicero. 2004[1977]. *Epistulae ad Familiares* Vol. I. edited by D. R. Shackleton Bailey. New York: Cambridge University Press.

Cicero. 2000[1928]. *De Re Publica & De Legibus,* trans. Clinton Walker Keyes. Cambridge, MA: Harvard University Press.

Cicero. 2001[1913]. *De Officiis.* trans. Walter Miller. Cambridge, MA: Harvard University Press.

Cicero. 1942. *De Inventione.* trans. E. W. Sutton & H. Rackham. Cambridge, MA: Harvard University Press.

Cicero. 1939. *Brutus, Orator.* trans. G. L. Hendrickson and H. M. Hubbell. Cambridge, MA: Harvard University Press.

Cicero. 1927. *Tusculanae disputationes.* trans. J. E. King. Cambridge, MA: Harvard University Press.

Cicero. 1922. *Oratones* Vol. 5. edited by W. Peterson. New York: Oxford University Press, 1922.

Millar, Fergus. 2002. *The Crowd in Rome in the Late Republic.* Ann Arbor: the University of Michigan Press.

Mitchell, Thomas N. 1991. *Cicero, the Senior Statesman.* New Haven: Yale University Press.

Plutarch. 1967[1919]. *Plutarch's Lives* 7. trans. Bernadotte Perrin. Cambridge, MA: Harvard University Press.

Shakespeare, William. 1988. *Julius Caesar,* edited by David Benvington & David S. Kstan. New York: Bantam Books.

Wood, Neal. 1988. *Cicero's Social and Political Thought.* Berkeley, CA: University of California Press.

12 살루스티우스

Dio Cassius. 1914. *Dio's Roman History* Vol. 3, trans. Earnest Cary. New York: The MacMillan Co.

Dio Cassius. 1916. *Dio's Roman History* Vol. 4, trans. Earnest Cary. New York: G. P. Putnam's Sons.

Sallust. 1921. *Sallust,* trans. John C. Rolfe. New York: G. P. Putnam's Sons.

Syme, Ronald. 2002[1939]. *The Roman Revolution.* New York: Oxford University Press.

13 세네카

Dio Cassius. 1916. *Dio's Roman History* Vol. 4, trans. Earnest Cary. New York: G. P. Putnam's Sons.

Gruen, Erich S. 2005. "Augustus and the Making of the Principate," in *Age of Augustus.* edited by Karl Galinsky. New York: Cambridge University Press. 33-51.

Seneca. 1996[1917]. *Epistles 1-65,* trans. Richard M. Gummere. Cambridge, MA: Harvard University Press.

Seneca. 1935. *Moral Essays* Vol. 3. trans. John W. Basore. Cambridge, MA: Harvard University Press.

Seneca. 1928. *Moral Essays*. trans. John W. Basore. New York: G. P. Putnam's Sons.

Tacitus. 1937. *Annals*, in *Tacitus: The Annals, Books XIII-XVI*, trans. John Jackson. Cambridge, MA: Harvard University Press. 15.63.

The Interlinear Bible: Hebrew-Greek-English. 2005. edited by Jay Green. Peabody, MA: Hendrickson Publisher.

14 리비우스

Livy. 1976[1919]. *Ab Urbe Condita*, in *Livy* Vol. 1, edited by Benjamin O. Foster. Cambridge, MA: Harvard University Press.

Livy. 1997[1922]. *Ab Urbe Condita*, in *Livy* Vol. 2, edited by Benjamin O. Foster. Cambridge, MA: Harvard University Press.

Livy. 1924. *Ab Urbe Condita*, in *Livy* Vol. 3, edited by Benjamin O. Foster. Cambridge, MA: Harvard University Press.

Luce, Torrey J. 1977. *Livy, The Composition of His History*. Princeton, NJ: Princeton University Press.

Miles, Gary. 1995. *Livy, Reconstructing Early Rome*. Ithaca, NY: Cornell University Press.

Petersen, Hans. 1961. "Livy and Augustus," *Transactions and Proceedings of the American Philological Association*. 92: 440-452.

Syme, Ronald. 1954. "Livy and Augustus," *Harvard Studies in Classical Philology*. 64: 27-82.

Walsh, Patrick G. 1961. *Livy: His Historical Aims and Methods*. New York: Cambridge University Press.

15 쿠인틸리아누스

Aristotle. 1975[1926]. *Rhetoric*. trans. John H. Freese. Cambridge, MA: Harvard University

Press.

Cicero. 1942. *Cicero, De Oratore*, Vol. I, trans. Harris Rackahm. Cambridge, MA: Harvard University Press.

Cicero. 1942. *On the Orator Book 3, On Fate, Stoic Paradoxes, Divisions of Oratory*, trans. Harris Rackahm. Cambridge, MA: Harvard University Press.

Kennedy, George. 1999. *Classical Rhetoric & Its Christian and Secular Tradition from Ancient to Modern Times*. Chapel Hill, NC: The University of North Carolina Press.

Kennedy, George. 1994. *A New History of Classical Rhetoric*. Princeton, NJ: Princeton University Press.

Plato. 1996. *Lysis, Symposium, Gorgias*. trans. W. R. M. Lamb. Cambridge, MA: Harvard University Press.

Quintilian. 1922. *Quintilian* Vol. 4, trans. Harold E. Butler. New York: G. P. Putnam's Sons.

Quintilian. 1921. *Quintilian* Vol. 2. trans. Harold E. Butler. New York: G. P. Putnam's Sons.

Quintilian. 1920. *Quintilian* Vol. I. trans. Harold E. Butler. New York: G. P. Putnam's Sons.

Skinner, Quentin. 2002. *Visions of Politics* Vol. 2. New York: Cambridge University Press.

Skinner, Quentin. 2002. *Visions of Politics* Vol. 3. New York: Cambridge University Press.

Skinner, Quentin. 1978. *The Foundations of Modern Political Thought*, Vol. I. New York: Cambridge University Press.

Suetonius. 1920. *Suetonius* Vol. 2. trans. John C. Rolfe. New York: G. P. Putnam's Sons.

Tacitus. 1937. *Tacitus: The Annals, Books IV-VI, XI-XII*. trans. John Jackson. Cambridge, MA: Harvard University Press.

Tacitus. 1914. *Dialogus, Agricola, Germania*. trans. Maurice Hutton and William Peterson. New York: Macmillan Co.

16 플루타르코스

Plutarch. 1921. *Plutarch's Lives*, Vol. 10. trans. Bernadotte Perrin. Cambridge, MA: Harvard

University Press.

Plutarch. 1968[1920]. *Plutarch's Lives,* Vol. 9. trans. Bernadotte Perrin. Cambridge, MA: Harvard University Press.

Plutarch. 1969. *Plutarch: Moralia* Vol. 8. trans. Paul A. Clement. Cambridge, MA: Harvard University Press.

Plutarch. 1967[1919]. *Plutarch's Lives,* Vol. 7. trans. Bernadotte Perrin. Cambridge, MA: Harvard University Press.

Plutarch. 1914. *Plutarch's Lives,* Vol. 1. trans. Bernadotte Perrin. Cambridge, MA: Harvard University Press.

Plutarch. 1936. *Plutarch: Moralia* Vol. 10. trans. Bernadotte Perrin. Cambridge, MA: Harvard University Press.

Plutarch. 1939. *Plutarch: Moralia* Vol. 6. trans. William C. Helmbold. Cambridge, MA: Harvard University Press.

Plutarch. 1927. *Plutarch: Moralia* Vol. 1. trans. Frank Cole Babbitt. Cambridge, MA: Harvard University Press.

17 타키투스

Machiavelli, Niccolò. 1984. *Discorsi sopra La Prima Deca di Tito Livio.* intro. Gennaro Sasso, note. Giorgio Ingeles. Milano: Biblioteca Universale Rizzoli.

Schellhase, Kenneth C. 1976. *Tacitus in Renaissance Political Thought.* Chicago: University of Chicago Press.

Syme, Ronald. 1980. *Tacitus* Vol. 1. New York: Oxford University Press.

Tacitus. 1937. *Tacitus: The Annals, Books IV-VI, XI-XII.* trans. John Jackson. Cambridge, MA: Harvard University Press.

Tacitus. 1937. *Tacitus: The Annals, Books XIII-XVI,* trans. John Jackson. Cambridge, MA: Harvard University Press.

Tacitus. 1925. *Tacitus I: The Histories I-III*, trans. Clifford H. Moore. Cambridge, MA: Harvard University Press.

Tacitus. 1914. *Dialogus, Agricola, Germania*, trans. Maurice Hutton and William Peterson. New York: Macmillan Co.

Toffanin, Giuseppe. 1921. *Machiavelli e il "Tacitismo," la "politica storica" al tempo della Controriforma*. Padua: A. Draghi.

Wirszubski, Chaim. 1950. *Libertas as a Political Idea at Rome During the Late Republic and Early Principate*. New York: Cambridge University Press.

4부

18 아우구스티누스

Augustine. 1968[1912]. *St. Augustine's Confessions* Vol. 1. trans. William Watts. Cambridge, MA: Harvard University Press.

Augustine. 1970[1912]. *St. Augustine's Confessions* Vol. 2. trans. William Watts. Cambridge, MA: Harvard University Press.

Augustine, 1981[1957]. *The City of God Against the Pagans* Vol. 1. trans. George E. McCracken. Cambridge, MA: Harvard University Press.

Augustine, 1963. *The City of God Against the Pagans* Vol. 2. trans. William M. Green. Cambridge, MA: Harvard University Press.

Augustine. 1968. *The City of God Against the Pagans* Vol. 3. trans. David S. Wiesen. Cambridge, MA: Harvard University Press.

Augustine. 1960. *The City of God Against the Pagans* Vol. 3. trans. William C. Greene. Cambridge, MA: Harvard University Press.

Brown, Peter. 2012. *Through the Eye of a Needle: Wealth, the Fall of Rome, and the Making of Christianity in the West, 35-550 AD*. Princeton: Princeton University Press.

Brown, Peter. 2000. *Augustine of Hippo, A Biography*. Berkeley, CA: University of California Press.

Gibbon, Edward. 1906. *The History of the Decline and Fall of the Roman Empire* Vol. 7. London: Oxford University Press.

Gibbon, Edward. 1903. *The History of the Decline and Fall of the Roman Empire* Vol. 2. London: Oxford University Press.

Green, Jay. 2005. *The Interlinear Bible: Hebrew-Greek-English*, edited by Jay Green. Peabody, MA: Hendrickson Publisher.

Machiavelli, Niccolò. 1984. *Discorsi sopra La Prima Deca di Tito Livio.* intro. Gennaro Sasso, note. Giorgio Ingeles. Milano: Biblioteca Universale Rizzoli.

Taylor, Charles. 1989. *Sources of The Self, The Making of the Modern Identity*. Cambridge: Harvard University Press.

Walzer, Michael. 1977. *Just and Unjust Wars*. New York: Basic Books.

19 보이티우스

Aristotle. 2000[1936]. *On the Soul, Parva naturalia, On Breath.* trans. Walter Stanley Hett. Cambridge: Harvard University Press.

Aristotle. 1935. *Metaphysics, Books 10-14, Oeconomica, Magna moralia.* trans. Hugh Tredennick & G. Cyril Armstrong. Cambridge: Harvard University Press.

Boethius. 1968[1926]. *Tractes, De Consolatione Philosophiae.* trans. Hugh Fraser Stewart & Edward Kennard Rand. Cambridge: Harvard University Press.

Cassiodorus. 1894. *Varii.* edited by Theodor Mommsen. Munich: MGH Auctores Antiquissimi.

Green, Jay eds. 2005. *The Interlinear Bible: Hebrew-Greek-English.* Peabody: MA: Hendrickson Publisher, 2005.

Hodgkin, Thomas. 1886. *"Symmachus,"* in *The Letters of Cassiodorus.* London: Henry Frowde.

77-79.

Moorhead, John. 2009. *"Boethius' life and the world of late antique philosophy,"* in *The Cambridge Companion to Boethius,* edited by John Marenbon. New York: Cambridge University Press, 13-33.

Plato, 1999[1029]. *Plato: Timaeus, Critias, Cleitophon, Menexnus, Epistles.* trans. Robert Gregg Bury. Cambridge: Harvard University Press.

Plotinus. 1984. *Enneads V.* trans. A. H. Armstrong. Cambridge: Harvard University Press.

20 알파라비

Alfarabi. 1962. *Alfarabi's Philosohpy of Plato and Aristotle.* trans. Muhin Mahdi. New York: The Free Press.

Aristotle. 2000[1936]. *On the Soul, Parva naturalia, On Breath.* trans. Walter Stanley Hett. Cambridge: Harvard University Press.

Black, Deborah. 2002. "Alfarabi," in *A Companion to Philosophy in the Middle Ages,* edited by Jorge J. E. Gracia & Timothy B. Noone. Malden, MA: Blackwell Publishing, 109-117.

Fakhry, Majid. 2002. *Al-Farabi, Founder of Islamic Neoplatonism.* Oxford: Oneworld Publication.

Khalidi, Muhammad Ali. 2003. "Al-Farabi on the Democratic City." *British Journal for the History of Philosophy,* 11: 379-394.

Mahdi, Mushin S. 2010. *Alfarabi and the Foundation of Islamic Political Philosophy.* Chicago: University of Chicago Press.

Plato, 1999[1029]. *Plato: Timaeus, Critias, Cleitophon, Menexnus, Epistles.* trans. Robert Gregg Bury. Cambridge: Harvard University Press.

21 이븐 시나

Afnan, Soheil M. 1958. *Avicenna, His Life and Works*. New York: Macmillan.

Aristotle. 1935. *Metaphysics, Books 10-14, Oeeonomica, Magna moralia*. trans. Hugh Tredennick & G. Cyril Armstrong. Cambridge: Harvard University Press.

Aristotle. 1960[1939]. *On the Heavens*. trans. Wiliam Keith Chambers Guthrie. Cambridge: Harvard University Press.

Avicenna. 2005. *The Metaphysics of The Healing*. trans. Michael E. Mrmura. Provo, Utah: Brigham Young University Press.

McGinnis, Jon. 2010. *Avicenna*. New York: Oxford.

Morewedge, Parviz. 1972. "The Logic of Emanationsm and Sūfism in the Philosophy of Ibn Sīnā(Avicenna), Part II." *Journal of the American Oriental Society*. 92:1, 1-18.

Plotinus. 1984. *Enneads V*. trans. A. H. Armstrong. Cambridge: Harvard University Press.

Wisnovsky, Robert. 2012. "Essence and Existence in the Eleventh-and Twelfth-Century Islamic East: A Sketch," *The Arabic, Hebrew and Latin Reception of Avicenna's Metaphysics*, edited by Dag Nikolaus Hasse and Amos bertolacci. Boston: Walter de Gruter GmbH & Co. KG. 27-50.

22 아베로에스

Al-Gazālī. 2000. *The Incoherence of the Philosopher*s. trans. Michael E. Marmura. Provo, Utah: Bringham Young University Press.

Aristotle. 2000[1936]. *On the Soul, Parva Naturalia, On Breath*. trans. Walter Stanley Hett (Cambridge: Harvard University.

Aristotle. 1968[1934]. *The Physics 2*. trans. Philip H. Wicksteed & Francis M. Cornford. Cambridge: Harvard University Press.

Aristotle. 1960[1939]. *On the Heavens*. trans. Wiliam Keith Chambers Guthrie. Cambridge:

Harvard University Press.

Averroes. 2001. *Decisive Treatise Determining the Connection between the Law and Wisdom & Epistle Dedicatory.* trans. Charles E. Butterworth. Provo, Utah: Bringham Young University Press.

Averroes. 1974. *On Plato's Republic*, trans. Ralph Lerner. Ithaca, NY: Cornell University Press.

Averroes. 1953. *Commentarium Manum in Aristotelis De Anima Libros.* edited by F. Stvart Crawford. Cambridge, MA: The Medieval Academy of America.

Fakhry, Majid. 2001. *Averroes, His Life, Works and Influence.* Oxford: Oneworld.

Morewedge, Parviz. 1972. "The Logic of Emanationsm and Sūfism in the Philosophy of Ibn Sīnā(Avicenna), Part II." *Journal of the American Oriental Society.* 92:1, 1-18.

Taylor, Richard C. 2002. "Averroes," in *A Companion to Philosophy in the Middle Ages,* edited by Jorge J. E. Gracia & Timothy B. Noone. Malden, MA: Blackwell Publishing, 182-195.

23 마이모니데스

Frank, Daniel H. 2003. "Maimonides and medieval Jewish Aristotelianism," in *The Cambridge Companion to Medieval Jewish Philosophy.* New York: Cambridge University Press, 136-156.

Halbertal, Moshe. 2014. *Maimonides, Life and Thought,* trans. Joel Linsider. Princeton: Princeton University Press.

Hazony, Yoram. 2010. *The Philosophy of Hebrew Scripture.* New York: Cambridge University Press.

Johnson, Paul. 1999. *A History of the Jews.* New York: HarperPerennial.

Kriesel, Haim. 2005. "Maimonides' Political Philosophy," in *The Cambridge Companion to Maimonides,* edited by Kenneth Seeskin. New York: Cambridge University Press, 193-220.

Maimonides. 2010. *Mishneh Torah: Laws of the Foundation of the Torah,* trans. Eliyahu Touger. New York: Moznaim Publishing Corporation.

Maimonides. 2000. *Mishneh Torah, Introduction and 'Book of Knowledge',* in *Maimonides' Empire of*

Light, trans. Ralph Lerner. Chicago: University of Chicago Press, 113-153.

Maimonides. 1981. *Maimonides' Commentary on the Mishnah, Tractate Sanhedrin*, trans. Fred Rosner. New York: Sepher Hermon Publisher.

Maimonides. 1975. *Commentary to the Mishnah: Introduction to Seder Zeraim*, trans. Fred Rosner. New York: Feldheim Publishers.

Maimonides. 1963. *The Guide of the Perplexed* Vol. 1 & 2, trans. Shlomo Pines. Chicago: University of Chicago Press.

Melzer, Arthur M. 2014. *Philosophy Between the Lines: The Lost History of Esoteric Writing*. Chicago: University of Chicago Press.

Rudavsky, Tarma. 2010. *Maimonides*. Malden, MA: John Wiley & Sons Ltd.

Strauss, Leo. 1989. "How to Begin to Study Medieval Philosophy," in *The Rebirth of Classical Rationalism*, selected by Thomas Pangle. Chicago: the University of Chicago Press.

Strauss, Leo. 1963. "How to begin to study The Guide of the Perplexed," in *The Guide of the Perplexed* Vol. 1, trans. Shlomo Pines. Chicago: University of Chicago Press, xi-lvi.

24 아퀴나스

Aristotle. 2000[1936]. *On the Soul, Parva Naturalia, On Breath*. trans. Walter Stanley Hett. Cambridge, MA: Harvard University.

Aristotle. 1933. *Metaphysics*, trans. Hugh Tredennick. Cambridge, MA: Harvard University Press.

Aristotle. 1932. *Politics*. trans. H. Rackham. Cambridge, MA: Harvard University Press.

Aquinas, Thomas. 2007. *Commentary on Aristotle's Politics*. trans. Richard J. Regan. Indianapolis: Hackett Publishing Co.

Aquinas, Thomas. 2002. *Political Writings*. edited & translated by R. W. Dyson. New York: Cambridge University Press.

Aquinas, Thomas. 1981. *The Summa Theologica of St. Thomas Aquinas*. trans. Fathers of the

English Dominican Province. Nortre Dame, IN: Christian Classics.

Aquinas, Thomas. 1968. *On the Unity of the Intellect against the Averroists.* trans. Beatrice H. Zedler. Milwaukee, WI: Marquette University Press.

Aquinas, Thomas. 1929. *Scriptum super libros Sententiarum.* Vol. I, edited by R. P. Mandonnet. Parisiis: Sumptihus P. Lethielleux.

Augustine. 1960. *The City of God Against the Pagans* Vol. 4. trans. William C. Greene. Cambridge, MA: Harvard University Press.

Blythe, James M. 1992. *Ideal Government and the Mixed Constitution in the Middle Ages.* Princeton, NJ: Princeton University Press.

Finnis, John. 2011[1980]. *Natural Law and Natural Rights.* New York: Oxford University Press.

Finnis, John. 1998. *Aquinas.* New York: Oxford University Press.

Grant, Edward. 2001. *God and Reason in the Middle Ages.* New York: Cambridge University Press.

Owens, Joseph. 1993. "Aristotle and Aquinas," in *The Cambridge Companion to Aquinas,* edited by Norman Kretzmann and Eleonore Stump. New York: Cambridge University Press, 38-59.

Stout, Jeffrey. 1992. "Truth, Natural Law, and Ethical Theory." In *Natural Law Theory, Contemporary Essays.* edited by Robert P. George. New York: Oxford University Press, 71-102.

Turner, Denys. 2013. *Thomas Aquinas, A Portrait.* New Heaven: Yale University Press.

25 단테

Cicero. 2000[1928]. *De Re Publica & De Legibus,* trans. Clinton Walker Keyes. Cambridge, MA: Harvard University Press.

Dante Alighieri. 1996. *Divine Comedy of Dante Alighieri,* Vol. 1 & 2. edit. & trans. Robert M.

Durling. New York: Oxford University.

Dante Alighieri. 1996. *Monarchy.* trans. Prue Shaw. New York: Cambridge University Press.

Dante Alighieri. 1903. *The Convivio of Dante Alighieri.* Berkeley: University of California Libraries.

Davis, Charles Till. 2007. "Dante and the empire," in *The Cambridge Companion to Dante,* edited by Rachel Jacoff. New York: Cambridge University Press, 257-269.

Hobson, John A. 2005. *Imperialism: A Study.* New York: Cosimo Inc.

Kantorowicz, Ernst H. 1981[1957]. *The King's Two Bodies, A Study in Medieval Politicla Theology.* Princeton, NJ: Princeton University Press.

Livy. 1929. *Livy* Vol. 5, edited by Benjamin O. Foster. Cambridge, MA: Harvard University Press.

Manent, Pierre. 2013. *Metamorphoses of the City: On the Western Dynamic,* trans. Marc LePain. Cambridge, MA: Harvard University Press.

Thucydides. 1984. *History of the Peloponnesian War,* trans. Rex Warner. New York: Penguin.

26 마르실리오

Aristotle. 1926. *Nicomachean Ethics.* trans. H. Rackham. Cambridge, MA: Harvard University Press.

Aristotle. 1932. *Politics.* trans. H. Rackham. Cambridge, MA: Harvard University Press.

Augustine. 1968[1912]. *St. Augustine's Confessions* Vol. 1. trans. William Watts. Cambridge, MA: Harvard University Press.

Cicero. 2001[1913]. *De Officiis.* trans. Walter Miller. Cambridge, MA: Harvard University Press.

Cicero. 2000[1928]. *De Re Publica & De Legibus,* trans. Clinton Walker Keyes. Cambridge, MA: Harvard University Press.

Garnett, George. 2006. *Marsilius of Padua & 'The Truth of History.'* New York: Oxford University

Press.

Marsiglio of Padua. 1993. *Defensor minor & De translatione Imperii.* trans. Cary J. Nederman. New York: Cambridge University Press.

Marsilius of Padua. 1980. *Defensor Pacis.* trans. Alan Gewrith. Toronto: University of Toronto Press.

Nederman, Cary. 1995. *Community and Consent, The Secular Political Theory of Marsiglio of Padua's Defensor Pacis.* Lanham, MD: Rowman & Littlefield Publishers.

Skinner, Quentin. 1978. *The Foundations of Modern Political Thought,* Vol. I. New York: Cambridge University Press.

Syros, Vasileios. 2012. *Marsilius of Padua.* Toronto: University of Toronto Press.

정치철학 1

——————— 그리스 로마와 중세

1판 1쇄 펴냄 2016년 7월 15일
1판 3쇄 펴냄 2020년 9월 21일

지은이   곽준혁
발행인   박근섭, 박상준
편집인   양희정
펴낸곳   (주)민음사

출판등록   1966. 5. 19. (제16-490호)
주소   서울시 강남구 도산대로1길 62
         강남출판문화센터 5층 (우편번호 06027)
대표전화   02-515-2000 팩시밀리 02-515-2007

www.minumsa.com

ⓒ 곽준혁, 2016. Printed in Seoul, Korea

ISBN 978-89-374-3300-9 (94340)
      978-89-374-3306-1 (세트)